C H V

Markus Gasser

DAS BUCH DER BÜCHER FÜR DIE INSEL

Carl Hanser Verlag

Textnachweise zu Beginn
der Großkapitel

1 2 3 4 5   18 17 16 15 14

ISBN 978-3-446-24495-5

Umschlag: Peter-Andreas Hassiepen, München
© Imagno/Getty Images
Satz: Greiner & Reichel, Köln
Druck und Bindung: Druckerei Kösel, Krugzell
Printed in Germany

FSC
www.fsc.org
MIX
Papier aus verantwortungsvollen Quellen
FSC® C013736

INHALT

HELDEN

WIE LEBEN DIE ANDEREN?

DIE ABENTEUER DES LESENS

DIE ARCHIVE DER FINSTERNIS

»Fang du an.«
»Nein, zuerst du.«
Kaum wendet sich ein Gespräch unter Literaturenthusiasten kurz vor der Sperrstunde der Frage zu, welche Bücher man auf eine einsame Insel mitnehmen würde, herrscht gebannte Stille am Tisch; man gibt sich feurigem Grübeln hin. Dann wirft einer seine Liste der persönlichen Lieblingsgrößen in die Runde, und schon fällt ein anderer ihm ins Wort: Weshalb dieser Roman fehle, während es jene Erzählung auf Platz drei geschafft habe. Und eine endlose Debatte bricht los, als könnte die perfekte Liste die Weltgeschichte verändern. Die Kellner werden nervös.

Warum bewahrt die Frage nach einer Bibliothek für die einsame Insel ihren unwiderstehlichen Reiz? Weil sie nur als Vorwand dient. Immer ist ein Teil von uns in den Büchern, die wir gelesen haben, unbemerkt zurückgeblieben – und kehrt plötzlich wieder, wenn wir solche Listen erstellen, abwägen und auswählen und zur Begründung unserer Wahl begeistert von ihnen erzählen.

Auf die Begeisterung kommt es diesem Buch zuallererst an. Es nimmt die Frage nach der Bibliothek für die einsame Insel spielerisch ernst und begibt sich mit seinen Lesern auf eine Weltreise durch die Kontinente der Literatur. In fünfzig Kapiteln macht es Romane und Erzählungen und deren Autoren lebendig und beschwört die Atmosphäre ihrer Zeit herauf. Vollständigkeit verspricht es nicht: Manche Autoren stehen für andere ein. Neueres und Populäres findet sich gleichberechtigt neben dem Klassischen, Kanonischen, solange es nur unsere Lektüreleidenschaft weckt.

So enthält dieses Buch viele Bücher auf einmal. Es läßt sich lesen auf die übliche Weise, von vorne nach hinten, aber auch querfeldein. Kein Kapitel setzt die Kenntnis der anderen voraus. Dennoch hat das Buch gleich einer Bibliothek seine Ordnung. Die Themen, denen es folgt, sind zugleich eins mit den Gründen, warum wir lesen und warum Bücher unverzichtbar sind: weil sie unser Universum neu erschaffen; weil wir in ihnen die Unbeugsamkeit wie die Schwächen großer und kleiner Heldinnen und Helden bewundern; weil wir uns im Leben der anderen gespiegelt sehen; weil wir uns schwelgerisch unbefangen in Abenteuern und fremden Welten verlieren; und weil Bücher die Träume und Alpträume unserer Geschichte wie Archive erzählend bewahren.

Zuletzt ist es die größte Hoffnung des Buches, seine Leser fänden in ihm selbst eine Insel, einen Ort der Zuflucht und ein wenig Glück.

KAPITEL I

DER ARBEITER DES MEERES

Victor Hugo

Es gab keinen anderen Ausweg für ihn diesmal: Ohne Verzug mußte er Frankreich verlassen, bevor man ihn auf die Teufelsinsel deportieren konnte. Da half es nicht, daß er der berühmteste Autor Europas war: Wie viele handgreifliche Fehden, Morddrohungen und Skandale Victor Hugo bislang auch immer unversehrt überstanden hatte, die ganz Paris in Aufruhr brachten – nun wünschte er sich nichts sehnlicher, als in einem seiner Romane verschwinden zu können. Denn in Gestalt einer von ihm erfundenen Figur wäre er jedem Hinterhalt entkommen, selbst einer Ladung Arsen in einer unschuldigen Tasse Kaffee.

Der gewaltsame Tod gehört in einer Demokratie für gewöhnlich nicht zu den Berufsrisiken eines Schriftstellers. Frankreich aber war gerade mal wieder keine. Charles-Louis, Neffe Napoléon Bonapartes, hatte sich mit einem Staatsstreich am zweiten Dezember 1851 als erblicher Kaiser der Franzosen verewigen, das Parlament handstreichs auflösen und die Opposition in Schutt und Asche legen lassen. Die härtesten Repressalien lagen in seiner Macht.

Stunden zuvor noch an jenem Dezembertag hatte Victor Hugo – nicht umsonst der Sohn eines Generals unter Bonaparte – ein revoltemüdes Volk auf die Barrikaden von Paris gedrängt. Doch mochten Arbeiter sogar auf ihren Tabak verzichten, um seine Bücher zu kaufen und sie wie Luxusmöbel daheim zur Schau stellen zu können: selbst Hugos Versprechen, die neue Regierung würde die schändliche Alkoholsteuer aus der Welt schaffen, wenn Paris zu den Waffen griffe, blieb folgenlos. Ein allzu reizvoll hohes Kopfgeld war nunmehr auf diesen Dickschädel ausgesetzt und ein Killer wie sein eigener Schatten dicht hinter ihm her. Gerüchte wußten, ein Erschießungskommando der Geheimpolizei hätte ihn längst füsiliert und in den Katakomben des Zweiten Kaiserreichs verschwinden lassen.

Er war am Ende. Mit cholerischem Widerwillen versteckte er sich auf dem Dachboden eines Freundes. Allmählich wich aus ihm diese stämmige Feierlichkeit, die sich auf alles übertrug, was ihm zu nahe kam, bis zwischen den Jubelrufen »Vive la République!« und »Vive Victor Hugo!« kein Unterschied mehr auszumachen war. Als die Geliebte Juliette, die er sich neben seiner Frau, wechselnden Dienstmädchen, einer Schauspielerin und einer Eskorte von Prostituierten wie einen erotischen Hofstaat hielt, ihm einen Ausweis des Schriftsetzers Jacques Lanvin besorgte, machte er sich auf zur Gare du Nord. Vergrummelt bestieg er einen Waggon der Zweiten Klasse und ärgerte sich darüber, daß im falschen Paß seine Nase als »besonders groß« beschrieben war.

Was sie tatsächlich auch war. Doch hätte er in der Verkleidung eines dämonischen Wasserspeiers von den Zinnen einer Kathedrale, als versoffener Mönch mit Eselsohren, selbst als sein eigener Quasimodo unbehelligt nach Brüssel gelangen können. Die beiden Grenzbeamten nämlich, neben denen Hugo im Abteil zu sitzen kam, waren literaturabstinente Dummköpfe, die weder »Notre-Dame de Paris«

gelesen hatten, den »Glöckner von Notre-Dame«, noch vertraut waren mit Hugos in aberhundert Karikaturen kenntlich gebliebenem Konterfei. Und wer so gebannt der Empörung lauschte, mit der sich die zwei Herren Inspektoren über die Aufrührer ausließen, der konnte kein Staatsfeind sein. So retteten ihn die Grenzbeamten unwissentlich vor den Polizisten, die auf der Suche nach ihm wie Jagdhunde in Menschengestalt durch die Gänge hetzten.

Ein weiteres Mal mußte der Tod sich in seinem Fall geirrt haben, und Hugo genoß es auf seine Art sichtlich, davongekommen zu sein: Ein Jahrzehnt nach seiner Flucht, 1862, ließ er sich in seiner neuen Heimat, auf der britischen Kanalinsel Guernsey, sogar an eine Wand stellen, für eine Fotografie, was damals neu und groß in Mode war. Untersetzt und erhobenen Hauptes stand er, die Arme verschränkt und das eine Bein hinters andere gekreuzt, mit gespannter Lässigkeit da, schwarz und salopp elegant gekleidet, weißhaarig, mit dem dunkelgrau durchsetzten Bart eines Louis Pasteur – von seiner Nase war bereits die Rede –, und hielt seinen listig entschlossenen Blick dem am Apparat herumnestelnden Sohn abgewandt ins Unabsehbare … und schon schreitet *cher papa* wieder in sein Arbeitszimmer zurück, das er nach eigenen Entwürfen zu einem verglasten Wintergarten hat ausbauen lassen, mit Rundumsicht hoch überm Meer.

Von dort sandte er mit besessener Strenge Strafgedichte gegen den ruchlosen Ursurpator Charles-Louis in Millionenauflagen nach Paris und musterte den Horizont seiner Heimat gegenüber wie das Auge eines Leuchtturms. Es schloß sich nie, und als Streifen Licht in der eisigen Nacht des Exils sah ihn nicht nur er selbst: Viele Vertriebene fanden ihr Asyl im dritten Stock seines Hauses, der benannt war nach jenem Floß, auf dem zu Anfang des Jahrhunderts von hundertfünfzig Passagieren der Fregatte »Medusa« nur fünfzehn die Gischthölle des Atlantiks überlebt hatten. Alle Gnadenerweise des Kaisers lehnte er ab. Sie waren doch nur ein Trick, um ihm, kaum sollte er in das Gefängnis namens Frankreich zurückgekehrt sein, den Garaus zu machen.

Hugos Hauteville House auf Guernsey war Fluch und Glück, Verbannung und Zuflucht zugleich. Mit der Bitternis seines Gestrandetseins verfuhr er wie mit der Welt sonst auch: Er überwältigte sie. Vom blanken Eßbesteck über die Keramik und Farbe der Lüster bis hin zum Dekor eines jeden Zimmers, rot das eine, blau das nächste, das dritte graugrün meliert, von der mit über dreitausend Bänden bestückten Bibliothek bis hin zur orientalisch vertrackten Eichengalerie türmte Hugo sein Inselreich wie die Gotik seiner Romane hoch, voll der Ab- und Ausschweifungen aus Wandteppichen, Spiegeln und Skulpturen. Ohnehin war Leben Exil, verkündete er, vergängliches Nebenprodukt einer ganz anderen Welt, alle saßen seekrank im selben Boot und wollten nach Hause, »Exilium vita est« prangte über der Eingangstür des Speisesaals. Und sehr diesseitig ging es auch draußen nicht zu: In die traumverloren gottesfürchtige Insel griff eine verborgene Macht.

Manchen erschienen die Harpyien des Sturms und die Geister ertrunkener Seefahrer aus der Untiefe, um von ihren Schiffbrüchen zu erzählen, und jeden Winter fand man die Spuren eines spalthufigen Wesens im Schnee. Das war ganz nach Hugos Geschmack, dem die Existenz Gottes und seiner Untertanen zu leugnen stets einer Verarmung gleichgekommen war – zumal er sich selber als Schöpfer sah, kaum daß er am Schreibpult stand. Selbst Satan, verfügte er, würde am Ende der Zeit begnadigt ins Paradies zurückkehren dürfen. So beschwor Hugo in Séancen nach dem Abendessen die Toten wie zum Dessert: In Schwermut und Trotz zimmerte er sich Geheimtüren zum Jenseits zurecht, sammelte ein Geisterkomitee um sich, das so dachte und sprach wie Hugo. Jesus Christus und Mohammed, Shakespeare und der Marquis de Sade tauchten aus dem Dunkel des Totenreichs hoch und lieferten ihm die wohlwollendsten Rezensionen, die er jemals zu Gesicht bekam und die ihm bestätigten, daß er ihresgleichen war und nicht ganz von dieser Welt. In den Nächten weckte ihn der Ozean und rief ihm sein »An die Arbeit!« zu, und die Brandung ging auf seinen Satzrhythmus über bis in die allerletzte Kadenz. Für die Vollendung des Romans um Jean Valjean, »Les Misérables«, »Die Elenden«, hatte er sein mächtigstes Publikum gewonnen: das Meer. Und manchmal kam es ihm so vor, als wäre selbst das noch sein ureigenstes Werk, das er, ein »Arbeiter des Meeres«, jederzeit in Ketten zu legen und dann wieder auf seine Gegner loszulassen vermochte.

KAPITEL 2

WORIN MAN KURZ ERFÄHRT, WARUM ES SICH ZU LESEN LOHNT

Doch könnten wir, wenn wir uns sicher an Land gelangt glauben, nicht auf Grund gelaufen sein? In weniger pathetischen Stunden fürchtete Hugo, daß ihm Guernsey zum Grab werden würde. Er dachte an Shakespeares Prospero, der, vom Bruder des Herzogtums beraubt und in den Ozean verstoßen, auf seiner einsamen Insel nur dank seiner Lieblingsbücher nicht den Verstand verliert. Auch Hugo hätte die zwei Jahrzehnte auf Guernsey ohne seine Bibliothek kaum heil überdauert. Das Meer und die Literatur waren ein und dasselbe für ihn: Wie ihm der Leuchtturm seines Arbeitszimmers eine Kranichschau über den Ozean gewährte, umschließt uns Literatur seit jeher sicher mit einem Horizont aus Bedeutung. So ist auch die Frage, welche Bücher Sie auf eine einsame Insel mitnehmen würden, kein beliebiges Gesellschaftsspiel. Hinter ihr steht die älteste aller Fragen: was das alles hier eigentlich soll.

Uns muß nicht die Nähe des Todes drohen, damit wir zu ahnen beginnen, was uns im Leben teuer ist: Schläfrig ins Badezimmer zu schlurfen genügt vollauf. Fast jeder kennt das Gefühl, das uns bei alltäglichen Verrichtungen ergreift – etwa bei der morgendlichen Dusche, von der man meint, man hätte sie doch gerade erst hinter sich: Der gestrige Tag ist im Handumdrehen vergangen, und von Dusche zu Dusche war oft mal wieder nichts Erinnernswertes dabei. Wir wissen, wir haben keine Zeit zu verlieren, und fühlen zugleich, etwas zu versäumen. Auch die Genies des glückhaft gelebten Moments sehen sich in der Falle der Zeit gefangen: Kaum ist ein Augenblick dahin, läßt seine Fülle sich nicht mehr zurückrufen. Noch dem genußfreudigsten Lebenskünstler ist die Welt nie genug: Er sucht den Flug darüber hinweg. Uns alle eint das Bedürfnis nach Phantasie, Lachen, Euphorie, gefahrvollem Abenteuer, nach einer Liebe, die keine Halbheiten kennt, nach Trost und Gelassenheit angesichts der Komplikationen des Daseins, Schönheit, dem kindlichen Vertrauen, daß wir Menschen uns gleichen, nach Geborgenheit und geistiger Heimat – ein Bedürfnis, das seine dringlichste Erfüllung in der Literatur findet. Sie verleiht der Wirklichkeit einen Wert, als sähe man sie zum ersten Mal. Sie sprengt selbst die Grenzen des Irdischen auf: Noch Gott samt Himmelspersonal und allen Gespenstern könnte unsere hauseigene Schöpfung sein.

Da wird es plötzlich gleichgültig, ob ein Werk die Bestsellerlisten hinauf- und hinunterklettert oder Nobelpreishöhenluft atmet; gleichgültig wird, ob ein Werk sich plotstark ausnimmt und voll kriminalistischer Spannung, verwegen, verwildert und ungeheuerlich wie »Die Elenden« Victor Hugos oder ob es handlungsarm aus Lichttropfen unserer Existenz gemacht ist wie Marcel Prousts »Suche nach der verlorenen Zeit«, das in nur wenigen Sätzen mit den kostbar versteckten Details einer Damenjacke ihren Anfang nehmen und bei den verborgenen Skulpturen einer gotischen Kathedrale enden kann, die ein Künstler aufsucht, um von dort eine ganze Stadt zu überblicken; gleichgültig, ob ein Werk uns das Fresko einer ganzen Epoche schenkt oder lediglich einen Tag in Dublin 1904; und gleichgültig wird auch, ob es uns in traumhaft andere Welten fortträgt wie »Der Herr der Ringe« J. R. R. Tolkiens oder sich derart realitätsnah gibt, daß wir unser Leben mit demjenigen der Gestalten zu vergleichen beginnen wie bei Leo Tolstois »Anna Karenina«: Was am Ende zählt, ist nur, daß wir uns reicher und nicht zufallsbedingt, banal und sterblich fühlen. So kalt und düster Hauteville House auch zuweilen gewesen sein mag: in der Bibliothek brennt noch immer Licht.

Was hält uns jetzt noch ab davon, sie zu betreten? Vermutlich läßt uns »Das Was Wir Gelesen Haben Sollten« zögern, der Kanon also, dieser ermüdend vorhersehbare Ahnentafelkult immergleicher Namen, und der Irrglaube, wahrhafte Literatur hätte schwer zugänglich zu sein – uns aber steht alles offen, blicken wir nur mit dem unbekümmerten Übermut eines Menschen darauf, der innehalten, ausbrechen, das Weite suchen, verschwinden, der staunen, sich in die Einzigartigkeit anderer Geschöpfe hineinempfinden, sich unterhalten und der erhoben sein will wie ein Albatros vom Sturm des Ozeans. »Exilium vita est« – und große Literatur bildet unser Asyl und ist immer identisch mit dem, worauf es im Leben zu guter Letzt ankommt. Darum hat Hugo sich in den »Elenden« einen idealen Leser ersonnen, der in der Literatur stets seine Glückseligkeit zu entdecken weiß – den steinalten Büchergläubigen Monsieur Mabeuf, der, in Geldnot geraten, aus seiner Bibliothek ein Werk nach dem andern veräußern muß; und Hugo fragt uns hinter vorgehaltener Hand, welche Bücher wir zuletzt verkaufen würden?

Welche Werke haben uns stets herzlich willkommen geheißen? Welche bestehen die Probe noch der dritten Lektüre so berauschend virtuos wie beim ersten Mal? An welchen hängen wir mit fast mythischer Treue? Welche waren zu schön, um bis zum Ende unseres Lebens wahr zu sein? Welche Titel, die uns nur dem Namen nach geläufig sind, haben schon immer unsere Neugierde erweckt? Aus welchen Büchern würden wir uns, wären wir erblindet, allabendlich vortragen lassen? In welchen Romanen und Erzählungen könnte sich die Menschheit wiedererkennen, welche würde sie auf eine Arche retten wollen, um sich daraus ihre Zivilisation neu zu errichten? Wenn man in der Zeit zurückreisen könnte: in welchem Roman welchen Jahrhunderts würde man leben, welche Gestalt lieben, retten, an welcher sich rächen wollen? Welche Bücher nähme einer, der durch alle Bibliotheken der Welt geschwommen ist, zu seiner Geliebten mit, zu einer Ozeanologin vielleicht, die – unheilbar erkrankt – die Forschungsinsel Île de la Prise de Possession zwischen Afrika und Australien nicht mehr verlassen will? Aus welchen Büchern würden die beiden einander vorlesen wollen, Abend um Abend, bis sie eines frühen Morgens auf der Felsenküste im Westen der Insel in erfrorener Umarmung gefunden werden?

Oder stellen wir uns den Bibliothekar Gottes vor, einen längst verstorbenen Universalgelehrten, der durch das Bücherlabyrinth der Erde irrt, vom Allmächtigen hierher entsandt, um die größten Werke der Weltliteratur für das Paradies zusammenzutragen: Rasch würde er sich mit solchen Büchernarren wie Hugos Monsieur Mabeuf, dem Blinden, der Ozeanologin und selbst mit den belesensten Experten des Planeten auf die ersten sieben Glanzstücke einigen können. Und zweifellos würde er dann, auch weil er stolz wäre auf die literarische Schöpferleistung seiner Artgenossen, mit dem Anfang der Anfänge beginnen, mit der Erschaffung der Welt durch die Literatur: Er würde als erstes jene Autoren wählen, die in ihren Büchern eine eigene Welt für sich errichtet haben.

DIE NEUSCHÖPFUNG DES UNIVERSUMS

KAPITEL 3

BIS ICH DICH GETÖTET HABE

Herman Melville

Als Victor Hugo 1851 ins Exil geflohen war, fand sich sein nordamerikanischer Kollege Herman Melville schuldhaft in eine Schiffskatastrophe verstrickt.

Auf seiner Farm in den Wäldern von Massachusetts hatte Melville sich am rücksichtslosesten Roman seines Jahrhunderts fast blind geschrieben. Er hackte Holz, wenn er nicht gerade am Schreibtisch saß, wo er, bislang vor allem ein Bestsellerautor erotikfröhlicher Südseeromanzen, alle Konventionen seines Metiers wie mit einer Axt zerschlagen und dabei ein biblisches Ungeheuer aus den schlummernden Tiefen der Meere heraufbeschworen hatte. Und das Monster schwamm sich aus der Literatur in die fünf Ozeane frei, wurde real und verbiß sich plötzlich in alles, was entfernt nach einem Schiff aussah: Es war Melville unheimlich, zum Staunen und erfüllte ihn mit Stolz. Er hatte seinen ureigenen Leviathan geschaffen, den weißen Wal Moby Dick, das einzige Tier, das auch im Bericht von der Sechstagesarbeit Gottes zu Beginn des Alten Testaments namentlich Erwähnung findet.

Man wird sich Melvilles Gott als Schriftsteller vorstellen müssen. Wenn das Universum, dachte er, das Werk Gottes ist und die Bibel eine Chronik seiner Taten, dann ist eine seiner Höchstleistungen die Sprache, mit der Adam die Tiere benennt und das Universum darüber belehrt, daß es überhaupt existiert; jedes auf der Erde gesprochene Wort wäre demnach dasjenige Gottes und er selber der bei weitem originellste aller Autoren. Und so wollte Melville mit dem »Moby-Dick« die Bibel, die er wie Shakespeare auswendig hersagen konnte, um ein Evangelium der Weite ergänzen: um die romangewordene Suche nach Sinn schlechthin, die sich ungestüm zu einem galgenhumorigen Essay auswuchs, zu einer ironisch wissenschaftlichen Abhandlung über den Walfang, zu einem Kochbuch, Drama und Gedicht.

Ein solches Wunder wie dieses Buch liest man nicht: man liefert sich ihm aus, bis man nachts unter seinem Kissen Herden von Walen ihrer Wege ziehen hört. Es hätte Melville geschmeichelt, wäre ihm zu Ohren gekommen, daß viele Jahrzehnte später zum Kirchgang genötigte Generationen in den für ihr Meßbuch gedachten Lederhüllen seinen »Moby-Dick« verbargen. Im Winter 1851 aber sah er beklommen voraus, daß sein bis zur letzten Seite unberechenbares Werk bei der zeitgenössischen Kritik wenig Anerkennung zu erwarten hatte. Wie die Bibel selbst.

Denn gleich dem Koran Anfang des einundzwanzigsten Jahrhunderts hatte auch die Bibel schon in demjenigen Melvilles nicht bei allen den besten Ruf: Von den sterbensöden Königschroniken, der süßlichen Liebeslyrik Salomos und den verkatert psalmierenden Propheten über die ermüdend vier Versionen derselben Geschichte um Jesus Christus und die despotischen Paulusepisteln bis zur drogenverrauschten Apokalypse am Schluß stiftete sie das Unheil der Verblendung, Intoleranz und des Krieges – »Anerkennung!« rief Melville in einem seiner Briefe höhnisch aus: »Anerkennung! Findet Gott denn Anerkennung?«

Sich mit Gott zu vergleichen, wie Melville es wagte, käme heute kaum einem Schriftsteller in den Sinn – obwohl es immer die Erzähler waren, die an die Seite, ja an die Stelle Gottes traten, so sie ihn nicht ohnehin erfanden: Sand ist nur Sand, bis jemand eine Sandburg daraus formt. Für ihre Geschichten plünderten sie die Welt wie Söldner eine eingenommene Stadt; machten sich gar an eine Grundinventur des Universums und arbeiteten es um, bis ein anderes entstanden war, das die Leser mühelos dazu bringen konnte, ihre Welt mit den Augen dieser Neuschöpfer zu betrachten. Manche nennen das Innovation.

Seit Adam versichern wir uns unseres Daseins, indem wir uns selbst benennen und benennen lassen. Und nach dem ersten Satz des Erzählers, »Call me Ishmael«, »Nennt mich Ismael«, einem höflichen Händedruck, hypnotisiert uns Melville mit unserer Sehnsucht nach dem Ozean in den Roman hinein: Kaum haben wir ihn in Angriff genommen, fühlt es sich an, als steckten wir unabänderlich in ihm fest. Ismael kennt uns genau, und wir fühlen uns in seiner gutgelaunten Gegenwart geborgen wie in wenigen Romanen sonst. Über Monate, sagt er uns auf den Kopf zu, seid Ihr an Ladentische gefesselt, Werkbänke genagelt, an Pulte geklemmt und sucht sonntags dann die Küsten auf, um den engen Alltag der Erde aufs Meer hinaus erstreckt zu sehen und in »ozeanische Träumereien« zu verfallen. Und Ihr ahnt doch im stillen, daß die See über Euch auch gleichgültig ihr »großes Leichentuch« breiten kann. Es ist die ewige »List der Ozeane«, ihren »Kannibalismus« unter ihrem azurnen Blau zu verbergen, »wo ein Geschöpf das andre frißt und Krieg herrscht bis in Ewigkeit, seit Anbeginn der Welt«.

So fängt das Universum im »Moby-Dick« noch einmal von vorne an, um drei tödliche Gegner gruppiert: das menschenmordende Meer und seine Wale, den achtundfünfzigjährigen Kapitän Ahab, dem der phantomhafte Moby Dick ein Bein zermalmte, und Gott, für den laut Melville nicht der Mensch, sondern der Wal die Krone der Schöpfung ist. Des Festlandes und seiner Plackereien als Lehrer überdrüssig, gerät Ismael mit seinem polynesischen Blutsbruder, dem Harpunier Queequeg, in die aus allen Weltteilen herbeigeströmte Mannschaft des Walfängers »Pequod«, die Ahab auf die satanisch wilde Jagd nach dem Untier einschwört: Eine Unze spanischen Goldes gebührt dem, der den weißen Wal als erster erspäht.

Vordergründig will Ahab sich für seine »Entmastung« an Moby Dick rächen; in Wahrheit aber quält ihn der Verdacht, das ganze Universum sei »ein einziger großer Jux« auf unsere Kosten mit einem so unsichtbaren wie unerforschlichen »Witzbold« dahinter. Könnte das Weiß des Wals – seine weißfarbige Farblosigkeit – nicht das herzlose Nichts hinter dem papageienbunten Schleier der Welt verkörpern? Oder einen Gott mit Augen, weißblind für die Not des Menschen? Sei es dieser Gott oder sein Werkzeug oder das Nichts … und einerlei, ob sie tatsächlich oder bloße Täuschungen sind: Ahab kann nicht ruhen, bis er den Wal getötet hat, um all dem hexischen Zauber ein Ende zu bereiten, der in der schrillen Stille und dem Juwelenfeuer des sonnenerfüllten Meeres lauert, und das Grauen in seinem Innern aus der Welt zu schaffen. Bei Melville haben wir nur die Wahl, zwar fröhlich, aber unbedacht und dumpf vor uns hin zu leben wie der Zimmermann der »Pequod« … oder lebenslänglich dem Zwang zu folgen, die Welt zu enträtseln – schlimmstenfalls bis in die geistige Umnachtung.

Als sich Moby Dick endlich zeigt, scheint er nur gleichmütig auf seinen Ahab gewartet zu haben, »zog seine Bahn durch die heitere Stille der tropischen See, zwischen Wellen, welche nicht mehr klatschend applaudierten, sondern verzückt verstummten, den vollen Schrecken seines mächtigen Rumpfs noch unter Wasser verborgen, das Entsetzliche seines gräßlich verformten Kiefers den Blicken entzogen. Kurz darauf aber hob sich sein Kopf gemächlich aus dem Wasser, und für einen Wimpernschlag krümmte der Wal seinen ganzen Marmorleib in einem hohen Bogen, Virginias Felsenbrücke gleich, über die See: Der mächtige Gott offenbarte sich, schwenkte zur Warnung das Banner seiner Fluken, tauchte weg und war verschwunden.« Wer so schreiben kann, als zöge der das Meer schulternde Wal ihn in seinem schäumenden Kielwasser hinter sich her, scheint von der Sterblichkeit freigesprochen zu sein; und es verwundert wenig, daß Legionen von Schriftstellern nach Melville darüber verstimmt waren, Melvilles Roman nicht selbst geschrieben zu haben.

Der Mensch revoltiert gegen die gottgewirkte Urgewalt: »Was hier geschieht«, flüstert Ahab seinem Ersten Steuermann Starbuck zu, »ist unabänderlich bestimmt. Wir beide haben dieses Stück hier seit Tausenden Millionen Jahren schon geprobt, bevor die Wellen dieses Weltmeers wogten.« So verunsichert »Moby-Dick« Atheisten wie Gläubige zugleich. Atheisten werden sich mit dem großen weißen Nichts hinter allem abfinden müssen und damit, am Ende ihres Lebens auf Nimmerwiedersehen auch darin zu verschwinden, Gläubige indes mit einer Bibel, die ein ähnliches Porträt Gottes wie Melville zeichnet. Denn was für ein Ausbund an Schrecknissen und Wundern schwebt durch die zigarettenpapierdünnen Seiten des Alten Testaments – ein Monarch, den es reut, uns gemacht zu haben, ein Killer, kalt wie ein Eisberg, wenn es um die sintflutreif lasterhafte Menschheit geht, ein Jurist, der Gebote erläßt, deren erstes ihm selber gilt, »Habt keine anderen Götter neben mir«, und in Hiobs Fall ein mit Satan verspielt paktierender Schurke, launisch und arrogant: »Mit wem wollt ihr mich vergleichen?« Der Name zumindest eines Schriftstellers, Melvilles, fiele uns jetzt immerhin ein. Kaltfröstelnd wähnt Ahab, es sei Gott, der ihn dem Wal entgegentreibt; am Schluß aber war es lediglich der Allmachtserzähler Melville, der Gott verdrängt und uns im Mastkorb seines Romans einen Platz an seiner Seite gewährt hat, und Melvilles Sintflut überleben nur Ismael und Moby Dick.

Mit dieser seiner »schwarzen Kunst« mußte ihrer beider Schöpfer wohl etwas zu weit gegangen sein. Denn seine Schrift erfüllte sich. Melville arbeitete gerade mit Spaltkeil und Axt an seiner Farm, da störte ihn die Nachricht hoch, der Walfänger »Ann Alexander« aus New Bedford sei im Pazifik von einem geradezu handverlesen durchtriebenen Pottwal gerammt und versenkt worden. »Ohne Zweifel«, befand Melville, »das war Moby Dick.«

KAPITEL 4

VON DER KÜHNHEIT

Ein vergeltungsbesessener, schwermütig grimmer Kapitän hetzt einen legendären Wal, um dem etwaigen Gott oder dem Nichts dahinter den Garaus zu machen, tauft die Stahlspitze seiner Harpune in heidnischem Blut; doch Ahab wird vom Seil seiner Harpune in die Tiefe gerissen, die »Pequod« bricht ein, und Moby Dick bläst weiter, wo er will, der Ozean freut sich, und am Himmel erwachen die Sterne.

Eine Frau und ihre zwei Kinder sehen sich in ihrer Villa auf der Insel Guernsey von Gespenstern verfolgt, müssen aber entdecken, daß sie ihrerseits längst tot und die angeblichen Gespenster lediglich die Mieter ihrer Villa sind.

Ein König will den Mord an seinem Vater aufklären und entdeckt, daß er selbst der Mörder ist.

Die Eltern eines Siebenjährigen werden von einem Rhinozeros gefressen, und er flüchtet vor seinen prügelfreudigen Tanten auf einem haushohen Pfirsich über den Atlantik nach New York.

Ein junger Gymnasiallehrer schmuggelt eine seiner Schülerinnen, ebenso heillos verliebt in ihn wie er in sie, durchs Abitur, nur um sie heiraten zu können; sie aber zerrt ihn danach wegen sexueller Belästigung vor Gericht.

Ein reicher Mann hinterläßt sein Haus einem verarmten Ehepaar; es findet darin einen mürrischen Diener vor, den es laut Testament nicht an die Luft setzen darf. Der Diener quält sie – und bekennt zuletzt, daß er es war, der ihnen das Haus vermachte.

Mehrere Männer sind schon vor ihm exekutiert worden, weil man sie mit ihm verwechselt hat, und nun durchwacht der Richtige in seiner Todeszelle die Nacht; er muß das Erschießungskommando jedoch frühmorgens darauf drängen, sich endlich an die Arbeit zu machen: so endlos erschöpft und ihres Geschäfts überdrüssig sind die Vollstrecker ob der vielen Irrtümer inzwischen geworden.

Was uns an diesen und anderen beliebig herbeierzählbaren Geschichten buchstäblich mitnehmen mag, ist die »action«, der Plot, die Fabel, Handlung, Dramatik, oft zu einer Intrige ausgesponnen, daß es wie im Kessel der Hexen Shakespeares nur so blubbert, siedet und zischt. Man will wissen, wie es weitergeht und endet. Doch wenn der Plot nur unterhaltsamer Selbstzweck wäre, könnte der Autor, anstatt seine Geschichte auf oft Hunderten von Seiten auszubreiten, sie auch in nur wenigen Zeilen nüchtern summieren, und die beste bestünde dann aus bloß einem Satz: »Als ich erwachte, war der Dinosaurier immer noch da.« Im Kern nämlich enthält diese Märchensentenz einen ganzen Roman.

Der Plot eines Werks sagt nichts über seine Qualität – in welcher Art und Weise genau ein Autor uns mitnimmt: darauf also, auf den Stil, kommt es an. Der Stil belebt und bringt die Handlung erst in Takt. Er läßt den Leser im Rhythmus seines Autors atmen. Im Stil verrät sich die zuweilen ans Unheimliche grenzende Einmaligkeit, mit der dieser Schöpfer die Welt bis in die am wenigsten bekannten

Winkel durchstöbert und sich dabei zu eigen und neu gemacht hat. Plötzlich verändert sie sich: Im schweren Winter Europas hört man nachts im Halbtraum einen Vogel, der sich im verglasten Kamin an den Rußwänden flügellahm schlägt, jenen Sperling, mit dem man vor einem Jahr im Sommer von Mauritius Ananasstücke zum Frühstück teilte, als der Tag vor Hitze schon uralt geworden war; das hilflose Geschöpf muß sofort befreit werden, man eilt zum Kamin; doch war es nur der Sturm, der darin Papiere flatternd zum Leben erweckte, auf denen ein Letzter Wille geschrieben stand, in dem man sein ganzes Vermögen einem Freund vermachte, der vor Tagen an Herzversagen gestorben ist.

In nur wenigen Sekunden öffnet sich das Universum und schließt sich wieder. Sprachbilder können gewaltige Bögen um die Erde schlagen, Radien ziehen zu den entferntesten Orten im Weltall und über die Kontinente, Jahreszeiten und Jahrhunderte hinweg. Wie durch Zauberschlag bringen sie plötzlich Abgelegenstes an nur einem Punkt im Universum zusammen – und dieser Punkt kann etwa der seine Metaphern und Vergleiche webende Herman Melville an seinem Schreibtisch in Massachusetts sein: In der Walfängerkirche von New Bedford spricht Pastor Mapple ein Gebet »von so tiefer Inbrunst, als kniete und betete er auf dem Meeresgrund«; an einem kalten Weihnachtstag hängen »krumme Eiszapfen wie die elfenbeinernen Stoßzähne eines gewaltigen Elefanten« vom Bug der »Pequod« herab; Ahab, ein Fremder in der christlichen Welt, lebt in ihr »wie der letzte Grizzly im dichtbesiedelten Missouri«, der in seiner Furcht vorm Überwintern »an den Tatzen seiner Schwermut nagt«; wenn ein Weißer zu einem der Harpuniere Ahabs, riesengroß und rabenschwarz, aufblickt, fühlt er sich »gleich einem weißen Fähnchen, das gekommen ist, eine

Festung um Waffenstillstand zu bitten«; Ismael macht eines Tages sein Testament und schaut danach ruhig und zufrieden drein »wie ein Gespenst mit reinem Gewissen, das gelassen hinter den Gittern einer gemütlichen Familiengruft hockt«; mitten unter einer endlosen Prozession von Walen sieht er in seinem Innern Moby Dick als grandioses Phantom »gleich einem Schneeberg in den Lüften«.

So weit nach oben kann ein Schriftsteller uns tragen, und wirklich gut sieht man die Erde bekanntlich allein vom Himmel aus. Kein Schriftsteller schreibt bloß für sich, es sei denn seine Einkaufsliste; und im Idealfall gelingt es ihm, den Leser in sprachschöpferischen Generaloffensiven zu bezwingen und dabei die Mauer niederzureißen, die ihn vom Leser trennt. Er greift auf uns zu, in uns hinein und mit uns irgendwohin hinaus. Für gewöhnlich liest man ein Werk, wie man lebt: nur einmal und aufs Ende zu. Bei Melville indes wohnt man der Erschaffung der Welt immer wieder von neuem bei – selten zwingt der Stil eines Romanciers so suggestiv zu jener Dringlichkeit, mit der ein Werk vor einem steht und sagt: »So bin ich, und es geht nicht anders«. Mit Freuden kapituliert der Leser da von vornherein. Denn so vieldeutig komplex und allgemeingültig sich ein Buch auch ausnehmen kann, weil alle Möglichkeiten, was es heißt, ein Mensch zu sein, darin enthalten sein mögen, so erfaßt den einzelnen Leser in seiner Einsamkeit vorm Kamin oder in der Untergrundbahn doch das Gefühl, »Achtung!«, hier werde Epoche gemacht, »das ist für mich und nur für mich bestimmt«. Alles, was man von einem Meisterwerk fordert – Welthaltigkeit, das bislang vollends Unbemerkte fern aller Klischees, das Unerhörte auch und das ganz gewisse Etwas … all das ist in der Kühnheit des Stils zur Geltung gebracht.

Und so gibt es auch Romane, die vor allem über ihre Sprachbilder von elementarer Bannkraft genossen werden wollen. Sie fühlen sich verantwortlich für die Schönheit der Wirklichkeit um uns her und werfen Licht statt Schatten auf uns: Vom Tod handeln sie nur, damit uns das Leben um so kostbarer wird. Sie stehen im Zeichen des Glücks, weil unser Leid darin dasjenige aller wird und mithin an Schwere verliert. Eben glaubte man noch, solche Werke könnten gar nicht existieren – und doch sind sie da.

KAPITEL 5

DIE KATHEDRALE DER WELT

Marcel Proust

Ein einziges Mal hatte Marcel Proust nicht übertrieben: als er tatsächlich tot war. »Alle meine Nächte weinend verbracht«; »trotz starken Fiebers gearbeitet«; »bin erschlagen von Erschöpfung, der gefährlichen, der lebensgefährlichen Erschöpfung«: Für solch hochtönende Empfindelei hatten Prousts Freunde das Verb »proustifier« ersonnen. Seinen unmittelbaren Tod kündigte er zu ihrem leicht verärgerten Amüsement seit mehr als einem Jahrzehnt in genau bemessenen Abständen an, und sie meinten, ihr ewiges Sorgenkind Marcel »proustifiziere« seine Wehwehchen nur, um arbeitsstörende Besucher abzuwimmeln.

Ganz falsch war das auch nicht. Im Spätherbst 1922 aber zog eine fassungslose Prozession von Trauernden an dem einundfünfzigjährigen Proust vorüber, der – dünn, bleich und mit Beinen wie Streichhölzern – einen Veilchenstrauß in den gefalteten Händen hielt. Auf dem Kaminsims stapelten sich die Manuskriptbände seines Romans »Auf der Suche nach der verlorenen Zeit«, ein Mediziner diagnostizierte posthum fünfunddreißig Krankheiten, die Proust verzehrt hatten, mit einer Lungenentzündung allen voran, und die Blumen, die ihn nun umgaben, lösten kein Asthma mehr bei ihm aus.

Schon den ersten Erstickungsanfall hatte er neunjährig kaum überlebt. Sein Schlaf-, das zugleich sein Arbeitszimmer und mit Kork austapeziert war, damit weder der Sirenensingsang von den Pariser Straßen noch banale Neuigkeiten darin Einlaß finden konnten, vernebelte täglich ein Räuchermittel, das mit Stechapfel versetzt war – jener Droge, die bereits in den Bordellen des Hochmittelalters Besuchern zu zahlungskräftigerer Enthemmung verholfen hatte.

Proust jedoch inhalierte in seiner Hilflosigkeit das Fünfundzwanzigfache der vorgeschriebenen Dosis. Die Erleichterung, die ihm seine Sucht verschaffte, wurde von Halluzinationen verdüstert: In der schaurigen Stille schlafloser Nächte vernahm er die Stimme seiner toten Mutter und sah »la mort«, den Tod höchstselbst, vor sich – auch dies nur ein Stechapfelphantom –, als alte, schwarzgekleidete Frau, häßlich und fett. Er erklomm, von Veronal und Opium gestützt, immer schwindelerregendere Stufen der Angst. Über Tage versetzten ihn Herzattacken in das Zwischenreich von Leben und Tod.

Doch gehörte es zu Prousts Stärken, an die Literatur wie an Gott zu glauben, und zu den Stärken Gottes, Proust Gehör zu schenken. Denn Abhilfe schuf nur die Vollendung seines Romans »Auf der Suche nach der verlorenen Zeit«, dogmatisch durchkonstruiert, von despotischer Detailversessenheit und Originalität und gewissenhaft wie von gotischen Baumeistern hochgemauert zu einer Kathedrale, in die Proust sich hinüberretten wollte wie in eine Heimat vor seiner Geburt. In die Heimat des Himmels.

Einmal war er, mitten in der Nacht, einen Pelz über sein Nachthemd geschultert, zwei Stunden lang vor der Kathedrale Notre-Dame de Paris gestanden, zeitenthoben in die

Betrachtung der Portalskulpturen versunken. Damals sollte der erste Band seines Werks noch »Vorhalle« heißen und das Ganze »Die Arrhythmien des Herzens«. Womit er den sprunghaft unzuverlässigen Charakter unseres Bewußtseins meinte. Das konnte der plötzliche Schmerz sein, der den Erzähler Marcel befällt, als er sich an seine tote Großmutter erinnert, und die Freude, sie damit zugleich wiedergewonnen zu haben. Es war aber auch jener Moment, da er ein Stück in Tee getauchtes Madeleine-Gebäck kostet und aus dem Geschmack die Erinnerung an seine Kindheit und den Geburtsort Combray emporsteigt: »Alle Blumen unseres Gartens und die aus dem Park von Swann und die Seerosen auf der Vivonne und all die Leute aus dem Dorf und ihre kleinen Häuser und die Kirche und ganz Combray und seine Umgebung, all das, was nun Form und Festigkeit annahm, Stadt und Gärten, stieg auf aus meiner Tasse Tee.« Doch woran man sich erinnert, ist nicht, wie das Erinnerte wirklich war; und so muß man es neu erschaffen, sieben Bände lang.

Monate vor Prousts Tod schrieb ihm eine junge Amerikanerin aus Rom, sie lese seit drei Jahren an seinem Roman, verstünde aber kein Wort davon: »Bitte teilen Sie mir doch in zwei Zeilen mit, was Sie damit sagen wollen.« Was hätte Proust in einem Telegramm erwidern sollen? »Kann Nicht Antworten Stop Vorwand Folgt«?

Besser brieflich, etwa so: »Gnädige Frau, ich hatte Ihnen nicht geantwortet, weil ich seit vielen Tagen aufzustehen außerstande war; der Novembernebel verewigt meinen mißlichen Zustand aufs schlimmste. Es ist schon halb zehn, und ich wäre nicht vor Mitternacht fertig, Ihnen jene Worte zu schreiben, derer Sie so liebenswürdig bedürfen. Doch bin ich mir darin gewiß, wie wenig Ihrer Aufmerksamkeit entgangen sein wird, daß mein Roman voller Liebesgeschichten ist. Er erzählt den Lebenslauf eines arbeitsunwilligen jungen Mannes, der mir in manchen Zügen ähnelt und der bis zu seinem dreißigsten Jahr Gefahr läuft, sein Leben in der mondänen Welt von Paris zu verschwenden. So wie sich meine heimliche Hauptgestalt Charles Swann in eine liederliche Frau namens Odette verliebt, so dieser Marcel in die lesbische Albertine, worüber er vor Eifersucht fast den Verstand verliert, ihr darum wie einem Huhn gerne den Hals umdrehen würde, um sie am Abend zu verspeisen und sie so der Lust zu berauben, die sie mit anderen Frauen erlebt. Ansonsten promeniert eine wunderliche Horde von Dienstboten, Aristokraten, adelsversessenen Großbürgern und Antisemiten an Ihnen vorbei, in einem Bühnenbild, das kurz davor steht, vom Großen Krieg in Stücke zerrissen zu werden. Eifrig sind sie alle damit beschäftigt, ihre Masken zu ihrem eigentlichen Gesicht zu machen, bis sie am Schluß die Masken des Alters tragen und Marcel beschließt, jenes Werk zu verfassen, das Sie in Händen halten und das Ihnen zu meinem größten seelischen Unbehagen solche Schwierigkeiten bereitet hat.«

Prousts Roman zusammenfassen zu wollen hieße also, ein Sommergewitter nachzuerzählen. Denn was man nur einmal in tausend Jahren Literaturgeschichte versuchen sollte, wird bei ihm zum Gesetz: Es gilt, die Zeit anzuhalten wie den Herzschlag bei einer Arrhythmie, den Plotverlauf und seinen Rundtanz der Geschlechter durch Myriaden von Kleinromanen und Szenen hinauszuzögern und wieder einsetzen zu lassen. Die höchste Steigerung erfährt dieses »Kammerflimmern des Stils« in Prousts gewagten Metaphern und Vergleichen mit ihren Schwärmen unerfindlicher Einzelheiten, die uns eine weitere Welt als die geläufige, ein ungeahntes Universum offenbaren wollen – eine Fata Morgana hängender Gärten, bald träumerisch, bald heiter, makaber und biblisch grandios.

So ist in Combray jemand, den man nicht kennt, ein fast ebensowenig glaubhaftes Geschöpf »wie ein Gott der altgriechischen Mythologie«. Zu seinem Platz in der Kirche Combrays geht Marcel »wie durch ein von Feen heimgesuchtes Tal«. Liest er das Buch eines anderen Autors, gibt er sich ihm hin wie ein Küchenchef, der einmal nicht selber kochen muß und endlich Zeit findet, Schlemmer zu sein. Und die Sorgfalt, mit der die Köchin der Familie die Zutaten für ihr »Bœuf à la gelée« wählt, gleicht der des Michelangelo, der acht Monate in den Bergen der Toskana verbrachte, um die vollkommensten Marmorblöcke für ein Grabmal ausfindig zu machen. Mit ihren Schlittschuhen nähern sich die Kinder der sicher zugefrorenen Seine wie »einem riesigen gestrandeten Wal, der wehrlos seiner Zerteilung entgegensieht«. In der Oper scheint ein Marquis das Publikum im Parterre ebensowenig wahrzunehmen »wie ein Fisch, der ohne das leiseste Bewußtsein von der Menge neugieriger Zuschauer hinter der Glasscheibe eines Aquariums vorbeischwimmt«. Kaum ist ein Konzertstück vorüber, fühlt sich Marcel »wie ein aus dem Rausch des Paradieses gefallener Engel, der in der trivialsten Wirklichkeit landet«. Albertine läßt bei jedem ihrer Abschiede ihre Zunge in Marcels Mund gleiten »wie eine Hostie bei der Eucharistie«. Der vom Klatsch der Salons zu einem Nichts herabgewürdigte Monsieur de Charlus besteht darauf, in einem Männerbordell mit längst aus der Mode gekommenen Instrumenten malträtiert zu werden: ein Christus und Prometheus in Personalunion. Am Schluß zählt er alle seine Toten auf, »Antoine de Mouchy, tot! Charles Swann, tot!«, und dieses Wort »tot« scheint »gleich einer von Mal zu Mal schwereren Schaufel voll Erde auf diese Verstorbenen niederzufallen, als suchte ein Totengräber sie noch fester dem Grab zu verhaften«.

Marcel indes tut das genaue Gegenteil: Er holt gemeinsam mit der verschollenen Welt der Vergangenheit auch die Verstorbenen ins Leben zurück. Wenn es ein Zweck von Literatur sein soll, zu Schicksal, Verfall und Tod zu erziehen, dann ist die Literatur Prousts eine Einladung zur Daseinsleidenschaft und Bewunderung der Welt im Hier und Jetzt. Und nicht nur das.

Zwangsläufig muß jeder Gegner des Jenseitigen sich damit begnügen, daß sein Bewußtsein nach dem Tod ausgelöscht ist und sein Wesen für immer getilgt: erinnert auf Erden von manchen oder keinem. Proust war das nicht genug. »Wir können uns unsere Erinnerungen der letzten dreißig Jahre nicht ins Gedächtnis zurückrufen, und dennoch umweben sie uns ganz und gar; warum aber soll man dann bei dreißig Jahren stehenbleiben, warum dieses vorherige Leben nicht ausdehnen bis über die Geburt hinaus?« Wenn unsere Vergangenheit, dachte er, vor unsere Geburt zurückreichen mag, warum unsere Zukunft dann nicht über unser Sterben hinweg? Und was ist dann noch zu fürchten? Sind wir bei unserer Geburt vielleicht schon mit Eigenschaften ausgestattet, die aus einem früheren Leben stammen? Wie anders, so Proust weiter, ließe sich erklären, daß wir uns verpflichtet fühlen, das Rechte zu tun, zartfühlend, ja auch nur höflich zu sein? »All diese Verpflichtungen, die im gegenwärtigen Dasein nicht hinlänglich begründet sind, scheinen einer anderen, auf Güte, Gewissenhaftigkeit und Opferbereitschaft basierenden Welt anzugehören, einer Welt, die vollkommen anders als unsere hiesige ist, aus der wir aber gekommen sind, um auf dieser Erde geboren zu werden, bevor wir vielleicht in jene andere zurückkehren, um wieder unter der Obhut jener unbekannten Gesetze weiterzuleben, denen wir gehorchen, weil wir ihr Gebot in uns tragen, ohne zu wissen, wer es dort eingeschrieben hat.«

Ein einziger, wuchtiger Satz nur, in dem Proust sich von Dauerhafterem überwältigt wähnt, als er selber es ist – und unsere ganze Hinfälligkeit ist mit einem Handstreich verschwunden. Bei ihm sind wir angesichts des Todes nicht zu einem erbärmlichen Häufchen Knochen, Knorpeln, Lymphe und Blut zusammengeschrumpft. Der sogenannte Tod hat einfach keinen Sinn mehr in jener »gewaltigen Kathedrale«, zu der das Weltall durch Prousts Werk geworden ist. »Man soll sich nie davor fürchten, zu weit zu gehen; denn die Wahrheit liegt jenseits.«

Hat Proust unter allen Schriftstellern nicht den größten Triumph errungen? Seine innigsten Leser messen noch die gewöhnlichsten Situationen daran, daß sie sind »wie bei Proust« – und sie kommen ihnen dann nicht mehr gewöhnlich vor. Hat er nicht recht, wenn er sagt, man kennte sein Glück nicht, sei nie so unglücklich, wie man gerade glaubt? Mit »Auf der Suche nach der verlorenen Zeit« führt man eine verzauberte Insel in sich durchs Leben spazieren: mit dem Geschmack des »Bœuf à la gelée«, dem Donnern der Meeresbrandung im Flieder, der flamingogeröteten Dämmerung und dem Schnee des Mondlichts, dem biskuitsüßen Geruch alter Bücher mit Kanten aus Gold und der Gewißheit, daß niemand wirklich jemals sterben wird.

KAPITEL 6

WO NUR DER LESER ÜBERLEBT

Gabriel García Márquez

Es war einmal ein Journalist, der an einem Sonntagabend um 1950 in Bogotá, Kolumbien, in der letzten Straßenbahn einen Faun erblickte. Im Vorbeigehen nahm Gabriel García Márquez sogar den Geruch seines Felles wahr. Sonst sah den Faun keiner. Hatte García Márquez denn plötzlich den Verstand verloren? Vielleicht war er nur erschöpft; vielleicht hatten ihm auch die vielen Bücher, die er damals inhalierte wie seinen Zigarettenrauch, den Sinn für die Wirklichkeit verrückt. Dennoch, entschied er, wäre es falsch, diese bocksgestaltige Gottheit der Wälder als hexischen Einbildungszauber abzutun: Es kam nicht darauf an, ob der Faun real gewesen war, sondern daß er ihn als real erlebt hatte. Und die Erzählung, die er daraus machte, war in einem Grundton gehalten, der ihm aus dem Haus seiner Großmutter im Norden Kolumbiens vertraut war: Tranquilina Iguarán erzählte ihre horrorfilmtauglichen Geistergeschichten nüchtern und gelassen, »tranquilamiente« eben – als wären sie wissenschaftlich verbürgt und das Selbstverständlichste von der Welt.

So schien der Faun aus dem großmütterlichen Kleinuniversum des sonnenverdorrten Dorfs Aracataca in die Gegenwart entsandt worden zu sein. Dort war García Márquez aufgewachsen. Dort wohnte in jeder leeren Kammer ein Gespenst. Dort lag Übernatürliches in der Luft wie der Geruch von Oregano, der das Haus gleich einer Festungsmauer umschloß. Dort überwinterte im Großvater, dem Oberst Nicolás Márquez, die frierende Erinnerung an die Niederlage der Liberalen gegen die Konservativen in einem tausend Tage währenden Bürgerkrieg zwischen 1899 und 1902. Dort waren auch die dreitausend Männer, Frauen und Kinder nicht vergessen, die Regierungstruppen während eines Streiks im Auftrag der United Fruit Company erschossen und wie verfaulte Bananen ins Meer geschüttet hatten. »Gabito« schlief in einem Zimmer mit Heiligenskulpturen, die ihn – im Schimmer des ewig brennenden Nachtlämpchens – vom Familienaltar aus belauerten mit ihren eisig wachsamen Augen aus Glas.

Diesem gemütvollen Irrenhaus in Aracataca, das er später zu »Macondo« umtaufte, versuchte er seit jenem faunischen Sonntagabend einen Roman abzugewinnen. Vergebens – bis zu jenem Julitag im Jahre 1965, da er mit seiner Familie auf Kurzurlaub unterwegs durch Mexiko nach Acapulco war. Genauso wie Tranquilina, murmelte es in García Márquez am Steuer seines weißen Opels, mußt du auch deine Geschichte erzählen – und dann traf ihn der erste Satz wie ein Prankenhieb, und der ganze Roman folgte auf ihn gleich einem Wirbelsturm.

García Márquez machte am Straßenrand halt und atmete durch; kehrte unter dem Protest der Familie nach Mexico City an seinen Schreibtisch zurück und verbarrikadierte sich dahinter für ein Jahr wie sein weiser Zigeuner Melchíades, der hellsichtig die andere Seite der Dinge kennt. Er wob nahezu alles, was er je zuvor ersonnen hatte, in sein Buch hinein, hörte im Hintergrund die Beatles dabei, während seine Frau Mercedes aus Geldnot Auto, Fernseher, Radio, Kühlschrank und ihren ganzen Schmuck verpfändete – und mit siegessicherem Gleichmut dann ein Möbelstück nach dem andern. Sie ahnte, daß ihr Ehemann ein Feuer im Dornbusch unserer Phantasie entfachen würde. Und täuschte sich nicht.

Viele Jahre später sollte García Márquez bekennen, daß er sich bis ans Ende seiner Tage mit glücklicher Wehmut an die Schönheit der Musik John Lennons und Paul McCartneys erinnern würde: Oft kam es ihm so vor, als sei die Erde seit seiner Geburt unverändert geblieben, bis die Beatles zu singen begannen. 1967 kamen zeitgleich »Strawberry Fields Forever« und »Hundert Jahre Einsamkeit« zur Welt, und das Universum der Literatur wurde allmählich von García Márquez wie von einem unsichtbaren Imperium durchdrungen. Jeder Bücherliebhaber, der diesen Roman nicht mochte, schien seitdem einem Mathematiker zu gleichen, der Zahlen nicht leiden kann. Aus einem hartnäckig gescheiterten Traum war ein Märchen von einem Roman geworden – als ginge ein jahrtausendelang gehegter Leserwunsch endlich in Erfüllung.

Spannungsvoll und unanfechtbar, säen bereits die ersten drei Sätze in ihrem hymnischen Aufschwung Rätsel aus, die zum Weiterlesen zwingen: »Viele Jahre später sollte sich der Oberst Aureliano Buendía vor dem Erschießungskommando an jenen fernen Nachmittag erinnern, an dem sein Vater ihn mitnahm, um das Eis kennenzulernen. Macondo war damals ein Dorf von zwanzig Häusern aus Lehm und Bambus am Ufer eines Flusses mit kristallklarem Wasser, das dahineilte durch ein Bett aus geschliffenen Steinen, weiß und riesig wie prähistorische Eier. Die Welt war noch so jung, daß viele Dinge ihres Namens entbehrten, und um sie zu benennen, mußte man mit dem Finger auf sie deuten.« Von nun an scheint der gesamte Roman wie eine Schimäre aus der Erinnerung des Oberst Aureliano Buendía zu steigen, in den letzten Sekunden vor dem tödlichen Schuß; wir glauben zu wissen, welch tragisches Schicksal ihn erwartet, und wollen nur erfahren, wann und warum er erschossen werden soll – und wo in der Karibik denn Eis zu finden sei. Wir hören in Macondos »Fluß mit kristallklarem Wasser« die Quellen des Gartens Eden rauschen; und wir sehen dabei zu, wie der Kosmos des Buches aus der Schale eines dieser »prähistorischen Eier« bricht, um vom Adam des Romans, dem Gründer des Dorfes, bestaunt zu werden, José Arcadio, dem Vater des Oberst und der ganzen Sippe Buendía.

Harmlos war der Katholizismus nie; das erklärt seinen manchmal fast verbrecherisch aufreizenden Charme. Aus Dankbarkeit wie aus Vergeltung für seine Träume, durch die tyrannisch die Heiligenstatuen seines Kinderzimmers tobten, wirft García Márquez Gestalten und Geschichten der Bibel wild durcheinander, von Noah und Moses über den wiedererstandenen Christus bis zum teuflischen Tier der Apokalypse in der Offenbarung des Johannes. Als ihre Erben stellt er derart verstockte, leidenschaftlich besessene und verrückte Helden auf die Beine, daß der Boden unter ihren Füßen kracht und beständig Gefahr läuft einzustürzen. Von erdbebenhafter Sprachgewalt und Einbildungskraft in einen Dauertaumel hineingerissen, findet der Leser weder Zeit noch Atem, sich zu fragen, warum er das bloß erfundene Geschick von Papierfiguren durchmachen soll: García Márquez geht aufs Ganze, als wäre das Erzählen gerade von ihm selbst ersonnen worden, und tilgt damit jeden Zweifel an der Daseinsberechtigung von Literatur.

In Macondo geschieht alles überstürzt und vor allem nie das, was wir erwarten. Es gibt darin nichts, was es nicht gibt, weil der Roman von der Vorstellungswelt seiner Geschöpfe her erzählt ist. Was sie sich nur einzubilden scheinen, existiert wirklich, und so fügt sich auch die jenseitige Welt wie selbstverständlich in die diesseitige ein: José Arcadio Buendía hat seinen besten Freund Prudencio ermordet und flüchtet, von dessen Gespenst verfolgt, nach Macondo, in ein »Paradies aus Feuchtigkeit und Schweigen vor dem Sündenfall«. Pater Nicanor Reyna mit dem unschuldigen Gesichtsausdruck eines gealterten Engels tritt kraft Levitation mit Hilfe einer Tasse heißer Schokolade den Beweis für die Existenz Gottes an: Er trinkt sie aus, ohne Luft zu holen, breitet dann die Arme aus und hebt sich genau »zwölf Zentimeter« über den Erdboden – und es ist diese exakte Maßangabe, »zwölf Zentimeter«, die das Unglaubliche glaubhaft macht.

Der Zigeuner Melchíades ersteht von den Toten, schließt sich in die Goldschmiedewerkstatt Aurelianos ein, bekritzelt Pergamentrollen spatzenfingrig mit unleserlichen Prophetien und stirbt, als er »die Formel der Auferstehung« gefunden hat – was ihn freilich nicht daran hindert, als Geist nach wie vor schweigsam durch die Zimmer des Hauses zu schleichen. Aureliano zettelt in unermüdlichen Bürgerkriegen zweiunddreißig Aufstände an, die allesamt fehlschlagen, hat mit siebzehn Frauen siebzehn Kinder und heuert das auf ihn zielende Erschießungskommando für weitere Schlachten an. Er kümmert – wider Erwarten bis ins hohe Alter – kriegsmüde in seiner Vereinsamung dahin, die alle Buendías miteinander teilen. In seiner Todesstunde entsinnt er sich des riesigen Eisblocks, des größten Diamanten der Welt, den sein Vater ihm auf dem Jahrmarkt einst zeigte. An Aurelianos Stelle wird sein Neffe von einem Erschießungskommando exekutiert: In »Hundert Jahre Einsamkeit« kommt es immer anders, als man denkt.

Auch plagt den Allvater José Arcadio Buendía der Geist Prudencios schon lange nicht mehr. In Trauer um die tiefe Sehnsucht, die sein toter Freund nach dem Diesseits empfindet, söhnt sich José Arcadio, selbst bereits zu einem lebenden Gespenst erstarrt, mit Prudencio aus; in langen Zwiegesprächen schmieden sie Pläne für gemeinsame Abenteuer im Jenseits, und als der Schreiner für José Arcadios Sarg Maß an ihm nimmt, fällt vor dem Fenster »ein Rieselregen aus winziggelben Blüten« herab. Er »fiel die ganze Nacht auf das Dorf in einem stillschweigenden Sturm und bedeckte die Dächer und versperrte die Türen und erstickte die Tiere, die im Freien schliefen. So viele Blüten fielen vom Himmel, daß die Gassen am Morgen mit einer dichten Schicht bedeckt waren und man sie mit Rechen und Schaufel wegräumen mußte, damit der Leichenzug sich hindurchschlängeln konnte.« Natürlich verwundert in Macondo solcherlei niemanden mehr.

Selbst Fesselballons kommen den Einwohnern als Rückschritt vor, da sie einst auf den fliegenden Teppichen der Zigeuner pfeilgeschwinde Flüge über die Häuser des Dorfes genießen durften. Ein Sproß der Familie, Remedios, ist von solch betörender Schönheit, wie sie »nur die Phantasie zu erschaffen verstand«, daß sich Männer ihretwegen umbringen oder in Schlaflosigkeit verkommen, und so steigt sie eines Märznachmittags wie die Jungfrau Maria mit Leib und Seele in den Himmel auf. Erst als der Bananentrust der United Fruit Company die dreitausend Leichen ins Karibische Meer verfrachten und aus dem nationalen Gedächtnis tilgen läßt, wird es dem Gott des Romans zuviel: In seiner

Nachsicht erschöpft, bringt er für »vier Jahre, elf Monate und zwei Tage« einen Sintflutregen über den Norden Kolumbiens, und »dann regnete es zehn Jahre nicht mehr« – die Plage aus Staub und Hitze setzt ein.

Die stahlnervige Ursula Iguarán – ein fernes Porträt der Großmutter Tranquilina – fürchtete ihr Leben lang, ein Monstrum zu gebären, da ihr Mann José Arcadio ihr Cousin gewesen war; und als nach dem Tod der Einhundertzwanzigjährigen ein Buendía, wie geweissagt, tatsächlich mit einem Schweineschwanz das Licht des termitenzermürbten Macondo erblickt gleich dem apokalyptischen Tier und von riesigen, »prähistorisch hungrigen« Ameisen gefressen wird, reißt ein biblischer Sturm, ein »huracán bíblico«, Fenster und Türen aus den Angeln, entwurzelt die Grundfesten des Hauses und wirbelt das ganze Dorf in einem wütenden Strudel ins Nichts. Der letzte Aureliano erfährt aus den Prophetien des Melchíades, daß das Schicksal seiner Familie von vornherein ausweglos festgeschrieben war. Er liest jenen Augenblick, den er gerade durchlebt, und stirbt. Dann aber, nachdem der letzte Satz verklungen ist, geschieht noch ein Wunder.

Es ist das größte des Romans und das innerste Geheimnis seiner Zauberkraft. Denn eben noch dechiffrierten wir an Aureliano Buendías Seite die Pergamente des Melchíades, der deshalb ein Stellvertreter des Autors ist. Und so hat García Márquez den letzten Aureliano auch von Anbeginn als unseren Stellvertreter im Buch vorherbestimmt: Wir waren es, die das Geschick der Buendías unbemerkt mitvollstreckten, und erwachen aus dem Roman, verwirrt – bis wir begreifen, wie erstaunt und beglückt wir darüber sind, am Leben geblieben zu sein.

KAPITEL 7

WIR WURDEN AUF ERDEN ERWARTET

Thomas Mann

Den ersten Schnee, den die kleine Julia da Silva eines europäischen Morgens zu Gesicht bekam, hielt sie für Zucker, der über die engen, buckligen Giebelstraßen Lübecks fiel. Sie war nach dem Tod der Mutter an der Hand eines deutschstämmigen Farmers, ihres Vaters, aus dem katholischen Süden in den Norden Deutschlands geraten, hatte noch die von Pferden gedrehten Mühlen der Zuckerrohrplantagen vor Augen, den brandenden Ozean am Rand des brasilianischen Urwalds und Rios paradiesische Bucht.

Als sie ein Jahrzehnt später jungvermählt am Arm ihres Gatten durch die Gassen Lübecks paradierte, konnte kein Mann den Blick von diesem »wunderschönen Weib« abwenden: So ganz die gefeierte Gesellschaftsdame, die für lange, lärmende Bälle schwärmte und weinschwere Dîners, benahm sie sich vielleicht dennoch etwas zu keck und ausgelassen, um in diese nebelkalte Kleinmetropole des Geldes zu passen, die alle Kunst als halbliederliche Liebhaberei ansah. Für ihren Mann jedoch, den Getreidehändler, dieses Wappenschild an wachsamer Würde, Ehrgeiz, Fleiß und Dienstbarkeit, den Senator, den mit »Eure Wohlweisheit« angesprochenen heimlichen Regenten der Stadt, war Gattin Julia sein ganzer Stolz.

Aber neben seinen Geschäften auch eine Sorge mehr. Zwar konnte er an ihrer Seite – herzlich, ja komisch, wie er sich dann gab – seine innere Anspannung besser verbergen als im Büro. Doch war es ihm nicht recht, daß Julia vor allen anderen Kindern seinen ohnehin tändelnd tagträumerischen Zweitgeborenen, Thomas, mit Märchen, griechischen Mythen, einem Buch zur Geschichte Ägyptens und Anekdoten aus ihrer Heimat verwöhnte und verzog, mit ihrem Klavierspiel und der Wortmusik ihres metallischen Soprans. Und aus Thomas Mann wurde tatsächlich der schlechteste Schüler, den die Geschichte des Gymnasiums zu verzeichnen hat, jenes »Zuchthauses«, für das er nur anarchischen Hohn aufbrachte. Seine Lehrer prophezeiten ihm denn auch beglückt den sicheren Untergang.

Der Vater sah das ähnlich: Er traute keinem seiner beiden Söhne zu, die Firma weiterzuführen, löste sie testamentarisch auf und verschied; seine Witwe wurde von der Stadt Lübeck entmündigt und zog in das daseinsfreudigere München, wo Thomas die Versicherungsgesellschaft verließ, bevor sie ihn hinauswerfen konnte. Julia da Silvas Gefühl der Entwurzelung, das von nun an nie mehr zu verdrängen war, breitete sich in der ganzen Familie aus – doch auch eine Weit- und Weltläufigkeit, die an sich selbst erlebte, daß Literatur mit nördlicher Disziplin auf fruchtbar südlichem Boden am besten gedeihen kann.

Damit ging es los. Und in diesem Augenblick läßt der Bibliothekar Gottes, der auf Erden die größten Romane und Erzählungen der Weltliteratur zusammensuchen soll, mutlos die Arme sinken, da er von einem einzigen Autor so viel nicht tragen kann. Denn Thomas Mann war seinem Vater insgeheim dankbar, ihm die Last der Firma abgenommen zu haben, und wollte sich dieser Befreiung würdig erweisen. Anfangs im unklaren über das eigene Warum und Wohin, wünschte er nurmehr als Schaffender, Schöpfer, Schriftsteller tätig zu sein: Er erkannte, daß man lediglich etwas von sich weiß, »wenn man etwas macht«, aus der Welt und aus sich; und er fand, daß den meisten Werken aus Deutschland etwas fehlte, Plot, Abenteuer, Komik, Sprachphantasie. Von ihm aber könnte dies alles geballt zu haben sein – falls er beharrlich sieben Tage die Woche und von einer Zigarette zur nächsten bei der Arbeit blieb, einsam und unablässig darauf aus, als seine einzigen Freunde Leser zu gewinnen, massenweise, millionenfach und für immer. Trotz aller Qual lachte er beim Schreiben mitunter in sich hinein vor Glück.

Wie oft würde er es später bedauern, dem Vater zu dessen Lebzeiten so wenig Hoffnung gegeben zu haben, daß aus ihm noch was Ansehnliches werden könnte. Er besann sich der Pflichtversessenheit, die dem Vater dazu verholfen hatte, seiner Familie einen bescheidenen Wohlstand zu sichern. Und dank jener Leidenschaftlichkeit, mit der die Mutter einst auf ihren Bällen die Nächte durchtanzte, bis aus dem winterlichen Schnee Lübecks wirklich Zucker geworden war, legte Thomas Mann von seinem zweiundzwanzigsten Jahr an ein Meisterwerk nach dem anderen hin, deren Gestalten oft ihre Heimat einbüßen müssen, um zur vollendeten Freiheit zu gelangen: nach dem Verfall seiner eigenen Familie in »Buddenbrooks« den »Tod in Venedig«, den »Zauberberg« und »Doktor Faustus« – und zwischen dem »Zauberberg« und »Doktor Faustus« ein Buch, bei dem sich selbst Gott fragen dürfte, warum man die Bibel noch lesen sollte, da sie Thomas Mann in »Joseph und seinen Brüdern« so unterhaltsam traktiert und dabei um- und neugeschrieben hat.

Denn zu karg, langweilig und zu humorlos runtergehudelt erzählt war »das Buch der Bücher«; in die Ferne gerückt und nur für Fromme genießbar war darin auch die Geschichte von jenem sträflich selbstvernarrten Bengel, den neidvolle Brüder in einen Brunnen werfen und nach Ägypten verkaufen, wo er an Weisheit gewinnt und zuletzt zur Rechten des Pharao sitzt, bis eine Hungersnot die Brüder zu einer Reise an den Nil drängt und Joseph sich in seiner Großmut mit ihnen versöhnt. Kein übler Plot.

Die anonymen Autoren des Alten Testaments aber hatten laut Thomas Mann zu wenig daraus gemacht. In einer Pyramidenarbeiterfron von sechzehn Jahren Dauer, zuletzt im Exil unter dem kalifornischen Himmel in den Hügeln Santa Monicas, der dem Himmel Ägyptens so verwandt war, packte Thomas Mann dann aber auch gleich alle Geschichten der Bibel in seinen Weltroman hinein: Weniger wäre nicht er und unter seiner Würde gewesen.

Einst wandelten die Götter auf Erden dahin, hatten Konkurrenten und Konkubinen, Prometheus seinen Zeus und Zeus seine Europa. Zu welcher Undeutlichkeit ist uns indessen, sagte sich Thomas Mann, der eine und einzige, rein geistige Gott verschwommen, der »gewaltig Antwortlose«, der uns in die Sünde entließ und dann wieder daraus erlöste. Was für ein widersinniges Schauspiel: Weshalb hat er den Menschen überhaupt erschaffen? Auf den Rat Satans hin, so Thomas Mann; um sich selbst zu verstehen; und um was erzählt zu bekommen und so nicht vor Langeweile am Rande des Selbstmords entlang zu brüten. Deshalb ist der Mensch nicht gut, sondern bloß gutgemeint gewesen. Wir führen ein unterhaltsames Schauspiel vor »Ihm« auf, setzen den Alten dabei jedoch vor den eifersuchtskranken Engeln ständig in Verlegenheit, und so muß die Gottheit uns mehrmals kurz und klein schlagen und zur Vernunft bringen – vom »Schwemmgericht« und der »Gesamtersäufung« kraft Sintflut bis zum babylonischen Turm.

Zum Allerallerhöchsten avanciert Gott erst, da Abraham ihn »entdeckt«. Abraham denkt ihn sich aus dem Chaos der orientalischen Götterwelt als den Einzigen hervor, und Thomas Mann hält dabei die schwebende Mitte zwischen den Möglichkeiten, Gott hätte den Menschen ersonnen oder der Mensch seinen Gott. So oder so ist Gott gezwungen, die Rollen aller Götter zu übernehmen, aus denen Abraham ihn sich erwählt – und damit nicht gut noch böse zu sein, sondern beides zugleich, »das Ganze«, und hinter dem Rükken der Engel gar mit Satan zu konspirieren, damit er sein Ansehen in den oberen Rängen nicht völlig verspielt.

Gedankenlos würden unendliche Generationen von Christen im Gebet vor sich hin murmeln, »Und führe uns nicht in Versuchung, sondern erlöse uns von dem Bösen« – Gott selbst versuchte also zum Bösen und befreite daraus zugleich. Sonderbar. Darum benötigt der Mensch nach Thomas Mann auch den »Segen oben vom Himmel herab« wie den Segen aus der »Tiefe, die unten liegt«, den faustverkrampften Ernst des Vaters und die freimütige Unstetigkeit der Mutter, Norden und Süden, Gott und Satan, der seit je auch ein Symbol weiser List gewesen ist und nicht »die alte Schlange unter der Erde« wie späterhin, sondern ein kluges Geschöpf, das sich von Anbeginn auf Gottes Seite weiß. Dieser Gott benötigte keinen Rivalen; und wußte es.

So ist die Bibel in Gestalt von »Joseph und seinen Brüdern« ein bitterer und nichtsdestotrotz bis zur teuflischsten Boshaftigkeit provokant verbogener Spaß, der selbst wiederum nicht beim Wort genommen sein will. Mit väterlich eiserner Strenge folgt Thomas Mann seinen selbstauferlegten

Miniaturabhandlungen über den Mischmasch all der Märchen und Mythen, aus denen die Bibel erwuchs. Wir werden belehrt, das schadet nie, freilich zumeist über unserem und dem intellektuellen Niveau Thomas Manns. Vieles schrieb er aus Enzyklopädien und religionskritischen Studien ab, hat also im Roman plötzlich genug davon wie ein Weintrinker, der sich über Wochen durch die Wüsten der Abstinenz schleppen mußte, und bricht in theoriebefreite Komik und Gelächter aus: Wenn sich die Höflinge vor Joseph in Liebedienereien ergehen, lösen sie eine beinah unglaubhafte Liste von musikalischen Worterfindungen gleich einer Heuschreckenplage aus, die immer Ähnliches besagen, »man beugte sich, buckelte und buhlte, kußhandelte, kratzfußte, scharwenzelte und flattierte« – warf Kußhände aus, soll das heißen, und machte seinen Kratzfuß und ... »flattierte«? Das hat Thomas Mann dem Französischen wie Englischen entnommen, »flatter« und »flattering«, und es reimt sich bestens auf jene unterwürfige Zwitschrigkeit, mit der die Diener ihren neuen Herrn wie Vögel umflattern.

Thomas Mann flattiert, umschmeichelt auch uns; ruft sich zur Ordnung; bemerkt, daß er unsere Geduld nicht länger strapazieren kann; hätte zwar, gibt er kund, die Namen aller Töchter des Pharao »am Schnürchen«, doch keine Lust, sie jetzt herunterzuleiern. Die Herkunft Jahwes – wie der hebräische Gott im ersten der »Zehn Gebote« sich nennt – erklärt er sich aus einem besonders düsteren Typen, der »ein schnaubender Kriegsherr und Wettererreger namens Jahu« war, »ein schwer zu behandelnder Kobold mit mehr dämonischen als göttlichen Zügen, tückisch, tyrannisch und unberechenbar, vor dem sein braunes Volk, übrigens stolz auf ihn, in Angst und Schrecken lebte, indem es durch Zaubermittel und Blutriten das zerfahrene Wesen des Dämons zu ordnen und in nützliche Wege zu lenken suchte«; und dennoch sei – der Erzähler kehrt unversehens ins theoretisch Sachliche zurück – diesem »Unhold« und »Würger« eine »große theologische Laufbahn vorbehalten« gewesen. Der greise Isaak, den Abraham einst auf Jahu-Jahwes Befehl hin um ein Haar geschlachtet hätte, ahmt dicht vor seinem Ende einen Widder nach, blökt, lallt und mümmelt »Einen Gott soll man schlachten« vor sich hin, »Einen Gott soll man schlachten«, und sieht damit die Kreuzigung Christi auf dem Marterhügel Golgotha in Jerusalem voraus.

Potiphar, der Finanzverwalter Pharaos, fett und kastriert, ist im Vergleich zu Joseph erotisch »eine Null«, und darum beißt sich die Frau Potiphars vor Begierde nach dem überirdisch schönen Joseph fast die Zunge durch und bringt im opernhaften Zwiegespräch ihre Worte der Verführung nur lispelnd über die Lippen, »slaf bei mir, slaf bei mir« – zur rechten Zeit erscheint Joseph vorm inneren Auge das Gesicht des Vaters Jaakob, um ihn glückhaft davon abzubringen, seiner Dauererektion Genüge zu tun.

Doch selbst als Joseph seinen sterbenden Hausverwalter sanft ins Jenseits hinüberbeschwört, erspart uns Thomas Mann, darin stets gnadenlos bis zur klirrenden Kälte, keine seiner kauzigen Wortkompositionen, um sein Pathos herabzustimmen und stilistische Weltherrschaft vorzuführen: »Du hast ausgesorgt und kannst dich einfach betten ins Vorgesorgte. Ist das nicht herrlich bequem und beruhigend? Ist's nicht mit Müssen und Dürfen heut wie nur jemals, wenn dir mein Abendsegen empfahl, nur ja nicht zu denken, du müßtest ruhen, sondern du dürftest? Siehe, du darfst! Aus ist's mit Plack und Plage und jeglicher Lästigkeit. Keine Leibesnot mehr, kein würgender Zudrang noch Krampfesschrecken. Auf tut sich die Kerkergrube deiner

Belästigung. Du wandelst hinaus und schlenderst heil und ledig dahin die Pfade des Trostes, die tiefer ins Tröstliche führen mit jedem Schritt. Im Lichte und in der Leichtigkeit sehen wir beide uns wieder.«

So sorgsam ins Licht und die Leichtigkeit geleitet wünscht man sich auch das eigene Ende. Thomas Mann fühlte, daß ein kämpferischer Atheist unweigerlich das dreitausend Jahre alte Marmorfundament abendländischer Zivilisation unbesonnen unter seinen Füßen zerschlägt, das aus dieser Tröstlichkeit, aus Güte, Freundschaft, Liebe, Mitleid und Selbstlosigkeit erbaut ist. Warum, dachte er, sollte man sich zu einer Zeit, da Deutschland die Vernichtung aller Juden befahl, denen die Bibel zuallererst zu verdanken war, und da Hitler und Stalin der Menschheit das christliche Gedächtnis auszutreiben suchten, sich der Zuversicht berauben, das Universum hätte eine Mitte und damit einen Sinn? Wir seien hier »in einer vorzüglichen Geschichte«, sagt Joseph einmal, sie sei »schon so gut wie geschrieben« – und er meint die Bibel, meint den Roman, diese »Gotteserfindung von ›Joseph und seinen Brüdern‹«, und meint die ganze Welt, in der man sich durch den Roman willkommen fühlt wie selten sonst: Gerade weil Gott sich darin einmal lächerlich machen und zugleich gütig lachen darf.

KAPITEL 8

WIESO BÜCHER ZU MEIDEN SIND

Jorge Luis Borges

Es ist Zeit, mit dem Leser die Wette einzugehen, daß er am Schluß dieses Kapitels kein Buch mehr lesen, geschweige denn irgendeins auf seine einsame Insel mitnehmen will. Vielleicht legt er dann auch diesen Band hier erleichtert beklommen aus der Hand; dies wäre zwar schlecht für das Buch, doch gut für das geistige Wohlbefinden des Lesers, dem – leicht verletzlich und einfühlsam, wie er ist – kein Schaden zugefügt werden soll. Taktlos ist er bislang über die erschreckend unberechenbare Seite der Literatur bewußt im dunkeln gehalten worden. Ein Arzt mag voraussagen können, für welche Krankheiten sich sein Patient besonders anfällig erweisen wird – die Wirkung eines Buches aber ist nicht zu prognostizieren: Da muß jeder selbst schauen, ob er sich durchschlagen kann und wie.

Selten nämlich ist Literatur harmlos. Schon Kinder, diese Anarchisten von Geburt, lieben es, wenn man ihnen erzählt, wie Erwachsene hinters Licht geführt und von einem Riesenpfirsich zermanscht werden. Puppen, auf Dachböden in Kisten wie in Särge entsorgt, bewegen plötzlich sacht ihre Glieder, ein Teddybär brennt lichterloh – ihnen ist jede Garstigkeit recht. Auch Brutalität kann eine literarische Tugend sein. Insgeheim malen sie sich aus, wie der hinter Gittern gemästete Hänsel schmeckt – Schauermärchen sind ihr Metier. Deshalb auch war die Phantasie, mit Lug und Trug verschworen und das verführerischste aller Spielzeuge, den Erziehern seit jeher verdächtig: Sie konnten nicht genug vor verfrühter und falscher Lektüre warnen; und nur die süßliche Belanglosigkeit entging ihrer Zensur. Denn wirkliche Phantasie wiegelt auf und bereitet, notgedrungen erschreckend, auf Schrecken vor, die jeden ereilen können; Phantasie läßt an alles glauben, weckt den eingeschlafenen Sinn für Welten in uns, die wir sonst nie kennenlernen würden, verlockt zum Tagtraum und entfremdet unsere ahnungslosen Kleinen dem Schulernst des Lebens. Und gerade das, was so gar nicht gefährlich aussieht, beweist oft die Freßlust eines Königstigers, der sich als lieb schnurrende Angorakatze gibt, dahergetrippelt kommt und hinter den Ohren gekrault werden will. Und dann? Literatur verschlingt. Und uns Bücherliebhabern scheint es zu schmeicheln, schmackhaft zu sein.

Lange bevor es den Menschen drängte, sinnträchtige Worte über die Lippen zu bringen und auf Höhlenwänden Zeichen zu setzen, beherrschten Hinterlist und Täuschung die Natur: Sie schummelte von Anbeginn. So mimt die ostafrikanische Gottesanbeterin eine Orchidee, um vor Fledermäusen geschützt zu sein und zugleich andere Insekten mit einer solchen Finesse an der Nase herumzuführen, daß sie an Magie zu grenzen scheint. Fröhlich flirrt eine Biene durch die sonnendurchflutete Sonntagsluft, erblickt das Ersehnte, den Nektar, den Nektar ... und summt sich blindlings hinein in die dornenbewehrten Fangarme der Teufelsmantis. Delikat knuspriger noch sind ihr Heuschrecken, daß es nur so knackt.

Wären Gottesanbeterinnen Autoren, dächten sie dabei: »Ein Leser mehr.« Denn ihrem Vorbild folgten die Erzähler bereits an den Lagerfeuern der Urzeit: Oft packen sie, noch heute, schon mit den ersten Sätzen erbarmungslos zu, und wenn ein Schriftsteller was auf sich hält, wird er auch danach stets besorgt darum sein, daß der Leser keinen Wimpernschlag lang in seiner Lektüre innehalten kann. Wer in dumpfer Sprache nur trübselige Menschen schildern würde, die aufs Nimmerwiederlesen verstrickt sind in ihre banale Alltäglichkeit, der beginge Verrat an diesem Grundgesetz literarischer Täuschungskunst. Weshalb viele große Erzähler auch nur große Themen wählen – nicht Flöhe, sondern den Wal.

Und dies mit daseinsdurchrüttelnden Folgen bis hin zum Tod. Als 1774 ein noch völlig unbekannter junger Autor in einem Briefroman die triste Talfahrt eines arg liebesversehrten Melancholikers beschwor, ergriff er europaweit eine ganze Generation: Aberhunderte ließen sich ihre Kleidung in seinem Stil schneidern – blauer Frack mit gelber Weste –, und manche brachten sich gleich auch noch um nach Werthers Manier, Punkt zwölf Uhr nachts und vor sich auf dem Schreibtisch Goethes Roman und ein geleertes Glas Wein.

In der Universalgeschichte der Literatur hat es Gestalten und Werke gegeben, die oft bloßer Phantasie entsprungen sind und dennoch ganze Kontinente geistig verschoben: von einer himmlischen Urgottheit, zunächst »Jahu«, dann »Jahwe«, später einfach »Allah« oder »Gott« genannt, der die Welt aus dem Nichts erschaffen hatte und dem man von nun an alles schuldig war, über Luftschlösser wie den »Klassenkampf« des Marxismus und den »Ödipuskomplex« Sigmund Freuds zurück zu den dramatischen Höchstleistungen Shakespeares – Hamlet, Lear, Macbeth –, die so lebendig blieben, daß wir Leser bisweilen wie ihre fahlen

Schatten wirkten. Wie viele Kopfgeburten haben uns jahrhundertelang mit der Mühsal beladen, gerade ihren Sinn zu enträtseln – statt den Sinn unseres Daseins, den zu enträtseln sie uns nur versprachen?

»Gebt mir einen fiebrigen Gedanken«, ist die Devise der Europäer, »und ich werde die Welt aus den Angeln heben.« Phantasien vermochten sich zuweilen derart tief in unser Bewußtsein zu senken, daß sie heute gar die Eßgewohnheiten bestimmen und selbst Hochgebildete kaum mehr wissen, wie durchdrungen sie von ihnen sind. Woher kommt es etwa, daß Europäer immerzu von einem Ursprung her auf ein Ziel hin denken und ihre Menükarten in Vor-, Haupt- und Nachspeise eingeteilt sind? Der Theologe Aurelius Augustinus, Bischof in Nordafrika, verordnete vierhundert Jahre »nach der Fleischwerdung des Herrn« der gesamten Menschheit mit schwärmerischem Schwung, was man heute »die Geschichte« nennt: eine zündschnurgerade Linie mit Anfang und Schluß. Die Menschheit hatte ihren glücklichen Ursprung im Paradies, wo sie vom Baum der Erkenntnis aß; und damit, so kam es Augustinus in den Sinn, beging sie eine »Erbsünde«, die sie wie ein Virus von Generation zu Generation ans Ende der Zeit weiterreicht, bis zu jenem »Jüngsten Tag«, da Christus wiederkehren und, je nach Lebensführung, fürchterlich oder freundlich Gericht über uns halten wird. Derart systematisch hochgerüstet wie eine Armee, erhielt sich die Bibel unter allen Monumentalwerken zwei Jahrtausende lang die größte Wirkungsgewalt.

Man denke sich einen gutherzigen Studenten der Medizin, der seinen Urlaub auf einem zivilisationsfernen Bauernhof voller Analphabeten verbringt, denen er jeden Abend nach Tisch aus den Evangelien vorträgt. In der stummen Begeisterung seiner Zuhörer fällt ihm auf, daß die Menschen offenbar von zwei Plots stets besonders fasziniert sind: von dem Plot eines verirrten Schiffes, das auf den Meeren eine ersehnte Insel sucht, und dem eines Gottes, der sich töten läßt, um alle, auch seine Mörder vorab, zu erlösen. Der Student heilt das erkrankte Vieh, die Bauern verehren ihn, bezaubert, befremdet, und dann reißen sie die Balken vom Dach des Werkzeugschuppens, um das Kreuz zu zimmern, an das er geschlagen werden soll.

Wer solch makabre Geschichten ausspinnt wie diese, »Das Evangelium nach Markus« von 1970, der muß früh schon der Literatur samt Bibel ausgeliefert gewesen sein – und der argentinische Schriftsteller Jorge Luis Borges trug ein Leben lang, neben dem wohlbehüteten Garten der Kindheit, die väterliche Bibliothek in seinem Herzen. Er glaubte, das Universum sei ein Reich des Wahns; die einzige Freiheit, die dem Menschen in diesem Kerker gewährt war, hieß Phantasie. Die »Encyclopedia Britannica« hatte er durchgearbeitet, ehe er dreißig war, und befand, was für ein Unsinn es doch sei, »auf fünfhundert Seiten einen Gedanken auszuwalzen, dessen vollkommen ausreichende mündliche Darlegung wenige Minuten in Anspruch nimmt«. So kommen seine Erzählungen wie Lexikoneinträge daher, die Abenteuer-, Kriminal- und Horrorromane sind und Dissertationen im Taschenformat, unverwechselbar wie ein Gesicht, sachlich, gedrängt, beinah lächerlich knapp und gemütlich in ihrer Schlichtheit und Monstrosität. Doch ist keine seiner Geschichten bedrohlicher als »Tlön, Uqbar, Orbis Tertius« von 1944, wo ein neuer Planet, Tlön, mit dem Land Uqbar wie aus dem Nichts entsteht und sich zu einem dritten Weltkreis, »Orbis Tertius«, rundet. Sie fordert unsere ganze Verblüffung und Panik heraus.

Auch was man sich einbildet, ist Realität. Sagt jemand, »Gott« gebe es nicht, hat er schon von ihm gesprochen: Wenn auch nicht mit Händen zu greifen, so existiert dennoch, was sich zur Sprache bringen läßt – seien es fliegende Teppiche, Einhörner, Gnome und Hobbits, Engel, Elben, Elfen und Feen, ein Ring, mit dem sich die Welt beherrschen läßt, der Urknall, die DNA oder ein Planet, der in der Erzählung »Tlön, Uqbar, Orbis Tertius« von Borges zum Leben erwacht, da eine Geheimgesellschaft ihn sich im siebzehnten Jahrhundert auszudenken beginnt.

Geleitet wird diese seither verfolgte Bruderschaft aus Astronomen, Biologen, Ingenieuren, Dichtern, Chemikern und Malern »von einem unbekannten Genie«, dem Millionär Ezra Buckley. Für ihn ist die Erde – wie für Marx und Augustinus – lediglich das Schattenbild einer anderen, besseren, chaosfreien Welt. In ihr ist das Vermächtnis der Bibel getilgt: Auf Tlön darf alles sein, nur »der Scharlatan Jesus Christus« nicht. »Buckley glaubt nicht an Gott, will aber dem nichtexistierenden Gott beweisen, daß die Sterblichen fähig sind, eine Welt auszuhecken« – Buckley will Gott, existent oder nicht, dafür bestrafen, diesen Planeten Erde mit achtloser Leichtfertigkeit als ein Labyrinth errichtet zu haben, das keinen Ausgang kennt.

Also macht sich eine Dynastie von Einzelgängern daran, den Planeten Tlön unter dem Projekttitel »Orbis Tertius« in einer vierzigbändigen Enzyklopädie zu schmieden mit seinen »Bluttürmen und unsichtbaren Tigern, mit seinen Bauwerken und seinen Spielkarten, dem heiligen Schrekken seiner Mythologien und dem Geraun seiner Sprachen, mit seinen Kaisern und Meeren, mit seinen Mineralien und seinen Vögeln und seinen Fischen, mit seiner Algebra und seinem Feuer, mit seinen theologischen und metaphysischen Kontroversen«. Und Kontroversen herrschen auf Tlön, da dessen illusorische Bewohner nicht nach der Wahrheit, sondern »das Erstaunen« suchen: Ihre Literatur ist Phantastik, reine Fantasy – und umgekehrt halten sie die angeblichen Einsichten der Philosophie für nicht minder phantastisch als die Erfindungen der Literatur. Jeglicher Sinn für eine Wirklichkeit, die außerhalb ihres Bewußtseins liegt, geht ihnen ab; ständig geraten auf dem Planeten zerstrittene Denkstile aneinander, die sich wechselseitig der Ketzerei bezichtigen – die einen verneinen die Zeit, andere verstehen das Dasein als bloßen Traum, für dritte kann das Universum nur von einer niedrigen, zerlumpten Gottheit verfertigt worden sein. Weil nach den irdischen Erfindern des Planeten Tlön alles real ist, was man sich denken kann, brechen plötzlich auch denkbare magische Gegenstände in die Realität der Erde ein und beweisen den Skeptikern auf unserem blauen Planeten die Existenz Tlöns: ein Kompaß etwa, dessen Buchstaben einem der Alphabete von Tlön entsprechen, oder ein würfelkleiner Metallkegel von unerträglichem Gewicht, der dir helleuchtend einen scharfgezogenen Kreis in die Handfläche schneidet und ein Gefühl von Ekel und Furcht hinterläßt …

Die vierzig Bände der Tlönschen Enzyklopädie fallen der internationalen Presse in die Hände, die sie in sorglosen Umlauf setzt; Handbücher, Kurzfassungen und Neudrucke dieses »Größten Werks der Menschheit« breiten sich sintflutgleich auf unserem Planeten aus. Schon lehren die Schulen die Ursprache von Tlön, schon zeigen sich die Vorteile einer anderen, von Verbrechen kaum verschatteten Geschichte, die die der Erde auszulöschen beginnt; schon sind Medizin und Archäologie reformiert, und Mathematik und Biologie harren ebenfalls ihrer erneuerten Gestalt. Der

Umgang mit Tlön hat unsere Wirklichkeit widerlegt – und zersetzt sie. »Die Welt wird Tlön sein.«

Zunächst war Jorge Luis Borges nichts als ein verachteter, mit Eton-Blazer und Krawatte exzentrisch ausstaffierter, stotternder Teenager aus Buenos Aires gewesen, bebrillt und schüchtern – und »verseucht vom gesamten Weltkreis der Literatur«, da er wußte, daß allein Worte ihn retten würden. Am Ende seines Lebens schien er, völlig erblindet und als »der Seher« von einem Kult umgeben wie ein Rock- oder Fußballstar, überall auf der Welt geboren worden zu sein. Zuletzt reiste er nach Ägypten, kniete sich wenige Meter von einer Pyramide entfernt nieder, nahm eine Handvoll Sand auf, ließ sie ein kleines Stück weiter entfernt wieder fallen und sagte ganz leise vor sich hin: »Jetzt habe ich die Sahara verändert.« Ein Schriftsteller muß nur einen Gedanken wie Sand durch die Finger seiner Phantasie gleiten lassen – und das Antlitz der Erde ist für immer verwandelt.

KAPITEL 9

WO SIE AUF DER LAUER LIEGT

J. R. R. Tolkien

Wäre es uns gelungen, Doktor Stollreither verständlich zu machen, wem er im Januar 1892 in Bloemfontein, Südafrika, beim Eintritt ins irdische Licht behilflich war, hätte er dem Säugling vor zitternd freudigem Schreck wohl erheblichen Schaden zugefügt – und damit der ganzen Welt. Denn der blaurot kreischende Kleine täuschte den Säugling nur vor: Für eine zuverlässig abergläubische Hebamme, die die Sterne zu deuten wußte, schien er bereits vor der Geburt über die Geographie unserer Erde und über deren Sprachen und Mythen aufs genaueste belehrt worden zu sein. Und sie genügten ihm nicht.

Kaum ein Student in Oxford erlernte rascher und mit kindlicherer Hingabe das Altisländische, Gotische, Angelsächsische als J. R. R. Tolkien – und wo der Überlieferung Worte verlorengegangen waren, erfand er sie einfach dazu. Freunden schrieb er in einer je anderen Handschrift, sein Tagebuch führte er bald in der Sprache eines Volks, aus dem ein ganzes Universum erwachsen sollte, in der Sprache der Elben – und für Tolkien waren sie keine possierlichen Flattergeister, sondern leicht arrogant und verträumt, abgesondert, doch wehrhaft und erinnerungsschwer melancholisch vor lauter Unsterblichkeit: Wer Jahrtausende währt, hat viel zu erzählen, Reiche auf- und untergehen sehen und irgendwann mal genug. Selbst in wissenschaftlichen Vorträgen sprach Tolkien über sie, als sei er mit ihnen persönlich befreundet. Das Vertrackteste an ihnen sei, verriet er seinem ratlos dahinschmunzelnden Publikum: sie sähen oft gar nicht mal »so elbisch« aus.

Wie bedeutend Ringe sein können, erfuhr er, als sich seine Geliebte von ihm abwandte, er aber derart beharrlich weiter um sie warb, daß sie seinem Nebenbuhler den Verlobungsring zurückgab. 1914 sah er die See an Cornwalls Küste und strandfern den Leuchtturm von Eddystone im Meer wie eine letzte Inselaussicht auf eine andere Welt. Er las die keltischen Zeilen vom Venusstern Earendel, dem strahlendsten der Engel, der den Tag ankündigt und auf »die mittlere Erde«, »middangeard«, entsandt worden war. Selbst als der Große Krieg 1914 sein stählernes Netz über die »mittlere Erde« Europa warf und Tolkien die Massaker in den Todessümpfen an der Somme nur knapp überlebte, wirkte aus solchen Versen »etwas Fernes, Fremdes und Schönes« in ihm nach: Da war eine halb verschollene, halb verschlüsselte Vergangenheit, die niemals vollständig existieren würde ohne ihn und die er aus wildzersprengten Steinen von Mythologieruinen bis zum Weiß-nicht-mehr-woher neu erschaffen konnte.

Als hätte es nicht schon lange vor Tolkien zuhauf erfundene Orte gegeben: Das biblische Paradies lag über Jahrhunderte im Meer verborgen hinter großem Nebel, ewig durchflutet vom Leuchten Gottes; dann tauchte der – natürlich fingierte – Brief eines Priesterkönigs namens Johannes auf und verlegte Eden in den Osten mit Flüssen voll Edelsteinen und Wassern, aus denen man ewiges Leben schlürfte. Die Insel Atlantis, bevölkert von den stramm sportlichen Nachkommen Poseidons, der stets zornbereiten griechischen Meergottheit, lag bald in der Südsee, bald war es Schweden: Selten stand die Wahrheit einer gut erzählten Geschichte im Weg, und so wechselte auch das goldschwere Eldorado je nach Phantasie der Kartographen Ort und Gestalt. Keine dieser Welten war jedoch derart unüberschaubar monumental und dennoch gründlich und widerspruchsfrei von nur einem einzigen, beängstigend einfallsreichen Gehirn erbaut worden wie Mittelerde im »Herrn der Ringe«. Zwölf Jahre lang legte Tolkien Stein auf Stein, mit liebevoller Langsamkeit, wenn auch oft am Rande der Depression: Wer würde so etwas lesen wollen?

Und beinahe fröhlich lehnten auch alle Verleger das Romanungetüm Tolkiens ab, da er mit seinem Abenteuermärchen alles herausforderte, was gerade als literarisch wertvoll galt, unseren wunderlichen Professor aus Oxford aber vollends gleichgültig ließ. Mit einer Streitaxt und als angelsächsischer Recke verkleidet, jagte Tolkien mehr als einmal seinen Nachbarn auf der Straße hinterher, und seinen Hörsaal betrat er wie mit einem dröhnenden Schlachtruf, »Hwæt!«, »Höret!«, aus dem Heldengedicht um das beutegierige Monster Grendel und dessen Widersacher Beowulf. Zurechnungsfähig? So ganz geheuer war Tolkien auch sich selber nicht.

Zudem nagten an ihm Zweifel bis zur Selbstmordstimmung, wenn es um diesen »Herrn der Ringe« ging – bis ihm ein Tonbandgerät in die Hände fiel: Er sprach zunächst ein tiefempfundenes Vaterunser auf gotisch in den Apparat, um böse Geister zu vertreiben – die Verleger mit eingerechnet –, las zwei Passagen aus dem Roman, hörte sich die Aufnahme an, befand wie der biblische Gott, »daß es gut war«, und behielt recht.

Seit Mitte der fünfziger Jahre des zwanzigsten Jahrhunderts zwingt »Der Herr der Ringe« Generationen seine Einbildungskraft auf und streckt sie mit einer Begeisterung nieder, von der sie zuvor nicht gewußt haben, daß sie in ihnen steckt. In der Welt der Literatur breitete sich das Buch als ein eigener Kontinent aus, viertausend Jahre vor unserer Zeit – vom Hexenreich Angmar und dem Düsterwald im Norden über Saurons gebirgsbewehrtes Schattenreich Mordor im Osten, Gondor im Süden und dann hinauf in den Nordwesten, nach Eriador mit dem Auenland in der Mitte und dem Golf von Luhn. Auf jeder beliebigen Party kann man eine Gemeinde von Tolkienisten um sich versammeln, wenn man nur jenen Satz zitiert, den der salomoweise Zauberer Gandalf nach Durchquerung der Minen von Moria auf der Brücke von Khazad-dûm dem Balrog, einem geflügelten Oberdämon, entgegenruft: »You cannot pass!«, »Du kannst nicht vorbei!«. Stört dann ein Tolkiennörgler den Zirkel – »Das Buch ist ritterselige Phantasterei und zurückgeblieben frauenfeindlich« –, tut man gut daran, auf die Prophezeiung zu verweisen, keinem Manne sei es möglich, den Hexenkönig von Angmar zu bezwingen: Er fällt durch Éowyn, eine Frau.

Tolkien ist anders. Sei es der Heilige Gral, der Schatz des Piraten J. Flint in der Karibik oder eine heimatliche Insel – für gewöhnlich suchen die Helden in literarischen Werken etwas und finden es auch. Im »Herrn der Ringe« aber geht es allein darum, das Gefundene schnellstmöglich wieder loszuwerden, da es sich wie ein Suchtmittel ausnimmt: Es macht dich zwar unsichtbar, läßt dich gar schärfer wahrnehmen und länger leben, dörrt dich aber von innen her aus.

Gefunden hat den einen, alle anderen neunzehn Zauberringe beherrschenden Goldreif der snobistische Eigenbrötler und Verseschmied Bilbo Beutlin einst im unterirdischen See Gollums, der ihn bis dahin gehütet hatte als seinen »Schatz«; Bilbo reicht ihn nach der Feier zu seinem einhundertundelften Geburtstag widerwillig an seinen Neffen Frodo weiter und verschwindet. Erst als Gandalf erkennt, daß dieser Ring der Ring schlechthin ist, der vom »Dunklen Gebieter« Sauron vor Urzeiten im Vulkan seines Reichs Mordor geschmiedet wurde und zu ihm zurückkehren will, muß Frodo aus dem geliebten Auenland flüchten, damit er nicht in die Hände gleich welcher Wesen fällt. Nur auf Tom Bombadil, den »Vaterlosen«, der sich noch an den ersten Regentropfen erinnert, verfehlt der Ring seine Wirkung – doch ist Bombadil zu unbekümmert und vergeßlich, um ihn bei sich verwahren zu wollen, und so muß ihn Frodo, mit seinem Gärtner Samweis Gamdschie an der Seite, nach Mordor schaffen und in der Lava des Vulkans von Mordor versenken, wenn Sauron nicht die Herrschaft über Mittelerde erlangen soll. Und schon sind sie hinter den Hobbits her: Saurons »Schwarze Reiter«, wie Schlangen zischende und wie Hunde schnüffelnde Ringgeister, die »Nazgûl« mit weißen Gesichtern, grauem Haar, knochigen Händen und dem Hexenkönig von Angmar vorneweg.

Was aber, in Gandalfs Namen, ist ein Hobbit? Ein krausköpfiger, kleinwüchsiger, zuweilen auch kleinlicher Höhlenbewohner, doch großer Genießer, der bis zu sechs Mahlzeiten täglich verschlingt, mehr raucht und trinkt, als ihm gut tun kann, und stets ein albernes Liedchen zu trällern bereit ist. Dabei ahnen die klarsichtigeren Hobbits ständig, von irgendwem erfunden worden zu sein, als schrieben sie nebenher am »Herrn der Ringe« mit. Und es gibt sie, versichert uns Tolkien zu Beginn, noch heute; sie haben ihre Kunst gar verfeinert, rasch und geräuschlos zu verschwinden, wenn große Leute wie wir dahergepoltert kommen – womit Tolkien unseren gegenwärtigen Planeten zur bloßen Nachwelt seiner Mittelerde erklärt. Wie wir Leser halten die Hobbits anfangs Elben, Orks, Trolle und Zwerge und bis zur Raserei gemächlich sprechende Bäume für phantastische Wesen und Gandalf lediglich für einen harmlos närrischen Feuerwerksexperten. Dessen Macht aber reicht derart unerahnt weit übers Magiermaß von »Tausendundeiner Nacht« hinaus, daß er von den Toten zurückkehrt, um der erzürnteste Feind Saurons zu bleiben. Wie sein Schöpfer weiß er merklich meist mehr, als er sagt.

Märchen sind oft langweilig: Das Gute siegt darin stets über das Böse, einfach weil es stärker ist – weshalb Tolkien allen anderen Gegnern Saurons ihre Stärke nimmt und die Hobbits auf niedliche Puppennamen wie Samweis, Bilbo und Frodo tauft, Merry und Pippin, damit sie angesichts Sauronscher Übermacht unerwartet zu ihrer eigentlichen Größe auflaufen können. Mehr und mehr muß Frodo die eigene Ringsucht bezwingen und trägt an dem Ding mordorwärts zusehends schwerer wie so mancher sprichwörtlich am Leben selbst. Was ihm droht, hat er in seinem Begleiter Gollum vor Augen, der ihn unbeschadet zum Vulkan führen soll: Er gleicht einem Alkoholiker kurz vorm Kollaps mit gelbem, fast grünlichem Gesicht und geschwollenen Lidern, unter denen wie aus Reptilienspalten gerötete Äuglein glänzen, in denen Irrsinn glimmt. Zwischen seinem verdämmernden Ich und dem Ring, nach dem er giert, hin- und hergerissen, spricht er mit sich und dem Ring zugleich – und der Ring in ihm triumphiert.

Gollum lockt Frodo und Sam über den Gebirgspaß Cirith Ungol, wo Saurons tierisches Ebenbild lauert, von Gollum verehrt wie eine uralte Göttin, die sich nur den Tod der anderen ersehnt, »Netze aus Schatten« spannt und das Blut von Menschen und Elben säuft: die Riesenspinne Kankra mit knackenden Beinen und »zwei großen Trauben vielfenstriger Augen« ... Sie saugt die beiden Hobbits aus und frißt ihr »süßes Fleisch«, der Ring geht an Gollum, Sauron nimmt ihn gefangen, und Mittelerde versinkt in ewiger Finsternis. Im zwanzigsten Jahrhundert nämlich, meinen Tolkiens Kritiker düster, kann es nurmehr Romane mit gescheiterten Helden geben: Finden wir uns damit ab.

Aber natürlich tun wir das nicht. Denn niemals, riet Tolkien, sollte man den Leser um die Gnade des glücklichen Ausgangs bringen. Mit welch akrobatischem Geschick der korpulente Samweis Gamdschie also die Spinne Kankra bezwingt, um auch danach noch seinen unheroischen Humor gegen die düsteren Sümpfe Mordors auszuspielen, macht ihn zur heimlichen Zentralgestalt des Romans: Er scheint auf die entscheidende, ausweglose Gefahr nur gewartet zu haben. Als Frodo den Ring für sich behalten will, Gollum ihm den Finger abbeißt, vor Besitzerfreude in die feurige Tiefe stürzt, in der Lava vergeht und Sauron damit zu einem bloßen Geist verkümmert, der sich im dunkeln selbst verzehrt, seufzt Sam auf: »In was für einer Geschichte sind wir gewesen!« Und fragt sich, ob dies alles nicht ein bloßer Alptraum war.

Saurons Schwäche ist die Phantasielosigkeit. Während sich das Gute vorstellen kann, was es heißt, böse zu sein, vermag das Böse nicht zu denken, wie es sein würde, wäre es gut. Der künftige Gondor-König Aragorn, der Elbenfürst Elrond, Gandalf und die Seherin Galadriel können sich in Sauron hineinempfinden und so der Versuchung widerstehen, den Ring zu gebrauchen – Sauron käme es nie in den Sinn, sie wollten ihn nicht benutzen oder danach trachten, ihn zu vernichten. Seine Widersacher setzen alles darauf, daß sein glasiges, von Feuer umrandetes Katzenauge, dieses »Fenster ins Nichts«, blind ist für jede Form von Machtverzicht. Selbst als sie zur großen Schlacht vor seine Mauern treten, glaubt er, sie hätten den Ring der Ringe – und ist schon verloren. Nachdem Mittelerde von Sauron und das Auenland vom Terrorregime des schwarzen Zauberers Saruman befreit ist, zieht der auch innerlich auf immer verwundete Frodo zu den »Grey Havens«, den »Grauen Anfurten«, vom Golf von Luhn aus ins Jenseits übers Meer.

Nun ist es längst zu spät. Die Bewunderer des »Herrn der Ringe« bilden in allen Weltteilen freimaurerhafte Geheimgesellschaften für sich mit an die hundert Millionen Mitgliedern; als Archäologen gegen Ende des Jahres 2004 in einer Höhle auf der indonesischen Insel Flores Knochen einer bislang unbekannten Menschenart von einem Meter Größe entdeckten, nannten sie sie »Hobbits«, und dennoch und deshalb hassen Tolkiens Kritiker den »Herrn der Ringe« mit seltsam verbissener Bitterkeit. In Höchstaufruhr und Sorge um die zartbeseelte Jugend halten sie ihm – so »absurd« sei er und »auf dem geistigen Niveau eines Siebenjährigen« – Weltflüchtigkeit vor. Aber hat Lesen, wenn Lesen zu einer Lebenshaltung wird, nicht immer auch etwas von Aussteigertum an sich, bei dem man sich in einem Buch verliert? Im »Herrn der Ringe« schließen Pflicht und Lektüre einander glückhaft aus. Warum sollte man, erwiderte Tolkien seinen Verächtern, einen Menschen mißbilligen, der vergebens aus einem Gefängnis auszubrechen versuchte und zu seinen Zellengenossen von anderem sprechen will als von Gefängniswärtern? Hätte Tolkien aus den Ruinen an Sprachen und Mythen die ursprünglichen Gemäuer wiederherstellen sollen, statt einen zweiten Kosmos zu schaffen?

Auch dazu hatte er eine kleine Fabel im Hinterhalt, die er einmal vor der British Academy ausbreitete: die Fabel von einem Menschen, der sich einen Turm auf grünem Hügel erbaute wie andere einen Roman. Die Steine nahm er von einer Ruine; seine Freunde kamen und befanden verschnupft, er hätte seine Zeit besser darauf verwenden sollen, die Ruine zu restaurieren. Von der Spitze des Turms aber, und nur das war dem Baumeister wichtig, sah er täglich aufs Meer hinaus.

KAPITEL 10

DAS MAN UNBESCHADET ÜBERBLÄTTERN KANN

Vladimir Nabokov

Er habe es satt, unter den ersten sieben Autoren, die sich die Welt neu erschufen, bislang nicht einmal namentlich erwähnt worden zu sein: Mit Melville und Proust zu Beginn sei er noch einverstanden gewesen; seitdem ihm jedoch ein Thomas Mann und dann dieser Sonderling Tolkien – »Nie von ihm gehört« – den Rang abliefen, ginge es hier besorgniserregend bergab. Vorsicht jetzt.

Dieser Einwand Vladimir Nabokovs war von Anfang an zu befürchten gewesen, nun aber beschwichtigt ihn auch das Argument nicht mehr, daß bei einer Auswahl immer auffällt, was fehlt: Welcher unter all diesen Romanen hielte mit Nabokovs Tour de Farce »Fahles Feuer« von 1962 mit, worin ein homosexueller Exilant aus der Sowjetunion namens Charles Kinbote ein im Roman vorne abgedrucktes Gedicht des Lyrikers John Shade Zeile für Zeile ornamental kommentiert und den Leser dabei unentwegt dazu drängt, seinen Ausführungen mehr Beachtung zu schenken als dem Gedicht selbst?

Und als wäre das noch nicht genug: Charles Kinbote hält sich für den abgesetzten König des Inselreichs Zembla, für Charles II. – glaubt, Shades Gedicht »Fahles Feuer« sei ihm gewidmet, ihm allein und seinem verlorenen Heimatparadies. Und er wähnt sich von einer kommunistischen Terrorbrigade verfolgt nach KGB-Manier, der durch bloße Verwechslung zuletzt der Lyriker John Shade zum Opfer fällt. Kinbote begeht nach Vollendung seines Gedichtkommentars Selbstmord, und alles hat sich zuletzt nur der heillos geisteszerrüttete Literaturprofessor Veslav Botkin zusammenphantasiert, der fast unauffindbar tief verborgen im Kosmos dieses Romanungeheuers ruht wie das Geheimnis des Jenseits. Denn für Nabokov war der Tod lediglich »eine Stilfrage, ein bloßer literarischer Kunstgriff, eine musikalische Auflösung« und kein Absturz ins bewußtlose Nichts – damit wir im »Land jenseits des Schleiers« auf Zypressenpfaden unsere Gespräche fortsetzen können. Ist das Leben eine große Überraschung, weshalb sollte der Tod dann nicht eine noch viel größere sein? So diamanten, komisch und überraschungsvoll ist Nabokovs Stil, so finessenreich jedes Detail und unerhört jede Metapher und thrillergeeicht sein Plot, daß man ihm ruhig glauben darf, wenn er sagt, er habe – nach seinem Standort in der Weltliteratur gefragt – eine »fabelhafte Aussicht von hier oben«.

Damit sei Nabokov für ein paar Kapitel auf jenes – versprochen – ganz ausführliche Kapitel vertröstet, das ihm und nur ihm und seinem größten Roman und damit einem der größten Romane überhaupt gewidmet ist. Unter den sieben – oder nunmehr acht – Schöpfungsautoren steht noch einer aus. Und dem wäre noch jeder im Jenseits gerne über den Weg gelaufen – auch weil niemand weiß, wer er wirklich war.

KAPITEL II

WORIN REICHLICH BLUT UND HIRN DEN WEITEN BODEN EINES PRÄCHTIGEN SAALS BESUDELN

Homer

Kaum verwunderlich, daß Riesen heute ausgestorben sind: Wenig gastfreundlich, vertrugen sie den Genuß von Alkohol schlecht. Mit Vorliebe tranken sie Milch. Nie suchten sie von den Dünen ihrer Inseln aus den Horizont nach Neuem ab: Sie kümmerten ohne Erinnerung geschichtslos dahin. In ihren – notgedrungen riesigen – Höhlen stapelten sie die immergleichen Käsesorten, in ihren Nischen Schädel und Knochen, so daß kein Raum mehr für etwaige Ritzbilder oder Schriftrollen blieb. Unausgewogen ernährt, weil weder Salat noch Gemüse und Obst ihre Gaumen reizten, aßen sie noch im Mittelalter, wenn gerade kein Mensch in Griffweite war, ihre zarten Enkelkinder in Senfsauce, blieben meist mürrisch für sich und waren dem Beischlaf untereinander abhold: Bis in die Fingerspitzen besinnungslos vernarrt soll der einäugige Polyphem, Sohn des Ozeangottes Poseidon und »der Größte an Stärke unter allen Kyklopen«, in die allerdings wirklich atemberaubend schöne Meernymphe Galatea gewesen sein. Vergebens: sie fand ihn bestenfalls albern.

So weiß die Geschichte der Literatur auch von dreizehn Veteranen des Trojanischen Krieges zu berichten, die auf dem Heimweg übers Meer aus Neugierde in die Höhle dieses besonders unfriedlich einzelgängerischen Exemplars gerieten: Kaum hatte Polyphem leichterhand einen Felsblock vor seine Höhle geschoben und die schmackhaften Winzlinge bemerkt, Piraten vermutlich, Freiwild also und eine herrliche Abwechslung zu den ewigen Schafen und Ziegen und der öden Käseproduktion, gab es kein Entkommen mehr – er packte gleich zwei zum Nachtmahl und frühstückshalber tags darauf wieder zwei, zerschlug sie wie Welpen am Boden, zerschnitt sie gliedweise, fraß sie ganz und schlürfte genüßlich ihr Knochenmark aus. Ihren höflichen Anführer, der sich als »Niemand« anreden ließ, sparte er sich auf: »Niemand will ich als letzten verspeisen.«

Dieser Niemand Odysseus aber gab dem geistig unbedarften Riesen schwersten Rotwein zu kosten, Polyphem schlief todbetrunken ein und kotzte Brocken von Menschenfleisch an die Wände – da trieb ihm Odysseus mit seinen Gefährten den feuergeglühten Ast eines Ölbaums von Schiffsmastgröße ins Auge: »Wie wenn ein Mann einen Balken fürs Schiff mit dem Bohrer / bohrt, und die andern fassen beidseits und wirbeln ihn unten / mit dem Riemen herum, und der Bohrer läuft immer beständig: / So faßten wir den feuergespitzten Pfahl, und im Auge / drehten wir ihn herum, und Blut quoll ums Holz, das erhitzte. / Lider und Brauen versengte ihm rundum völlig die Glut des / lodernden Augensterns; dessen Wurzeln zischten im Feuer.«

Andere Autoren würden es hierbei bewenden lassen, nicht aber Homer: »Wie wenn ein Mann, ein Schmied, ein Doppel- oder ein Schlichtbeil / eintaucht in kaltes Wasser, um dieses, welches gewaltig / aufzischt, zu härten – davon rührt ja die Stärke des Eisens: / Gradso zischte sein Aug' um den Pfahl, der aus Holz war vom Ölbaum. / Gräßlich laut brüllte er auf, und ringsum gellte der Felsen, / und wir stoben davon vor Entsetzen; er aber riß sich / aus dem Auge den Pfahl, der mit vielem Blute beschmiert war, / schleuderte ihn dann fort von sich mit den Händen, wild tobend, / und rief lauthals nach den Kyklopen, welche im Umkreis / zwischen den windreichen Kuppen ihre Höhlen bewohnten.« Da sich Odysseus »Niemand« nannte, brüllt Polyphem seinen sich herbeitrollenden Artgenossen zu, »niemand« wolle ihn morden, und die Kyklopen schreiten achselzuckend hämisch davon: Auf die Nerven ging dieser dumpfe Gottessprößling ihnen ohnehin schon lange.

Die »Odyssee« des Homer stellt man sich anders vor, gilt sie doch seit je als stolze Gründungsurkunde der europäischen wie orientalischen Zivilisation in der Literatur: nicht so offen mörderisch im Stil und derart kunstvoll und buchstäblich »homerisch« ausladend noch in ihrer Grausamkeit, daß sie aus ihren Zeilen über Polyphem die Augen des Publikums mit im Visier zu haben scheint. Sie gleicht darin jener freimütig in Blut-, Hirn- und Eingeweidegemetzeln schwelgenden Variante des Horrorfilms, dem »Splatter«, der seit dem »Texas Chainsaw Massacre« von Tobe Hooper Jugendschutzexperten zum Wegschauen zwingt, auf daß sie darüber entrüstet ihre Verbotsformeln murmeln können. Homers Sprache gründet auf Gewalt – stets ist er in Angriffs- und Überwältigungslaune, vulkanisch eruptiv und rauschhaft an der Leserschmerzgrenze und ohne daß er auch nur einen Moment daran dächte, kraft moralischer Urteile zu bemänteln, wieviel Spaß es ihm bereitet, wenn es munter ans Meucheln geht. Ließe man freilich all die Grauensszenarien beiseite, die es Odysseus, dem König der

Insel Ithaka, erschweren, nach Hause zu gelangen und Penelope im Bett zu berichten, »wie viele / Leiden den Menschen er schuf und wie viele er selber erduldet«, wäre die »Odyssee« abgetan mit einem einzigen Satz, »Es war einmal ein Mann, der heimkehrte zu seiner Frau, und alles ward gut« – das Werk hätte wenig an Plot zu bieten und wäre nicht jener Höllenritt, der noch jede Generation erfolglos herumrätseln ließ, wo dieser Homer denn geboren wurde, wann und warum.

Warum? Um die »Odyssee« zu schreiben natürlich. Sollen sich getrost sieben souvenirssatte Städte darum zanken, ihn hervorgebracht zu haben; und mag er ruhig ein zerlumpter Bettler, ein vielgereister Kaufmann aus Smyrna, »Ho mè horôn«, also ein »blinder« Dichter und Sänger mit seiner Lyra, der Leier, oder gar derer zwei gewesen sein, Lehrer und Schüler, »Autor A« genannt und »Autor B«, eine Frau oder ein bejammernswert kastrierter Schreiber in assyrischen Diensten und homosexuell obendrein: Homer bleibt der große »Niemand« wie Odysseus für Polyphem – bleibt ein Unbekannter, dessen Held zur Rettung des eigenen Lebens so oft seine Identität mit erschwindelten Lebensläufen zu verschleiern genötigt ist, daß nach der Identität Homers zu fragen sich im Treibsand seiner halluzinatorisch wuchtigen Verse verliert.

Tatsachen sind vergänglich und oft wenig wünschenswert; Homer ist keine – und ewig wünschenswert. Wie niemand zuvor nahm er sich eine Urmaxime des Erzählens zu Herzen: »Ängstige deinen Nächsten wie dich selbst.« Mit furchtsam gebanntem Blick auf den durstigen Abgrund des »weinfarbnen Meeres« beschwor er das Entsetzen aus uns hervor, ließ seine Heroen Erniedrigung auf Erniedrigung schultern, ersann unseren Ängsten Götter und Gottessöhne hinzu wie Poseidon und Polyphem, bezwang das Entsetzen wieder und verschaffte seinen Geschöpfen und uns die Gelegenheit zur genugtuenden Vergeltung. Einer Rechtfertigung bedurfte er nie: er rechtfertigt uns. Mentor, die Sirenen, Kirke, Skylla und Charybdis wechselten, teils sprichwörtlich gewendet, von der Literatur in die alltägliche Wirklichkeit; und was wahre Liebe vermag, wurde zur sehnsuchtserweckenden Gewißheit dank Odysseus und seiner Penelope.

Homer schien das gesamte Universum umfassen zu können, als wäre es lediglich ein schlichter Becher Wein: Bald zitierten ihn die Athener wie die Christen achthundert Jahre später ihre Heilige Schrift. Denn erst als er seine Geschichten um Odysseus in den Hallen der Stadtstaaten Griechenlands vorgetragen hatte, wußten sie, an welche Götter genau sie glaubten, und fanden in Odysseus, was sie selbst zu sein wünschten – zwar »von der Mutter zum Leiden geboren«, kühn aber, lernfähig und erfindungsreich, klug bis gerissen, ein Meister des Scharfsinns und milder Regent, freigebig und mitleidsvoll, sofern Mitleid der eigenen Würde nicht in die Quere kommt; und wie sein Autor ein derart bezaubernder Erzähler, daß er noch jedes Lügengespinst der Wahrheit ähnlich machen und man ihm dabei unermüdlich zuhören kann.

Eigenschaften, die Odysseus auch bitter nötig hat. Denn niemand brennt einem Gottessohn ungestraft das eine Auge aus: Dröhnend erfleht sich Polyphem vom wutlüsternen Poseidon, »Gib, Vater, daß Odysseus sein Haus nie erreiche!«, und Odysseus irrt ein Jahrzehnt lang wie ein Lichtpunkt auf der dunklen Karte des grimmig tosenden Meeres von einem Schrecken zum nächsten. Einst fiel der vierzig Quadratkilometer große Olymp Zeus zu, die Welt der

Toten Hades und der Ozean Poseidon, der stets für einen tüchtigen Schiffbruch zu haben ist: Würde die funkeläugige Tochter des Zeus, Pallas Athene, die ein bißchen verliebt in Odysseus ist, nicht ab und an fürsprecherische Reden vor dem Thron des Vaters schwingen, hätte Poseidon ihren Odysseus längst in seinen Salzfluten wellenaufwühlend ersäuft. Statt dessen hetzt er ihn einer Todesschwadron von Monstren zu: der Skylla mit ihren zwölf verkümmerten Füßen, sechs Hälsen und drei Reihen von Zähnen, der wogenspeienden Charybdis und den drei Sirenen, die, halb Vogel, halb Frau, in lockend lieblichen Weisen Vorüberrudernden Allwissenheit versprechen – umgeben von aufgehäuftem Gebein.

An fremdem Hafen spießen die turmhohen Laistrygonen die Gefährten des Odysseus auf wie zum Barbecue und tragen sie fort »zum grausigen Mahle«. Die Zauberin Kirke zwingt ihn – betörend, keine Frage, das Wort »bezirzen« kommt von ihr –, das Lager mit ihr zu teilen, wie später die gleichfalls hinreißende Kalypso. Mag diese Todesnymphe ihm auch ewiges Leben schenken wollen, wenn er nur für immer bei ihr bliebe: an ihren Stränden weint er sich täglich die Augen aus, zermartert vor Sehnsucht nach der »Frau seines Herzens«. Denn Odysseus weiß, daß ihm heimzukehren möglich ist: In einem Land nebligen Dunkels am Ende der Welt ließ er vor der Höhle des Hades einmal die vampirgleich herbeiflatternden Schatten der Toten Schafsblut trinken, damit sie ihr Gedächtnis wiedererlangten und der blinde Seher Teiresias ihm erklären konnte, welche mordsmäßige Katastrophe ihn auf seiner Heimatinsel erwartet: ein zweites Troja, im Fidschiformat.

Wer tötet wen zuerst? Das ist hier die Frage: Die tapfere Penelope wird auf Ithaka belagert von einem Junggesellengesindel festschmaussüchtiger Bewerber unter der Führung des widerwärtigen Alkinoos. Der will wenigstens hoch hinaus und König werden; die anderen gieren nur danach, »bei ihr im Bette zu liegen«. Penelopes Finte, tagsüber an einem Leichentuch zu weben, indes sie es heimlich nachts wiederauftrennt, um ihren Schwur nicht halten zu müssen, sie werde nach Vollendung des Tuchs ihre Wahl unter den Freiern treffen, haben sie mittlerweile durchschaut und alles Gut ihres Königs verpraßt. Ihn werden sie töten, das ist beschlossen, kommt er ihnen nicht zuvor – und so heckt, kaum an Ithakas Küste gestrandet, Odysseus mit seiner Mentorin Pallas Athene eine Intrige aus, all diese im Alkoholrausch durcheinanderkrähenden Kleinfürsten schnurstracks zur Strecke zu bringen. Er ist sich darin ihres Beistands sicher, weiß sich die Göttin doch vor Vorfreude auf die Saalschlacht kaum zu fassen: »Da wird, so denke ich, mancher / mit seinem Blut und Hirn den endlosen Boden bespritzen«.

In einen greisen Bettler verwandelt, erkennt ihn nur sein im Mist verwahrlosender Hund Argos, den die Knechte vergessen haben wie ihren König. Unentschuldbar gedemütigt vom Leibdiener Melantheus, spannt Odysseus im prachtvollen Saal seinen Bogen, was keinem der frevlerischen Freier gelingt. Er sieht – tiefgebeugt, trübäugig und verrunzelt – so elend aus, daß sie diesem Undercoveragenten in eigener Sache nie zutrauen würden, die gewaltige Waffe auch nur halten zu können. Die genießerisch bedächtige Gebärde jedoch, mit der sich Odysseus des Bogens bemächtigt, läßt sie erahnen, was ihnen jetzt blüht: »Der einfallsreiche Odysseus, / als er den großen Bogen gehoben und allseits betrachtet – / wie wenn ein Mann, der kundig der Leier und des Gesanges, / leicht um einen neuen Wirbel sich spannt eine Saite / und den trefflich gedrehten Schafsdarm beiderseits festmacht: / So ohne Mühe spannte den großen Bogen Odysseus.« Der erste Pfeil dringt der Möchtegernmajestät Antinoos quer durch die weingenäßte Kehle, bald liegen die restlichen Hundertsieben wie ins Netz gegangene Fische im trockenen übereinandergeschüttet auf dem Boden des Saals umher, und in seinem Vergleich zwischen Bogen und Leier hat sich Homer als der eigentliche Intrigant und Killer hinter dem Massaker zu erkennen gegeben, das ihm wie »ein Festmahl« vorkommen will. Auch Zeus ist begeistert: Er liebt »zu vernichten wie sonst keine Gottheit«.

Unsichtbar, doch vernehmlich belustigt steht Homer denn auch dem Sohn des Odysseus zur Seite, als der mit erlesener Hingabe die treulosen Mägde erhängt und zuletzt Melantheus lebendigen Leibes verstümmelt: Er »knüpfte das Tau eines dunkelbugigen Schiffes / an den stattlichen Pfeiler und warf es rings um den Rundbau, / zog es dann straff in die Höh', daß kein Fuß den Boden erreichte. / Wie wenn flügelbreitende Drosseln oder auch Tauben / in einem Netz sich verfangen, das aufgestellt ist im Dickicht, / wenn sie nestwärts fliegen, doch grausig empfängt sie das Lager: / So aufgereiht hielten die ihre Köpfe, und rund um die Hälse / aller waren Schlingen gelegt, daß kläglichst sie enden. / Kurz nur noch zappelten sie mit den Füßen, gar nicht sehr lange. / Dann führten sie den Melantheus hinaus in den Hof durch den Vorraum, / schnitten ihm Nase und Ohren ab mit dem grausamen Erze, / rissen die Scham ihm aus zum Rohfleischverzehr für die Hunde, / hieben die Hände und Füße ihm ab mit grimmigem Mute.« Phebios, der Dichter und »göttliche Sänger«, ist unter den wenigen, die Odysseus verschont.

Und Sänger Homer verschont sich damit auch selbst. »Sie hemmte die Nacht am End' ihres Laufs« – wie zum Dank dafür läßt er Pallas Athene den Tagesanbruch verschieben, damit Odysseus und Penelope sofort in ihren Geschichten schwelgen können, die alle die seinen sind. Der Reisende, der odysseeisch unterwegs wäre zu seiner unheilbar kranken Geliebten, von Europa oder Indien aus über Madagaskar auf die Île de la Prise de Possession, führte Homer sicher im Gepäck mit sich, um ihr daraus vorzulesen – Nacht für Nacht.

HELDEN

Kapitel 12, 13: Stendhal, »Die Kartause von Parma«. Dt. Übers. v. Elisabeth Edl (München: Carl Hanser Verlag 2007)

Kapitel 15: Virginia Woolf, »Mrs. Dalloway«. Dt. Neuübers. v. Walter Boehlich (Frankfurt a. M.: S. Fischer Verlag 1997)

Kapitel 15: Franz Kafka, »Die Verwandlung« (Zürich: Diogenes 2012)

Kapitel 18: William Faulkner, »Licht im August«. Mit einem Nachwort von Paul Ingendaay. Dt. Übers. v. Helmut Frielinghaus u. Susanne Höbel. Copyright © 1935 Rowohlt Verlag, Berlin; 2008 by Rowohlt Verlag GmbH, Reinbek bei Hamburg

Kapitel 19: Ernest Hemingway, »Der alte Mann und das Meer«. Übers. ins Dt. v. Annemarie Horschitz-Horst. Copyright © 1952, 1977 Rowohlt Verlag GmbH, Reinbek bei Hamburg

Kapitel 21: Alexandre Dumas, »Der Graf von Monte Christo«. Überarb. Übers. v. Thomas Zirnbauer, © 1999 Deutscher Taschenbuch Verlag GmbH & Co KG, München

Kapitel 22: Yann Martel, »Schiffbruch mit Tiger«. Dt. Übers. v. Manfred Allié u. Gabriele Kampf-Allié (Frankfurt a. M.: S. Fischer Verlag 2003)

Kapitel 23: Graham Greene, »Der menschliche Faktor«. Dt. Übers. v. Edith Walter (München, Wien: Zsolnay 2003)

KAPITEL 12

MORGEN WERDEN DIE NEUGIERIGEN BELOHNT

Was treiben unsere Romane und Erzählungen eigentlich auf ihren Regalen, während wir schlafen? Da mögen sie noch so selbstzufrieden nach Tabak und Teeblättern duften: Sie streiten sich, heftig, obwohl ihre einzige Fernkampfwaffe gallige Druckerschwärze ist. Ruhelose Geister sind sie, die Herzen entbrannt vor Neid und Eifersucht, und ihr Mangel an Selbstwertgefühl hält sich mit vernichtenden Bannsprüchen schadlos an der eigenen Kollegenschaft. »Wenn man dich liest«, lautet der immergleiche Tenor der Kombattanten, »hofft man bei jedem Wort, es möge dein letztes sein.« Alphabetisch zusammengeklemmt, bilden sie bisweilen höchst absonderliche Paare – unter B meint Jorge Luis Borges, wer sich eine stattliche Bibliothek aufbauen wolle, müsse mit der Weglassung der Werke Jane Austens unter A beginnen; »du widerwärtiges Reptil«, wütet D.H. »Lady Chatterley« Lawrence gegen Katherine Mansfield, »ich hoffte schon immer, du würdest früher sterben als ich«; für Vladimir Nabokov ist Thomas Mann ein »schurkischer Schwätzer«; James Joyce, zischt Virginia Woolf von irgendwoher, »hat ein Spatzenhirn«; Shakespeare, so Voltaire, sei »ein trunkener Wilder«; »Shakespeare?«, übertrumpft ihn Robert Musil, »kenne ich nicht«; Joyce nennt Goethe den »Großmeister der Platitüde«; und der gutmütige Goethe läßt den Kopf hängen und denkt an die Zeit zurück, da er den »Werther« korrigierte und dabei befand, er, der Verfasser, hätte nicht übel daran getan, sich gleich nach der Niederschrift zu erschießen.

Indes quält den Bibliothekar des Paradieses, beauftragt, die beglückendsten Werke der Weltliteratur zusammenzulesen, die unumgängliche Willkür seiner Wahl der ersten sieben – oder acht, rechnet man Nabokovs »Fahles Feuer« hinzu –, die allesamt Schöpfungsautoren waren, sich in ihren Inventuren des Universums ihre je eigene Welt ausdachten und dabei zwangsläufig in Großkonkurrenz mit Gott und seiner Überlieferung traten. Ansonsten hätte der Bibliothekar bei Herman Melville anstelle des »Moby-Dick« vielleicht »Billy Budd« gewählt und bei Thomas Mann »Doktor Faustus«, den »Zauberberg« oder »Buddenbrooks«, bei Gabriel García Márquez »Die Liebe in den Zeiten der Cholera« oder »Die Chronik des angekündigten Todes«, bei Borges den »Unsterblichen« oder den »Garten der Pfade, die sich verzweigen«, bei Homer die »Ilias« statt der »Odyssee« – und was nun? Bevor unter den Autoren und ihren Anhängern auch hier eine Schlacht losbrechen und das Buch nicht vorwärtskommen kann ob der Frage, wer als nächster eines Porträts würdig wäre, hat der Bibliothekar bereits, wie von einem entfernt gesunkenen Schiff ans Ufer gespült, einen Schriftsteller vor sich, der sich an solchem Hader nie beteiligen würde, weil er weder mit seinen Kollegen noch mit Gott rivalisierte, der ihm bis zur Nutzlosigkeit verbraucht vorkam: Welche andere Idee war den Tyrannen je so brauchbar erschienen wie die von Gott? Und die einzige Entschuldigung Gottes für all den vom Menschen unverschuldeten Schmerz in der Welt, entschied er, sei, daß es Gott gar nicht erst gibt.

Zufällig 1783 in Grenoble geboren, hätte dieser Henri Beyle, genannt »Stendhal«, zu jeder Zeit und überall zur Welt kommen können. An Freunde verteilte er seine Manuskripte und bat darum, sie ohne Schonung mit Randnotizen zu bekritzeln, und war nie böse noch bitter über die Härte und Ungerechtigkeit, die sein Werk dabei oft erlitt. 1838 kam ihm sein erstes Meisterstück, »Rot und Schwarz«, bei der Arbeit an seinem nächsten rettungslos beschränkt vor: Auch als sein eigener Kritiker war er sich selbst genug. Nie huschte er ausgezehrt im Schatten seines Werks umher: »Er lebte, schrieb, liebte«, sollte auf seinem Grabstein stehen, in genau dieser Reihenfolge; er empfand sich als Held seines Daseins, das er wie kein zweiter zu genießen verstand; angesichts der »erhabenen Schönheit« der Fresken von Florenz konnte er in Ohnmacht fallen vor bebender Bewunderung und »religiöser Ehrfurcht« und schneiderte sich über zweihundert Unterschriften und Pseudonyme an, um in vielfachster Gestalt lebendig zu sein. Ein jeder, empfahl er, müsse mit seiner natürlichen Begabung zur Sinnenfreude »am Leben rütteln«; andernfalls »nagt es an uns«.

So schweigt er im Schlachtenlärm der nächtlichen Bibliotheken auch friedlich vergnügt vor sich hin. Denn er beschied sich damit, für nur ganz wenige zu schreiben, »the happy few« – in der Gewißheit, daß viele sich im Morgen künftiger Jahrhunderte von ihm bereichert fühlen würden, wären sie nur neugierig genug auf das Leben, das mit einem Roman, der »Kartause von Parma«, eins werden sollte: So vollendet das Buch auch ist, so spürt man, wiegt man es in der Hand, den Herzschlag seines Geschaffenwerdens, als stünde Stendhal persönlich neben uns und diktierte es uns in die Feder … und wehe wir wären entrüstet, bräche er plötzlich ab.

KAPITEL 13

BEREUE NICHTS ODER WIE MAN GLÜCKLICH WIRD

Stendhal

Als die Jakobiner im Januar 1793 ihr Todesurteil an König Louis XVI. vollstreckten, war der damals neunjährige Stendhal in Grenoble vor Freude ganz außer sich. Im Grunde galt sie dem Vater, diesem despotischen »Bastard«, und seinem Privaterzieher Abbé Raillane, von dem er täglich hoffte, daß er an seinen frömmelnden Predigten gegen »die Freiheit« gemächlich ersticken möge, und noch vier Jahrzehnte später würde er eine Frau, die er in einer Postkutsche von Rom nach Civitavecchia beschwärmte, nicht »besitzen« können, weil ihn ihre Nase an das allerorten Jakobiner witternde Riechorgan des abgöttisch verhaßten Abbé Raillane erinnerte. Stendhal hätte das Neue Testament laut rauf und runter rezitieren können und »atmete Empörung«, wenn die Geistlichen, Dauergäste des väterlichen Hauses, ihr süßliches Zeug über diese »Heilige Schrift« herbeisalbaderten, während sie an ihren Kapaunschenkeln nagten. Nur Stendhals Onkel, liebenswürdig, mätressenstark und kein Heuchler, half ihm, das provinzielle »Drecksloch« Grenoble mit der amüsierten Duldsamkeit eines großherzigen Atheisten zu ertragen, der einen Sonntagnachmittag unter Priesterseminaristen zubringen muß und ihren luftleeren Schmeicheleien für »Gott« auf ihren fettig schmatzenden Lippen. Wie zur Kur lieh der Onkel ihm jene Bücher, die man mit nur einer Hand liest: Für Bordellbesuche war es noch etwas zu früh.

Als Stendhal seine Geburtsstadt 1799 dann endlich in Richtung Paris verließ, gab der Onkel ihm auch ein »Kopf hoch!« mit auf den Weg, dessen sich noch der über Fünfzigjährige mit tröstlicher Dankbarkeit entsinnen sollte: »Du bist zwar häßlich, aber man wird dir das nie zum Vorwurf machen. Denn du hast ein ausdrucksvolles Gesicht.« Ein Gesicht von Charakter mit schaulustfunkelnden schwarzen Augen – wenn der Rest ihn auch die von Natur unbarmherzigen Spiegel meist meiden ließ: Wie litt Stendhal doch unter seiner Kahlköpfigkeit, die ein kastanienbraunes Toupet tropisch überwucherte, unter dem päpstlichen Stiernacken und kropfigen Hals, dem vor Gaumenfreude platzvollen Bauch, den ein Mieder nach oben und unten preßte, und den viel zu kurz geratenen Brieftaubenschenkeln. Er werde Mätressen haben – und damit schloß der Onkel den Ratschlag mit seinem hauseigensten Erfolgsgeheimnis krönend ab –, doch sollten sie seiner überdrüssig werden, müsse er innert vierundzwanzig Stunden einer anderen Frau einen Antrag machen, um nicht als lachhaft unbegehrt, gar impotent zu gelten. Zur Not einer Magd.

Leicht gesagt. Denn was einem Schriftsteller zugute kommen mag, kann demjenigen zur Last werden, der sich schwört, als »ein Frauenverführer« Karriere zu machen: Kaum daß sich Stendhal einer von fern geliebten Person gegenübersah, war er wie in sie verwandelt im Sturm seiner Gefühle und, linkisch, stumm und dumpf, nicht mehr er selbst. Ein Detail im Fingerzeig des taktischen Onkels nahm er dafür besonders ernst: Kein Dienstmädchen kam, oft zwischen Tür und Angel eines Gasthofs mit Beschlag belegt, an ihm unverrichteter Dinge vorbei.

Ein Hut aus kanariengelbem Samt und seidene Hosen, schwarze Strümpfe, ein zimtfarbener Überrock: in Paris kleidete er sich bald elegant, bald betont exaltiert, lernte, zu deklamieren, und weil er die Ansicht eines bonmotlustigen Arztes teilte, Langeweiler seien wegen versuchten Totschlags strafrechtlich zu verfolgen, salzte er seine Konversation mit derart vernunftwidrigen Frechheiten, daß sie eine ganze Sonntagsgesellschaft in Aufruhr setzten. Seine Schüchternheit wurde er dennoch nie los: Zu Pferd kam er äußerst vorteilhaft zur Geltung – mit dem Nachteil jedoch, daß man sich in die Salons kaum beritten Einlaß verschaffen konnte; und so erweckte er, kaum hatte er einen Salon betreten, trotz der harterworbenen Parkettsicherheit nicht selten den Eindruck, im Vorzimmer aus Ungeschick gerade eine Porzellanskulptur in Stücke geschlagen zu haben. Um so militärischer ging er die Eroberung von Frauen an, und warum nicht: Auch der von ihm hochverehrte Napoléon Bonaparte schlug um dieselbe Zeit sechzig Schlachten und entschied sie alle für sich.

In dessen Nachhut war Stendhal 1800 über die endlosen Serpentinen des Großen Sankt Bernhard in das frühsommerliche Mailand eingezogen, sein Herz öffnete sich sternenweit, und eine nie empfundene Leichtigkeit ergriff von ihm Besitz. Seine Freunde sollten ihn nie anders als in dem Glauben erleben, verliebt zu sein, und kaum hatte er zum ersten Mal Angela Pietragrua vor sich, für ihn bald die Frau schlechthin und seine »Gina«, Verkörperung Italiens in all ihrer mütterlichen Üppigkeit, wurde es ihm auch schon zur Qual, ihre strahlende Schönheit mit nur einem Blick erfassen zu wollen: Sie machte aus der Herzogin Angelina

»Gina« Sanseverina in der »Kartause von Parma« einen Menschen von derart majestätischer Pracht, daß auch die Leser alle ihre Sinne zusammennehmen müssen, sich nicht in sie zu verlieben. Freilich hätten sie bei ihr ohnehin keine Chance: Der Jesuitenzögling Fabrizio del Dongo übt auf sie, seine Tante, eine Wirkung aus »bis zum Rausch«, und wie Stendhal in Gegenwart seiner Angebeteten ist sie sich ihres »Ichs nicht mehr bewußt genug, um seine Verdienste zu beurteilen; mit ihm bin ich im Himmel, und wenn er mich verläßt, bin ich zu Tode erschöpft, unfähig zu allem, außer, mir zu sagen: Er ist ein Gott für mich, und ist nur ein Freund.« Leider; und zur Herzensfreude des empfindungs- und findungsreichen Grafen Mosca, der Gina bis zum Gehtnichtmehr verehrt. Nachdem Fabrizio die Schlacht bei Waterloo, von der er – des Pulverdampfs wegen – nichts mitbekommt, nur dank Branntwein geistig überstanden und einen Schauspieler erstochen hat, wird er in die Zitadelle des Fürsten von Parma eingekerkert, der unter seinem Bett Jakobiner versteckt wähnt wie andere Gespenster. Unaufhörlich mit seiner eigenen politischen Wichtigkeit beschäftigt, bereitet es dem Fürsten das größte Vergnügen, etwaige Gegner ohne Schuldspruch »ein bißchen aufhängen« zu lassen. Intrigen um Intrigen müssen von Gina und Mosca gesponnen werden, um Fabrizio zu befreien; der aber hat sich so verheerend glücklich in die Tochter des tumben Gefängnisdirektors, Clelia Conti, verliebt, daß er freien Willens in die Zitadelle zurückkehrt, um ihr nahe zu sein. Er ist Großvikar geworden – sie hat indes der Jungfrau Maria gelobt, ihn nicht wiederzusehen. Und der Leser weiß, woran er erotisch ist, wenn sie deshalb auch nie bei Tageslicht, sondern nur in tiefschwarzer Nacht zusammenkommen: »Sie war so schön, halbbekleidet und in diesem Zustand äußerster Leidenschaft, daß Fabrizio einer beinahe unwillkürlichen Regung nicht widerstehen konnte. Er stieß auf keinen Widerstand.« Als ihrer beider Sohn einer Krankheit erliegt, folgt Clelia ihm, von Verzweiflung zerrissen, in den Tod, und der in die Kartause Parmas zurückgezogene Fabrizio stirbt ihr wenige Monate später nach – obwohl man sich bei jeder Lektüre, diesen Schluß im Kopf, zu Anfang fragt, ob der Roman auch diesmal das nämliche Ende nehmen wird: ein Fall fast ohnegleichen in der Geschichte der Literatur.

Einer der Reize des Alters ist die Erlaubnis, das Äußerste wagen zu dürfen und die Form nicht mehr wahren zu müssen; und wäre man gedrängt, Stendhals Name in einem einzigen Wort zu verschlüsseln, wäre es »Passion«. Sie ließ Stendhal in der binnen dreiundfünfzig Tagen unter Hochdruck verfaßten »Kartause« große, festliche Naturen ersinnen, Helden einer zur Allmacht gesteigerten Leidenschaft, die er Handschriften der italienischen Spätrenaissance entnahm, um sie – mit ihren Ränken, Duellen, Morden und überschäumenden Träumen – dem öden Frankreich seiner Zeit entgegenzuschleudern: Ist es der Fehler des Erzählers, fragt er uns, »wenn die Figuren, von Leidenschaften verführt, die er zu seinem Unglück nicht teilt, zutiefst unmoralische Handlungen begehen? Freilich geschehen Dinge dieser Art nicht mehr in einem Land, in dem die einzige Leidenschaft, die alle anderen überlebt hat, das Geld ist.« Hatte Stendhal nach »Rot und Schwarz« an jedem Buch, das er begann, bald die Lust verloren: Dieses eine Mal war es ihm unmöglich, auch nur einen einzigen langweiligen Satz zu schreiben, gerade weil er beim Diktieren nie wußte, wie genau es weitergehen würde. Nach der Schlacht ist in der »Kartause« immer vor der Schlacht, womit der Schreibtischgeneral Stendhal eine neue Art Roman erschuf – den der unausgesetzten Spannung.

Da hält kein Thriller mit: Wäre der Roman ein Mensch – und oft ist man nahe daran, auch das zu glauben –, würde sich ein pulsfühlender Kardiologe Sorgen um ihn machen. Wie bei den legendären Umfassungsangriffen Napoléons drängt Stendhal frontal voran, als jagte er zugleich sich selbst hinterher. Ihm Einhalt gebieten? Wäre dem Versuch gleichgekommen, der Sonne Siziliens zu verbieten, ein Glas Champagner zum Leuchten zu bringen. So treibt man an seiner Seite dahin auf seinen sich überschlagenden Zeilen, zumal die »Kartause« jeden Lebensratgeber ersetzt: Das Leid ist kein Verdienst, steht da zu lesen, betrachte es von oben, als wär's schon historisch, vorüber; denn das Leben entflieht, darum zeige dich nicht so wählerisch gegen das Glück, das sich dir bietet, und genieße es schnell. Such dir einen Menschen, in dessen Gegenwart erwiderter Liebe dir deine Gedanken nicht allzu schwarz werden, und überspiele nichts, weder deine Sehnsüchte noch deine Schüchternheit. Fürchte dich weniger: Ist die Furcht vor einer Sache doch meist schlimmer als die Sache selbst, und Angst läßt dich grausam werden. Bedenke, daß der Tod nie so schmerzhaft sein dürfte wie mancher Abschied von Freunden. Bereite dich täglich darauf vor, dich zu begeistern, und überlasse dich ganz dem Eindruck und, wie Bonaparte bei seinen Schlachten, der Eingebung des Augenblicks. Mußt du eine Intrige schmieden, ist die beste aller Finten die, deinem Gegner weiszumachen, es könnte, was du eingefädelt hast, nur zu deinem eigenen Schaden sein. Verliebst du dich, ohne das Gefühl zu haben, darüber fast den Verstand zu verlieren, ist deine Liebe bloße Eitelkeit. Halte nichts für gesichert und nenne es Freiheit. Erfinde, wenn du willst, eine Lüge, damit alle sagen: »Die stammt von dem«; man wird dich bewundern. Setze die politische Gesinnung deines Nächsten nie mit dessen Charakter gleich. Bist du gläubig, begehe nicht die Geschmacklosigkeit, mit Abscheu von den Ungläubigen zu sprechen: Sie werden es begrüßen. Und laß Gott in Frieden: Wie du hat er Wichtigeres vor als dein Seelenheil. Bist du ungläubig, dann werde darin nicht zu einem Nachkömmling der Spanischen Inquisition. Gib Geld aus, statt deine Erben reich zu machen. Lerne, dir selbst zu verzeihen. Und bereue, wie Gina, nichts – »später, mit kühlem Kopf, hätte sie sich keine Vorhaltungen gemacht und nichts bereut: so war der Charakter, dem sie es verdankte, mit sechsunddreißig noch die hübscheste Frau am Hofe von Parma zu sein«.

KAPITEL 14

MISSION DOLORES

Vladimir Nabokov

Es schien aussichtslos: Mehr als einmal mußte ihn seine Frau Véra davon abhalten, das Manuskript im Gartenofen ihres Mietshauses in Ithaca, New York, zu verbrennen – so gewagt war es und so alptraumhaft schwer zu schreiben. Wer vermochte denn täglich bis zu sechzehn Stunden in die Haut eines kleinmädchenverliebten Sittenstrolchs zu fahren und hinter dessen Rücken zugleich sein Opfer zu Wort kommen zu lassen? In elenden Geldmiseren und nur Exilrussen ein Begriff, war es Vladimir Nabokov im Sommer 1951 aber auch endgültig leid geworden, seine Bücher – »wie Edelsteine in Watte« – in Stillschweigen eingehüllt zu sehen. Als dieses Kunststück mitfühlender Phantasie um »Lolita« dann drei Mühsalsjahre später, die ihn »blutige Tränen« gekostet hatten, tatsächlich vollbracht war, brannte es, kaum schlug man es auf, lichterloh: Die fünf größten Verlage der Vereinigten Staaten sandten es vor Empörung fast schon begeistert zurück. Selbst die engsten Vertrauten des Autors verboten sich die Lektüre, als fürchteten sie, danach die Freundinnen ihrer halbwüchsigen Töchter attraktiv zu finden.

Doch kaum daß dieses Romanvergehen 1955 in der obskuren Pariser »Olympia Press« neben erotischen Auftragsfabrikaten wie »Zarte Schenkel« und dem »Geschlechtsleben des Robinson Crusoe« als olivgrünes Taschenbuch legal zu erwerben war, kaufte ein seriöser Schriftsteller das Werk – Katholik; spezialisiert auf Ehebrüche, Agenten und whiskyselige Priester in Lateinamerika – und lobte es. Was Feuilletonisten wieder derart erzürnte, daß sie Regierungen zu Verboten aufriefen, die jene prompt auch erließen, widerriefen und erneut in Kraft setzten. Da war Nabokov selbst schon auf der Flucht vor dem Wirbelsturm »Lolita«, der nunmehr über alle Kontinente hereinbrach – und Nabokov flüchtete vergebens.

Sogar in dem entlegen verschlafenen Amphitheaterruinenstädtchen Taormina auf Sizilien fand Nabokov in den Souvenirläden neben Mussolinibüsten gerahmte Bilder mit seinem Konterfei. Sofort reiste er ab. Wer wissen wollte, wo das Ehepaar Nabokov gerade weilte, mußte nur die Zeitungen konsultieren, und noch die an »Vladimir Nabokov, New Orleans« adressierte Fanpost erreichte ihn so unbeirrbar sicher, wie ihn sein Sexseller den Nobelpreis kosten würde. Pornographie, die »auf Kunst machte«, so mochte die Schwedische Akademie erwogen haben, sollte man nicht lesen und noch weniger prämieren müssen – und wer sich mit solch zärtlicher Sorgfalt ausmalen konnte, wie ein Erwachsener sich dreimal an nur einem Tag »schreiend auf einer Zwölfjährigen wälzt«, mußte wohl selbst von knabenhaften Mädchen besessen sein.

In einem Hotelpalast in Montreux logierte Nabokov mittlerweile als Dauergast, und eine seiner liebsten Posen, die er einnahm, wenn die vor Schüchternheit habachtstehenden Journalisten der Hochglanzmagazine um einen Fototermin baten, war die, von seiner Balkonloge im obersten Stockwerk des Palace Hotels braungebrannt, doch angespannt und stattlich – immer stattlich – über den Genfer See auf die Welt herabzublicken. Was hat man, von Neidhaß gewürgt, in dieses paradiesvogelstolze Standbild nicht alles hineindeuten wollen: Man glaubte darin den einst gouvernantenumhegten Großgrundbesitzer wiedererstanden, unbarmherzig und arrogant, der von der russischen Revolution einst seines Kindheitsparadieses Wyra beraubt worden war. Andere sahen darin das Dasein des Luftmenschen verkörpert, der seit seiner Flucht aus dem heilhitlernden Berlin über Frankreich in die USA nirgendwo einen festen Wohnsitz fand – aber auch die schmetterlingsgleiche Natürlichkeit seines Talents, die alle Erdenschwere überwand und an seine Maxime denken ließ, wir alle seien »die Raupen von Engeln«. Obschon sich Nabokov nie auf den Thron des Bedeutendsten Romanciers Aller Zeiten gesetzt fühlte: Viele Schriftsteller erklärten ihn dazu, damit sie sich an diesem Monster stürmischer Brillanz erst gar nicht messen mußten. Man bettete ihn sorgsam in den Koffer zwischen Schuhwerk und Shorts »wie eine Notapotheke«, wenn man auf Reisen ging. Für die einen war es unvorstellbar, daß es eine Epoche vor Nabokov gegeben haben sollte, eine nabokovlose Zeit. Für andere vertrieb er aus ihrem Kosmos alles, was nicht er selber war; und für dritte hätte er das Universum geschaffen haben können, wäre Shakespeare ihm darin nicht zuvorgekommen.

In solche Literaturhimmelhöhen emporgehoben hatte ihn Dolores »Dolly« Haze, die als »Lolita« zum Gattungsnamen avancierte für ein Wesen, das als Frau durchginge, wenn es kein vorpubertäres Mädchen wäre – laut der Lexika »frühreif, naiv und verführerisch, unschuldig und raffiniert«: Bambi als Vamp. Rasch nahmen Leser den pädophilen Erzähler des Romans unter dem freiwillig komischen Pseudonym »Humbert Humbert« beim Wort und zerrten das zur Masturbation zugerichtete Abziehbild eines Mädchens ins Scheinwerferlicht: Lolita verlor sich im Rinnstein der Popkultur.

So lockte ein »Lolita«-Parfum mit dem »berauschenden Nektar der Süßholzblüte« gerade auch den betagteren Herrn zum handfesten Übergriff: gebraut eigens für Teenager und alle, die es – der besagten Herren halber – bleiben wollten. Es gab den weichzeichnerischen »Lolita-Look« der Softpornoregisseure, die Petticoatmode »Lolita Gothic« und die »Lolicon«-Figuren japanischer Comics, kleinwüchsig, kulleräugig und willig verspielt. Magersüchtige Models machten es sich auf Werbeplakaten gemütlich, mit Schulmädchenzöpfen und nichts als jungfernweißen Söckchen und einem arglosen Teddybären bekleidet. Psychiater hielten für allzu backfischvernarrte Patienten in ihrem immerzu wechselnden Repertoire eilfertiger Diagnosen einen »Lolita-Komplex« im Angebot – wie die Kinderbettabteilung eines britischen Kaufhauses den »Lolita Midsleeper Combi« für Sechsjährige. Und Bartender rund um den Globus mixten allabendlich einen Drink aus ihr, zum Mitschreiben: Tequila (die Schärfe der Kindfrau), Honig (die Farbe ihrer Haut), Limonensaft (die Säure ihrer gemimten Widerspenstigkeit), mit zwei Spritzern Angostura serviert in einem phallisch langstieligen Halbkugelglas. Literatur schrieb Cocktailgeschichte. Zu einem »Hamlet-Highball« hat es nicht einmal Shakespeare gebracht.

Es fragte sich nur, worauf man mit seinen Lolita-Drinks anstoßen sollte: auf die einsame stilistische Bravour, mit der Humbert Humbert das letzte Tabu der abendländischen Zivilisation zu Scherben wirft, so wie er verräterisch gerne Eichhörnchen schießt? Oder auf das Elend einer Minderjährigen, die unter Humberts gewandten Selbstbezichtigungen und einem extravagant wortmächtigen Humor begraben liegt? Der Spaß, den Humbert mit sich, uns und dem Rest der Universums treibt, ruft im Leser jenes unirdische Gefühl hervor, einen sich magisch weitenden Raum wie in einem Levitationstraum zu durchschreiten.

Und der Spaß nimmt kein Ende: In seiner Kindheit im väterlichen Luxushotel Mirana an der Riviera neigten sich ihm, »auf ihre Stöcke gestützt«, ältere amerikanische Damen zu »wie Türme von Pisa« und vergossen kostbare Tränen über »meine vergnügte Mutterlosigkeit«; Tante Sybil soll in den Vater verliebt gewesen sein, und man erzählte sich, »er habe sich dies an einem Regentag leichten Herzens zunutze gemacht und es wieder vergessen, sobald das Wetter sich klärte«. Mit den Libidomanien der Psychiatrie bestens vertraut, kuriert sich Humbert von seinen Anfällen geistiger Verwirrung, indem er die ihn behandelnden Psychologen kraft erschwindelter »Urszenen« neckt und Träume für sie ersinnt, die sie schreiend aus ihrem Schlaf auffahren lassen. Noch um das banal Alltäglichste zieht Humbert Humbert unter Nabokovs Federführung seinen magischen Kreis: »Die Sonne machte ihren üblichen Rundgang ums Haus, als der Nachmittag in den Abend hinüberreifte.« Wer sonst kann derart betörend schreiben?

Darum auch hält der Roman im Guinnessbuch literarischer Täuschungsmanöver den Weltrekord: Dolores Haze verfällt Humbert Humbert nie – wir Leser, als »Brüder« umworben, dafür aber um so mehr. Vergnügt zappeln wir im glamourös glitzernden Netz dieses Privatgelehrten, der sich in seinen Bekenntnismemoiren aus einem Kind seine »Lolita« zurechtphantasiert: In nur sechsundfünfzig Tagen schreibt er sich seine dürre Seele aus dem Leib und atmet dabei die trübe Luft einer Gefängnisgruft. Er sitzt wegen Mordes an seinem Nebenbuhler Clare Quilty ein, mit dem er seine Obsession für Mädchen zwischen neun und vierzehn teilt, die er zu »Nymphlein« stilisiert ... und wie sehnt er sich doch gerade jetzt, hinter graue Gitterstäbe geduckt, in die freiheitstollen Auen einer verzauberten Insel, umgeben von einem weiten, undurchdringlich dunstigen Meer: »Schiffbruch. Ein Atoll. Auf einer Südseeinsel allein mit dem schaudernden Kind einer ertrunkenen Passagierin. Liebling, es ist doch nur ein Spiel!« Zur eigenen Rechtfertigung wähnt sich Humbert als »Künstler« und »wahnsinnig« obendrein, als letzten Helden einer von der Gesellschaft heuchlerisch verachteten Leidenschaft. »Pädophilie«? Dieses Wort verwendet er in seiner Verteidigungsschrift nie.

Mit feindseligster Schamlosigkeit bedient er sich stattdessen des »freudianischen Voudou-Kults«, um uns seine »Nympholepsie« und pädophile Neurose, seine »Päderose«, damit zu erklären, daß er in der Jugend den Geschlechtsakt mit einer »verhängnisvollen Ur-Elfe«, seiner ersten, zwölfjährigen Rivieraliebe, nicht vollziehen konnte. Doch in Dolores Haze alias »Lolita« will er ihr erneut begegnet sein, erspähte in ihr gar ein besonders tödlich behexendes Exemplar dieser Dämonenspezies: »Es war das gleiche Kind – die gleichen zerbrechlichen, honigfarbenen Schultern, der gleiche seidige, geschmeidige nackte Rükken, der gleiche kastanienbraune Haarschopf. Ein gepunktetes Tuch, um ihren Oberkörper geknotet, verbarg meinen alternden Gorillaaugen, nicht aber den Blicken junger Erinnerung die jugendlichen Brüste, die ich eines unsterblichen Tages liebkost hatte. Und als wäre ich die Märchenamme einer kleinen Prinzessin (verlaufen, geraubt, wiedergefunden, in Zigeunerlumpen, durch die ihre Nacktheit den König und seine Meute anlächelt), erkannte ich das winzige dunkelbraune Muttermal an ihrer Seite. Mit Ehrfurcht und Entzücken (der König weint vor Freude, es blasen die Trompeten, die Amme ist betrunken) erblickte ich wieder ihren holden eingezogenen Bauch, wo einst mein südwärts segelnder Mund kurz verweilte, und die knabenhaften Hüften, an denen ich den gezackten Abdruck küßte, den das Gummiband ihrer Shorts hinterlassen hatte – an jenem letzten unvergeßlichen Tag hinter den ›Roches Roses‹. Die fünfundzwanzig Jahre, die ich seitdem durchlebt hatte, liefen in einer zitternden Spitze zusammen und entschwanden.« Hier lasse dich gemütlich nieder und spinne deine Fäden ums Haus.

Humbert quartiert sich bei ihrer Mutter ein, Mrs. Charlotte Haze, heiratet sie, um in Hautnähe des ihn unschuldig beflirtenden »Mädchenkobolds« zu bleiben. Als Charlotte dank eines stündlich herbeigewünschten Unfalls glücklich ums Leben gekommen ist, kurvt der schwarze Witwer mit Dolores ein Jahr lang im Uhrzeigersinn durch die USA. Den Sex, den sie ihm ein einziges Mal aus freien Stücken gewährt hat, erpreßt und erkauft sich Humbert nun von Motel zu Motel. Er plant, mit Dolores »Lolita die Zweite« zu zeugen, um sich der ersten zu entledigen, kaum daß sie dem Nymphchenalter entwachsen ist. Denn je teurer sie sich ihre erzwungenen Dienste samt Fellatio bezahlen läßt, verkommt sie ihm zum hier »ordinären«, dort »vulgären Liebchen«, zum »kleinen Biest«, einer »gemeinen Schlampe« und »billigsten aller billigen Hürchen« – und ist am amerikanischen Unabhängigkeitstag 1949 dann plötzlich verschwunden. Humberts Versuche, sie aufzuspüren, bleiben erfolglos, bis sie selbst, inzwischen mit dem kriegstauben Richard F. Schiller vermählt, 1952 ihren Stiefvater um finanzielle Hilfe bittet. Sie verrät ihm den Namen desjenigen, von dem sie sich entführen ließ, nur um aus der Isolationshaft ihres Stiefvaters in die Kieferklauen seines noch gewissenloseren Triebgenossen Clare Quilty geraten zu sein, der Sexspiele zwischen Minderjährigen zu filmen pflegt.

Sie ist schwanger, mit siebzehn Jahren aller ihrer Nymphchenreize verlustig und hoffnungslos verbraucht. Mag Dolores nun, wie Humbert uns versichert, die Liebe seines Lebens sein: alle Reue kommt zu spät. Und den Leser erfaßt namenloses Entsetzen, sollte er bislang Humbert Glauben geschenkt, seine artistisch verbrämte Grausamkeit gebilligt und dabei nie auf die – so Nabokov – »Leiden meines armen, kleinen, bezaubernden Mädchens« geachtet haben. Denn unter seiner schimmernden Oberfläche verfolgt der Roman seit dem ersten Satz eine Mission, die derjenigen Humberts drastisch zuwiderläuft. »Mission Dolores: ein guter Titel für das Buch.« Nabokov verabscheute Grausamkeit, Literatur sollte auch zu Güte und Zärtlichkeit erziehen, und so ist aus »Lolita« sein reichstes Vermächtnis geworden, das zu verraten auch ein Verrat an der Menschheit wäre: Es halte sich keiner für den Mittelpunkt der Welt. Humbert kann vergewaltigen und töten; zu empfinden indes vermag dieser mitleidsfremde Dandy-Ästhet nur, was in Griffweite seiner Selbstsucht liegt. Und als er den Nebenbuhler und Doppelgänger Clare Quilty verwahrlost und gintrunken erschossen hat, bleiben ihm denn auch »nur noch Worte, mit denen ich spielen kann« – über seine »Lolita« verfügt er ja nicht mehr. Kein Zufall, daß Humbert im November 1954 an Herzversagen stirbt: Versagt hatte sein Herz seit je.

Dolores erliegt an Weihnachten desselben Jahres weitab in Gray Star, Alaska, einer Totgeburt – doch blickt man hinter Humberts funkelnde Kulissen, war sie, die eigentliche, ergreifend hilflose Heldin des Romans, für ihn wie tot und »eine kleine Geistererscheinung« von Anbeginn, als »Lolita« gelähmt und eingesponnen in sein Zerrbild von ihr. An einem sonnenhellen Sonntagvormittag machte er sich auf einem Sofa die quer über seinem Schoß liegenden Beine Lolitas zunutze und erstahl sich so einen Orgasmus, sein »goldenes Ziel«: Bloße Onanievorlage, war sie in diesem Augenblick »meine eigene Schöpfung«, wirklicher als das Mädchen dahinter, »willenlos, bewußtlos, ja, ganz ohne eigenes Leben«. Im Schlaf atmete sie kaum, »still wie ein gemaltes Mädchenkind«, als schlummerte sie sich in einen vorzeitigen Tod hinein. So machte Dr. Humbert Dolores zunichte – und es verwundert nicht, daß ihr wahrer Name an die »Mater Dolorosa« Maria erinnern soll, die »Mutter der Schmerzen«, die sie bei der Kreuzigung ihres Sohnes durchlitt: Als Mrs. Richard F. Schiller drückt sich Dolores beim Eintritt ihres einstigen Peinigers in ihr Haus gegen die morsch splitternde Tür, um ihn vorbeizulassen, hebt sich vor Furcht dabei »ein wenig auf die Zehenspitzen« und ist »für eine Sekunde gekreuzigt«.

Einst fragte Dolores eine ihrer Freundinnen, was am Sterben so schlimm sei – und hatte bereits eine Antwort zur Hand, die aus ihren eigenen Qualen geboren war: »Weil man dabei ganz auf sich allein gestellt ist«. Und damit hat Humbert gegen Ende des Romans auch dem Leser das Herz gebrochen.

KAPITEL 15

ALS DER LITERATUR DIE GROSSEN HELDEN ABHANDEN KAMEN

Virginia Woolf und Franz Kafka

Wie staunte die Köchin Louie Mayer, als ihr die Herrin des Hauses zu ihrer Ablenkung beim Großreinemachen unter die Arme greifen sollte; doch noch besorgniserregender war, als Louie um halb zwölf Uhr sah, wie Mrs. Woolf ihren Pelzmantel überzog, wo die Sonne an diesem Märztag 1941 doch ihr Bestes gab, die abgemagert ewig Frierende warm zu halten, dann ihren Spazierstock packte und grußlos durch den Garten verschwand. Den Mantel brauchte Mrs. Woolf, um eine der Taschen mit einem großen Stein zu beschweren und sich so sicher in die reißende Ouse sinken lassen zu können. Auf und ab geschwemmt wie ein Stück Seetang in der gezeitengewaltigen Flut des Flusses, fand sie darin ihre erste ruhige Nacht.

Ihr Leichnam wurde erst drei Wochen später von Teenagern entdeckt – doch nur eine Stunde nach ihrem Freitod fiel der Blick ihres Mannes auf den Wohnzimmertisch und den an ihn adressierten Brief, den zu schreiben sie kaum noch fähig gewesen war: »Ich habe dagegen angekämpft, aber ich kann nicht mehr.« Wieder hatte Virginia Woolf Stimmen zu hören begonnen, die ihr herrschsüchtig und höhnisch die obszönsten Abscheulichkeiten zuraunten.

»Würdest Du bitte alle meine Papiere vernichten«, stand da noch zu lesen, ohne Fragezeichen – eine Aufforderung also; Leonard Woolf kam ihr nicht nach.

Ihr Stimmenhören war stets Fluch und Segen zugleich gewesen. Die Stahlfeder in der einen Hand, eine ewige Zigarette in der andern und ihr selbstgebasteltes Schreibbrett auf den Knien: auch bei der Komposition ihrer Romane hatte sie zuweilen jemanden in sich sprechen vernommen, der ihr an nur einem einzigen Tag so viele Buchseiten einflüsterte, daß sie sich für eine Mystikerin hätte halten können, wenn ihr »Gott« nicht gleichgültig gewesen wäre. Ein anderesmal fielen die Stimmen wahnsinnsnah über sie her wie die Bomber der Deutschen, diese »Hornissen aus der Luft«, über ihre Wahlheimat Sussex, die sie als ihre glückliche einsame Insel empfand. Was war denn nur mit ihr los?

Es gibt in der Welt der Literatur Geschichten, die vor Unheimlichkeit schon nicht mehr glaubhaft sind: Hatte Virginia Woolf zwei Jahrzehnte zuvor in »Mrs. Dalloway« ihren Septimus Warren Smith nicht am Rande der Themse stehen und den Satz sagen lassen, »Jetzt bringen wir uns um«? Und fühlte sich Smiths Frau Rezia nicht von der Gleichgültigkeit der Welt verzweifelt umschlossen und wie eine Seerose unter Wasser, ertrunken? Hatte Septimus Warren Smith nicht ständig Worte seines geliebten toten Gefährten aus dem Großen Krieg im Ohr, bis der ganze Erdball ihm entgegenbrüllte, »Bring dich um, bring dich um«? Ihn hatten die Granaten verfehlt; dafür war in ihm der Turm der Zivilisation zum Einsturz gebracht. Für einen gewissen Doktor Holmes ist Smith freilich nichts als ein »Feigling«, dem selbst der Krieg nicht lehren konnte, was es heißt, »ein wirklicher Mann« zu sein.

In »Mrs. Dalloway« von 1925, dem Roman der Stimmen schlechthin, hatte Virginia Woolf den »Virginianischen Stil« und damit ihre Mine gefunden und holte daraus auch gleich ihr ganzes Gold hervor. Hier geschieht, was man auch während der Lektüre noch für unmöglich hält: Wie ein Geist schwebt sie unsichtbar zwischen ihren Gestalten hin und her, die einen sonnenschweren Junitag der zwanziger Jahre in London durchwandern, vorwärts getrieben von den Glokkenschlägen des Big Ben in Clarissa Dalloways Abendempfang hinein. Mit zweiundfünfzig gerade dem Tod entronnen, glaubt Clarissa Dalloway an kein Jenseits und weiß in ihrer Gabe, einfach nur »zu sein«, den »geheimen Vorrat erlesener Augenblicke« desto sinnenwacher zu genießen. Doch sei es Scrope Purvis, ein Passant, der sie kennt (»eine bezaubernde Frau«, denkt er, »hat etwas von einem Eichelhäher an sich«), sei es der empfindsame Peter Walsh, der Clarissa noch immer liebt, sei es die »durch ihre elende vornehme Abkunft« verdunkelte Ellie Henderson oder die einst so wildromantische Sally Seton – wir tauchen hinab in deren Gedanken und Gefühle wie durch die »sonnenflimmernden Räume tiefer Meere«, lauschen ihren inneren Stimmen, werden in den leuchtendsten Momenten des Romans gar mit ihnen eins. Und durchschnittlich, banal, alltäglich ist auf einmal keiner mehr von uns. Nicht einmal die falschherzige Doris Kilman, die aus verständlichem Haßneid auf Mrs. Dalloways Oberschichtshoheit deren Tochter Elizabeth zur Frömmelei verführt. Sie alle kommen uns ungezwungen leibhaftig entgegen: als wären sie nur aus Zufall in diesen Roman hineingeraten und hätten statt dessen auch in einem Hotel absteigen können. Ihre Schöpferin wacht über sie und durchschaut sie selbst in ihrer tiefsten Dunkelheit.

Vor »Mrs. Dalloway« – so entschied Woolf es zumindest selber – war Literatur das »bloße Vergnügen erwachsener Kinder« gewesen. Was hatten Prinzen und Piraten, Spukschlösser und Giftmorde noch mit uns zu tun? In den Abenteuerscharteken des neunzehnten Jahrhunderts nahmen sich Intrigen derart verdrießlich verwickelt aus, daß die Charaktere zu Standbildern »großer Helden« verblichen, da sie lediglich dem Plot auf die Sprünge helfen mußten. Und in den Salons der rosenwässerigen Gesellschaftsromane wurde alles in Grund und Boden zerredet und zuviel gegessen obendrein: Man vermochte sie vor Fettleibigkeit kaum mehr aus den Regalen zu hieven. Sie warfen kein Licht auf die eigenen Leiden noch Freuden, stolperten als Untote in ihren Phantomwelten umher und tasteten sich nie auch nur in die Sichtweite der Frage vor, wie wir es überhaupt fertigbringen zu existieren.

Nach den Schrecken des Krieges mußten wahre Menschen her statt Heroen der Tat und des Geistes und die Schriftsteller »näher ran an das Leben«. Der Gefahr, daß der Plot auf der Strecke bleiben und in die niedrigen Regionen des Trivialen verstoßen werden könnte, war sich Virginia Woolf dabei vollauf bewußt – und entging ihr: Wenn man immer wieder alles stehen- und liegenläßt und der Routinekrimskrams zum Ärgernis wird, weil er einen daran hindert, sich lesend noch dem Vergehen der Zeit entronnen zu fühlen, kann man sich darin gewiß sein, daß einen das Schicksal von Septimus Warren Smith außer Atem hält. Clarissa begegnet ihm nie. Und dennoch ist er von Anbeginn ein Teil von ihr. Als der Abendempfang schon schiefzugehen droht, auch weil die Köchin des Hauses den Lachs mal wieder nicht gar werden ließ, paradiert sie mit dem Premierminister triumphal quer durch ihren Salon, »sanft blähte sich der gelbe Vorhang mit all den Paradiesvögeln, und es sah aus, als käme ein Schwarm von Flügeln in das Zimmer, geradewegs«, und mit ihnen scheint auch ein unsichtbarer Gast, der Schatten Septimus Warren Smiths, in ihren Salon geflogen zu sein. Plötzlich verkrampft sich ihr Herz beim Anblick des »Seelenhelfers« Sir William Bradshaw, der knapp vom »Fall Smith« Bericht gibt, der sich an diesem Tag, von den Priestern der Psychiatrie in ihrem Mannhaftigkeitswahn hochkundig im Stich gelassen, aus dem Fenster gestürzt und vor ihnen in Sicherheit gebracht hat. »Sie war davongekommen«, denkt sie in aller Schuldigkeit: Septimus nicht. Und wendet sich spätabends ihren liebsten Freunden zu.

Kurz vor seinem Freitod hatte Septimus Warren Smith noch seine Notizen über den Krieg, über Shakespeare und das »Leben jenseits eines Flusses, wo die Toten wandeln«, verbrannt wissen wollen. Seine Frau Rezia aber schnürte sie – »Einige seien doch sehr schön« – fürsorglich mit einem Stück Nähseide zusammen. Andernfalls wäre Smith ganz von der Erde getilgt, wie es sich auch Franz Kafka oft wünschte: Beide waren sie mit dem Bedürfnis nach Ruhe zur Welt gekommen, doch verurteilt zur Schlaflosigkeit; sie suchten Zuflucht auf ihrem Sofa und hätten sich am liebsten unter einem Leintuch verkrochen. Beide fühlten sich überwacht: »Jedes Wort«, so Kafka, »ehe es sich von mir niederschreiben läßt, sieht sich zuerst nach allen Seiten um« – und meinte dabei nicht allein seine stilistische Sorgfalt. Was für Septimus der Irrenarzt, war bei Kafka der Vater, der seinem »Feigling«, ja einer »Wanze« von Sohn den Kampf ums Überleben beibringen wollte und damit drohte, ihn zu »zerstückeln wie einen Fisch«. Wahrte Kafka die Interessen seiner Familie nicht, trafen ihn Vorwürfe wie Gewehrkolbenhiebe, und er sinnierte, in sein Sofa gedrückt, stundenlang darüber nach, ob er sich nicht aus dem Fenster stürzen sollte. Gleich Septimus Warren Smith hatte auch Kafka darum gebeten, daß alle seine Schriften vernichtet würden: was er gar nicht wollte, wie der damit beauftragte Max Brod erahnte, denn sonst hätte Kafka sie schon selbst verbrannt. Vielleicht reute es ihn nur, kein fröhlicheres Werk geschaffen zu haben als diese in jeder Hinsicht untragbaren Geschichten von Figuren, namentlich verkümmert zum Buchstaben »K.«, denen ein »Process« drohte, ohne daß sie je erfuhren, weshalb, oder die man als Landvermesser in ein »Schloss« bestellte, auf daß sie nie hineingelangen sollten: Wachträume, die Kafka ersann, während die anderen Menschentiere Prags ihre Vorhänge vor der Welt verschlossen und in ihre knarzenden Betten fielen. Spätestens um zehn Uhr abends schlug Kafkas Stunde. Ein Bild stieg in ihm auf. Wie es gedeutet werden könnte, ging ihn nichts an. Aber: was gab es her?

Wenn alle unsere Träume in Büchern verzeichnet wären, müßten wir unsere Ozeane damit füllen, in eigens errichteten Bibliotheken, die bald wie Bohrtürme babylonisch aus dem Wasser ragten. Ist es nicht merkwürdig, daß sich der einfachste Kummer oder Wunsch im Schlaf zu einem wirren Ungetüm auswachsen kann, und seltsamer noch, wie unser Geist dieser oft schmierigen Welt allmorgendlich wieder entweicht und sich zur Ordnung ruft? Aus manchen Träumen erwacht man laut lachend, andere wieder wird man über Tage vor Grauen nicht los. In ihnen geben sich das Gräßliche und das Komische einen festen Händedruck und schwören sich die Treue auf ewig. Du träumst, zu spät zum eigenen Begräbnis zu erscheinen; träumst, daß dir ein Riesenmaulwurf den Bleistift fortträgt oder daß dir – ausgerechnet – die Jesuiten den Befehl erteilen, den Präsidenten der Vereinigten Staaten zu ermorden (tapfer weigerst du dich); träumst, über eine Stadt zu fliegen und in den Leiterseilen der Strommasten hängenzubleiben; daß die Synagoge irgendeines Bergstädtchens einen Marder als Haustier hält, der mehr weiß als wir; träumst, und längst sind wir in den Schacht der Wachträume Kafkas hinabgesaust, von einem Känguruh mit einem fast menschlichen Gesicht und ausdruckskräftigen Zähnen, das dich dressieren will; oder daß du eine (noch auf keiner Karte verzeichnete) Brücke bist über einem eisigen Forellenbach, diesseits die Fußspitzen, jenseits die Hände festgekrallt. Oder ein Käfer.

Als der neunundzwanzigjährige Franz Kafka eines trüben Sonntags im November 1912 in der elterlichen Wohnung erwachte, hatte er miserabel geschlafen und dachte vor Schwermut erst gar nicht daran, aus dem Bett zu steigen. Er lag auf dem Rücken, fürchtete, daß er seine geliebte Felice »niemals werde besitzen können«, weil er einmal mehr daran zweifelte, ein Mensch zu sein. Der Traumeinfall von seiner Verkäferung ergriff ihn erneut, und am Abend desselben Tages begann er, seine Bedrängnis leichthin und heiter aus sich herauszuschreiben, auch das Verlangen, sich »umpanzert« zu fühlen, der bitter lästigen Büroarbeit bei der Versicherungsanstalt zu entgehen, um nichts anderes mehr zu sein als Literatur. Für die Traurigkeit hatte er tagsüber Zeit genug: »Als Gregor Samsa eines Morgens aus unruhigen Träumen erwachte« … – war er verkatert; rief ihn seine Schwester zum Frühstück; war die Party noch immer im Gang, und Tom Buchanan reichte ihm ein weiteres Glas Veuve Clicquot. »Wo war noch mal euer Swimmingpool?« fragte Gregor, und Tom lächelte schief: »Samsa, du bist ja so was von fertig.«

Auch andere Nichtigkeiten wären denkbar. Doch erwacht Gregor aus einem Alptraum in einen Alptraum hinein, der ausdrücklich keiner sein soll. Was ist mit mir geschehen, fragt Gregor sich, und man ist versucht, zu erwidern, »Du bist bei Kafka gelandet«, der sogleich versichert: »Es war kein Traum.« Dank Kafkas Kunst, uns von Beginn der Erzählung an bis zum märchenbösen Ende das aberwitzig Schaurigste hinnehmen zu lassen, als wär's wie die Schwerkraft ein Naturgesetz, kommt »Die Verwandlung« dem Weltentwurf des Kopernikus gleich, wonach die Erde um die Sonne kreist: Gäbe es diese hundert Seiten nicht, sähe unser Universum etwas anders aus; und jede Inselbibliothek wäre ein Irrtum ohne sie.

»Als Gregor Samsa eines Morgens aus unruhigen Träumen erwachte, fand er sich in seinem Bett zu einem ungeheueren Ungeziefer verwandelt.« Vater, Mutter, Schwesterchen Grete: die Familie erschrickt. Wird ein Arzt gerufen? (Ein Krankenhaus läge nebenan.) Statt, um Hilfe schreiend, auf die Straße zu stürzen, geht sie mitleidlos den gewohnten Dingen nach: Als Reisender in Textilien bei den Gläubigern seines Vaters beschäftigt, um dessen Schulden zu begleichen und soldatisch beflissen für den Wohlstand der Familie zu sorgen, ist er mithin für die Familie unbrauchbar. Er versteckt sich unter einem Leintuch auf dem Sofa, kriecht zur Zerstreuung kreuz und quer über die Wände, »besonders oben auf der Decke hing er gern; es war ganz anders, als das Liegen auf dem Fußboden; man atmete freier; ein leichtes Schwingen ging durch den Körper; und in der fast glücklichen Zerstreutheit, in der sich Gregor dort oben befand, konnte es geschehen, daß er zu seiner eigenen Überraschung sich losließ und auf den Boden klatschte«. Da sein Vater jedoch hinter Gregors Rücken aus seinem Geschäftsruin ein kleines Vermögen in seine Faulheit hinübergerettet hat, kommt die Familie, wenn sie sich nur ein wenig auf ihre Hinterbeinchen stellt, bestens auch ohne ihn zurecht, und kaum daß er sein leergeräumtes Zimmer verlassen will, bombardiert ihn der Vater mit Äpfeln, von denen einer in seinem Panzer steckenbleibt und darin todbringend verfault: Ist Gregor ein Mensch in Form eines Insekts, auf Kindesgröße geschrumpft, so seine Familie ein Insektenkommando in Menschengestalt. Wer sich in Familie begibt, kommt darin um.

»Weg muß es.« Gregor Samsa denkt sich noch entschiedener als seine tückische Schwester, daß er zu verschwinden hat; stirbt folgsam; und die Familie fährt erlöst ins Grüne hinaus mit Zukunftsträumen für die gute Grete im Kopf, während die Haushaltshilfe den Käfer entsorgt.

Auch Samsas Schöpfer hatte bereits in frühen Jahren mit totenäugiger Ernsthaftigkeit ausgiebig an seiner Selbstverneinung gefeilt: Plante Kafka einen Aufsatz über Goethe, handelte der, erwartungsgemäß, von »Goethes entsetzlichem Wesen«. Beim Anblick einer Brücke kam ihm meist ein Sturz übers Geländer in die erlösende Moldau in den Sinn. Schreiben war oft eine Qual; nicht zu schreiben war aber noch schlimmer, weil Kafka nur so dem offenbar ständig dräuenden »Irrsinn« entging. »Eigentlich müßte man sich fürchten, aus dem Haus zu treten.« Deine größte Schwäche ist, geboren worden zu sein, und was auch immer du unternimmst – mag man aus allen Winkeln seines Werkes flüstern hören –, du wirst scheitern: »Es gibt unendlich viel Hoffnung. Nur nicht für uns.« Für wen dann? Bei einer seiner öffentlichen Lesungen mußte man ohnmächtige Damen aus dem Saal schleppen, Männer hielten tapfer etwas länger durch und flohen schließlich doch.

Zeit seines Lebens versäumte er es nie, das schwärzeste Bild vom Dasein an einen gottverlassenen Himmel zu malen, und wen wundert es noch, daß er, klassisch, »kafkaesk«, verrückt also, verquer komisch, grausam und düster, viele nur das Fürchten lehrt und »Die Verwandlung« in keiner Nervenklinik geduldet sein dürfte? Andererseits mochten ihn alle, die ihn kannten, charmant und hilfsbereit, wie er stets war. Frauen betörte er mit einem Blick aus großen und – laut Reisepaß – dunkelblaugrauen Augen, und sein Herzweh besaß Humor: Mußte er nicht, las er Freunden aus seinen Manuskripten vor, sich lachend zuweilen selbst unterbrechen und war danach glücklich wie selten sonst? Wie oft, gab er zu, fühlte er sich zehnmal besser, als er ihnen in seinen Depressionsmaximen brieflich vermeldet hatte: Seine Feder sei eben wieder einmal mit ihm durchgegangen. Warum hat er es sich 1915 verbeten, daß »das Insekt« auf dem Titelblatt der »Verwandlung« abgebildet werde? Um eine schlichte Tatsache zu verbergen: Als ein kuppelförmiger Käfer nämlich, ein Schwarz- oder Mistkäfer mit Flügeldecken, hätte Gregor Samsa durchs offene Fenster in die Freiheit nicht einmal springen, sondern einfach davonfliegen können.

KAPITEL 16

DIE KÖNIGIN VON ANGRIA

Charlotte Brontë

Um die Mitte des neunzehnten Jahrhunderts lebte unter dem verdrossenen Himmel in den leeren, verregneten Mooren der kleinen Industriestadt Haworth, Grafschaft Yorkshire, eine Pastorenfamilie, die für die gerüchtesüchtige Nachbarschaft ein verdächtig in sich gekehrtes Dasein führte. Man begegnete ihr selten, übersah sie, tat sie plump als wunderlich ab. Vater Patrick hatte seinen an den frevlerischen Brandy erinnernden Nachnamen »Branty« in ein klangvolles »Brontë« umgetauft, auch weil er bei seinen fünftausend Seelen nicht als insgeheim katholizismusverseuchter Ire, sondern als Anverwandter eines Herzogs gelten wollte; er erfand verquere Geschütze, die er – ohne Erfolg – wieder und wieder dem Waterloohelden Wellesley Wellington für weitere Großtaten unentgeltlich offerierte; an manchen Sonntagen jagte dieser Gottesrekrut der englischen Hochkirche mit einer Reitpeitsche die zum Frühschoppen versammelten Trinker aus dem Pub in die Kirche, dichtete ansonsten frohgemut Frommes in knarzenden Reimen, und auch seine Sprößlinge gingen, wen wundert's, seltsamen Vergnügungen nach.

Man wird sich daran erinnern, wie man als Kind Bücherreihen entlangstrolchte, eines herausgriff, nur um von der elterlichen Aufsichtsbehörde den Bescheid zu erhalten, »Neinnein, das ist noch nichts für dich«. Keines der Bücher jedoch, die in anderen Haushalten in Giftschränken verschlossen lauerten, war den Geschwistern Brontë von früh auf verboten, weder die gewagte Monatsschrift »Blackwood's Magazine« mit ihren Mord-, Schauer- und Bettgeschichten noch der finster frivole Lord Byron und dessen »Don Juan«, der sich, als Frau verkleidet, zur Wonne der Insassinnen in einem Harem verbirgt. »Sollen die lieben Kleinen«, dachte Vater Patrick bei sich, »doch selber sehen, wie sie damit fertig werden.« Allabendlich erzählten die Mägde des Pfarrhauses beim Schneidern der Musselinhauben ihre unvermeidlich blutdurstigen Hexen-, Vampir- und Werwolfmärchen, bis den halbwüchsigen Brontës »goblins«, »elves«, »fairies«, Kobolde, Elfen und Feen, bald ebenso natürlich vertraut waren wie das Heidekraut und der überfüllte Friedhof vor den Fenstern, durch dessen Gräber das Leichengift ins Grundwasser sickerte und den Einwohnern Haworths nur geringe Zukunftsaussichten versprach. Neben dem Jenseits, diesem »Königreich der Geister überall um uns her«, breitete sich noch eine andere Gegenwelt zur verdrießlichen Realität vor Charlotte und der zwei Jahre jüngeren Emily aus, der sie bereits auf Erden teilhaftig werden konnten. Von phantasiereicher Literatur erweitert, aufgerichtet, ja getragen zu sein: gab es ein größeres Privileg?

Für sie nicht, und schon war das erste Gebot einer jeden Schriftstellerexistenz erfüllt: als Kind bereits so viel gelesen zu haben wie nur irgend möglich. Aus Leeds hatte der Vater 1826 zwölf standhafte Holzsoldaten dem bevorzugten Bruder Branwell ans Bett plaziert; keine der Schwestern erwärmte sich für die Puppe im Tanzkostüm, das Kegelspiel und Dorf im Kleinformat; dafür setzten die Soldaten in Charlottes hundert selbstgebundenen Büchern als »die Mutigen Zwölf« von England aus die Segel der »Discovery«, strandeten nach dem Angriff eines besonders hinterlistig wütenden Taifuns an der Westküste Afrikas und gründeten dort das inselartige Königreich Angria samt Parlament, findigen Folterkammern, Bordellen und einer Kneipe, in der sich zu ein und derselben Tageszeit zwanzigtausend Gäste in die Erblindung zechen konnten. So wurde Charlotte Brontë Angrias Königin. Sie war gerade mal zehn.

Und hatte ihren monarchischen Rang auch nötig: Angria ließ sie die verheuchelte Klerikerdiktatur des Internats Cowan Bridge überstehen und die sterbenseintönige Kurzkarriere als Gouvernante verzogener Adelsmonster in Knabengestalt, mit der sie die verheißungsvolle Alkoholikerlaufbahn des Bruders Branwell finanzierte. Selbst während ihrer Unterrichtsstunden stieg sie mit einem sanft zerstreuten Lächeln hinab in die Unterwelt von Verreopolis, der marmornen Stadt, die sich spiegelte in den gläsernen Wassern des Meeres, wo Zuhälter die Prostituierten quälten und der Herzog von Zamorna, ein elegant zwangloser Verächter aller Moral, seine Widersacher mit ihren Halstüchern erwürgte, bis ihnen »schwarzes Blut aus den Augen spritzte« ... Oft fühlte sich Charlotte »außer meiner selbst« und zu Höherem berufen, gar als Genie. Und das nach damaliger Medizinermeinung geistesstärkende Opium, das sie gegen ihre Migräne in jeder Apotheke leicht bekommen konnte, half kräftig dabei mit – auch später noch, wenn der Bleistift ruhen mußte und sie wochenlang während der ihr leidigen Hausarbeit darüber brütete, welches Schicksal sie ihren Geschöpfen bereiten sollte. Zuweilen sah sie ihre Figuren, obwohl »gewoben aus bloßer Luft«, leibhaftig vor sich im »brennenden Klima« ihrer Einbildungskraft und »Kritzelmanie«.

Doch was hinter Haworths Horizont lag, nahm sich nicht weniger gespenstisch aus als ihre Visionen: In Brüssel besserte Charlotte an der Seite Emilys im Damenpensionat des Ehepaars Héger für ein Jahr ihr Französisch auf, und der bald stattlich pathetische, bald zorngestrenge, bald humorige Monsieur Constantin Héger bezauberte sie. Der passionierte Pädagoge flirtete mit seinen Schutzbefohlenen deutlich über die Anstandsgrenzen hinaus, genoß es, sie in sich verliebt zu machen, und hatte in Charlotte sein bislang unterwürfigstes Opfer gefunden: Kleinwüchsig, verhärmt, korsettverschnürt bis zur Unsichtbarkeit, taubengrau in ihren billigen Kleidern und von ihrer Nichtigkeit so überzeugt wie der Architekt des örtlichen Rathauses, der sich am Eingangsportal erhängte, als er unabänderliche Fehler in seinem Werk entdeckt hatte, hielt sie sich für abstoßend unansehnlich. Attraktiv war sie, wenn sie dem Angebeteten nahekam, und ängstigte sich – gerade weil ihr größtes Verlangen dem ihr verhaßten Ehebruch galt. Madame Claire Héger wußte um die Umtriebigkeit ihres Gatten, tapste in Filzpantöffelchen nachts in den Schlafzimmern ihrer Rivalinnen umher und durchsuchte die Kommoden nach Beweisen seiner Treulosigkeit. Mit schlechtem Gewissen zerriß Monsieur Héger murrend Charlottes Briefe. Madame Héger nähte sie wieder zusammen, und als es ihr endlich glückte, die etwaige Geliebte ihres Mannes, »gezähmt und gebrochen«, über Ostende nach England zu verschiffen, gab Charlotte zum Abschied kund, »Je me vengerai«, sie werde sich rächen: an ihr, an Héger, an der ganzen Welt. Seitdem ist ausgemacht, daß Kunst nicht von Können, sondern aus Katastrophen kommt, der Not einer bedrohten Existenz und dem Drang nach Würde und Vergeltung. »Ich schreibe«, notierte Charlotte, »weil ich nicht anders kann und will.«

Und sie sei imstande, verkündete sie den Geschwistern, eine wahrhafte Heldin zu ersinnen, die zugleich reizlos und winzig sei wie sie selber und dennoch ebensoviel Interesse wecken werde »wie eine der euren«. Was Emily nicht gefiel: Nach ihrem Geschmack mußten sich Frauen in Romanen wild und urwüchsig gebärden wie ihre Cathy in »Wuthering Heights«, der »Sturmhöhe«, worin ein Moorbauerngehudel nicht weiß, was es bei immerzu miserablem Wetter mit dem Zigeunerkind Heathcliff und der Liebestobsucht zwischen ihm und Cathy anfangen soll, und Heathcliff derart in Grund und Boden mißhandelt, daß der nach Cathys Tod seine Peiniger samt Nachkommen ruiniert, um seiner Geliebten schließlich ins Jenseits zu folgen und mit ihr durch die Moore zu spuken. Das war Charlotte wieder zu hitzig, zu grob, zu »rustikal«, und sie fand darüber keinen Schlaf. Ihr Werk sollte kühl sein und nüchtern wie ein Montagmorgen, an dem man im Bewußtsein erwacht, sich wieder zur Arbeit begeben zu müssen – allerdings ohne das Königreich Angria zu verlassen. So erfand sie sich in einem als »Autobiographie« getarnten Roman 1847 in der Gestalt Jane Eyres wieder, und allein schon dieses »Eyre« trägt alles in sich, was Jane Eyre ist, »air«, eine Tochter der Luft, »fairy«, die nach eigenem Bekunden letzte Fee in den Wäldern Albions, »fire«, das Feuer erotischer Leidenschaft, und »ire«, die Wut, mit der Jane Eyre die Geschlechterrollen und Standesschranken ihrer Ära sprengt: Wie vergeblich es doch sei, von Frauen zu fordern, sich mit Puddingkochen und Sockenstricken zu begnügen.

Sie hätte nie geboren werden dürfen, heißt es über die Vollwaise Jane Eyre: Verachtet und dafür mit der Rute gezüchtigt, wegen ihrer vehementen Persönlichkeit gefürchtet von ihrer stiefmutterbösen Tante Reed, erschafft sich die kleine Jane Eyre anhand illustrierter Bücher ihr eigenes Reich, eine schwermütige Inselküste im Nordmeer und darüber den Mond, »der bleich zwischen Wolkenbänken hindurch auf ein Wrack sah, das gerade versank«. Als Reeds devotes Gesinde sie in das »Rote Zimmer« sperrt, wo ihr geliebter Onkel verschieden ist, empfindet sie sich darin als eine Tote, die aus ihrer Gruft nach einem Dasein hungert, dessen Grenzenlosigkeit sie erst im Ausblick von der Dachterrasse des Herrensitzes Thornfield Hall erfahren wird. Aus ihrem Elend im Armenpensionat Lowood – einem zweiten Cowan Bridge – hat Jane Eyre mitgenommen, was dort neben angebrannter Hafergrütze und Typhus zu bekommen war: jene Bildung und Widersetzlichkeit, die sie auch später als Gouvernante im Dauerflirt mit dem herrischen Herrn von Thornfield, dem Byron-Zamorna-Hegér-Wiedergänger Edward Rochester, nie vergißt. Der erkennt rasch, daß er die Liebe seines Lebens vor sich hat: Sie widerspricht ihm gern; sie malt Landschaften, die er mit eigenen Augen gesehen hat; sie liest seine Gedanken; sie tändelt nicht und erhebt sich somit weit über all das Oberklassengezücht, das ihn nur seines Geldes wegen umwirbt. Doch birgt Thornfield Hall ein Geheimnis, von dem alle zu wissen scheinen, nur nicht Jane. Bloß als Koboldgelächter dringt es zu ihr.

Irgendwann muß es ja raus: Rochester hält im obersten Stockwerk seine Frau Bertha versteckt. Von dort streift sie durch die Flure des Schlosses, fällt – syphiliskrank und dem Wahnsinn verfallen – werwölfisch knurrend über ihren Bruder her und reißt das Brautkleid Janes mitten entzwei. Im Grunde aber hat sie in Bertha eine Komplizin: Es gehört zu den verwegenen Ironien des Romans, daß Bertha Jane vor einer Ehe bewahrt, die nicht auf Ebenbürtigkeit gegründet wäre. Als Rochester sie bittet, mit ihm als seine Mätresse nach Südfrankreich zu ziehen, greift »eine Hand feurigen Eisens« in ihre Eingeweide. Denn »ich mache mir etwas aus mir, und je einsamer, je verlassener, je mehr auf mich selber gestellt ich bin, desto höher werde ich mich achten«. Erst als Bertha Thornfield Hall in Flammen aufgehen läßt und der daran versehrte Rochester – telepathisch über viele Meilen hinweg – nach Janes Hilfe ruft, kehrt sie »wie eine Brieftaube auf dem Heimflug« zu einem nunmehr begütigten Rochester zurück.

Es half nichts, daß »Jane Eyre« – in immer höheren Auflagen – unter männlichem Namen erschien. Er hätte auch von dem allseits verehrten Prinzen Albert geschrieben worden sein können: der Roman geriet zum Skandal. Wie barbarisch selbstgerecht inszenierte der Autor doch Tante Reeds röchelndes Dahinsiechen als Höllenfahrt, da die Tante im Sterben keine Träne der Reue aus ihren teufelsgeröteten Augen preßt. Wie perfide tadelte der Autor jede Gesetzesreligion, die ihren Mißbrauch in sich barg; und mochte die Moral von Gott herrühren: sie mußte, auch das hatte diese Miss Eyre beschlossen, vom Menschen abgesegnet sein. »Jane Eyre« war unchristlich, politisch aufwiegelnd und sittlich gefährdend, verfaßt von einem Anhänger der Französischen Revolution und »Sexualstraftäter«, wie die Konservativen erkannt haben wollten – und die waren auch damals schon scharfsichtiger als ihre Gegner, wenn ihnen eine grundstürzende Neuerung unter die Augen kam.

Denn die Gesprächsduelle zwischen Jane und Edward gleichen lange währenden Liebesszenen, die der Formel »to make love to someone« erst ihre Zweideutigkeit verleihen: Sie verführen uns Leser, während sie einander verführen, gleich mit. Jane Eyre lügt betörend offensichtlich, wenn sie Rochesters Frage, »Bin ich häßlich, Jane?«, mit dem Satz, »Sehr sogar, das waren Sie übrigens schon immer« und einem liebkosenden Lächeln pariert. Von sinnlichem Hochgefühl und Empörung durchdrungen aber sind wir Leser nur, weil Jane Eyre uns in direkter Anrede unablässig ins Vertrauen zieht und uns noch in Passagen, die ihr Grauen auf den Gefrierpunkt bringen, keinen Moment aus den Augen verliert – bis hin zu der legendären Schlußerklärung, »Reader, I married him.« Der Roman reißt uns fort wie ein großer, warmer Strom; man schließt ihn in der Gewißheit, daß er uns alle um lange Zeit überleben wird. So sah es auch Queen Victoria, die den Roman mit einer ihr nicht ganz geheuren Genugtuung wieder und wieder las.

Und kaum daß Charlotte, mittlerweile verheiratet und schwanger, am leichenverseuchten Wasser Haworths gestorben und in einem der kleinsten Erwachsenensärge beerdigt war, die der Zimmermann der Stadt je gefertigt hatte, widmete man ihr eilig eine pralle Biographie, Vater Patrick genoß den Ruhm seiner toten Tochter in vollen Zügen, den Besuch eines Barons hier, eines Herzogs dort, und freute sich an den Zuschriften von überallher, die sich ein Manuskript Charlottes erbaten. So konnte man ihn an Vormittagen in seinem Bett frisch herausgeputzt aufrecht sitzen sehen: Er schnitt Charlottes Briefe in kleine Streifen und stellte sie gegen Gebühr den Bewunderern zu. Was hätte Monsieur Héger wohl gedacht, wäre ihm zu Ohren gekommen, wieviel jede Zeile seiner schüchtern verzagten Schülerin der Welt wert geworden war.

KAPITEL 17

WAS IM VORIGEN VERSCHWIEGEN WORDEN IST

Emily Brontë

Daß Charlotte Brontë den Roman ihrer Schwester, der im selben Jahr wie »Jane Eyre« unter die Leute kam, aber kaum Freunde fand, in ihren sanfteren Stunden als das originellere Werk ansah, auch wenn es ihr zeitlebens unheimlich blieb.

Daß sich Emily Brontë unter der strikten Observanz von Monsieur Héger in Brüssel oft weigerte, »große Autoren« in Aufsätzen zu imitieren, wie er es den beiden Schwestern befahl, weil ihr eigener Stil, befand Emily, daran Schaden nehmen könnte.

Daß »Jane Eyre« sich als Märchen entpuppt im Vergleich mit »Wuthering Heights«, dessen Diesseits die Hölle ist: Nur aus Zufall tragen die Figuren darin englische Namen; sie könnten, wie Cathys Geist, jederzeit und überall auftauchen mit ihrer Lust an Verhängnis und Selbstzerstörung, mit ihrer Spiel- und Trunksucht und Marterfreude und herrischen Frömmelei. Wenn Menschen, so lehrt »Wuthering Heights«, nicht zusammenleben können, dann werden sie danach trachten, einander am Leben zu hindern.

Daß Jane Eyre die Gleichberechtigung in ihrer Ehe nur finden kann, weil sie von ihrem Onkel aus Madeira ein Vermögen geerbt hat und der erblindete, verkrüppelte Rochester in der abgewrackten Waldeinsamkeit seines Hexenhäuschens eine Pflegerin braucht.

Daß Heathcliff in seiner Leidenschaft alle Tabugrenzen mißachtet, den Deckel von Cathys Sarg öffnet und davon träumt, an ihrer Seite zu liegen, seine »Wange festgefroren an die ihre« – ein Bild, das so rührend wie zum Fürchten ist.

Daß der Roman lediglich eine einzige Wahrheit kennt und dafür alle anderen aus sich verbannt: Der Mensch wird zum Ich nicht im Spiegel seiner selbst, sondern nur durch die Augen dessen, der ihn liebt. »Ich bin«, flüstern Cathy und Heathcliff einander unausgesprochen zu, »weil du bist.«

Daß Heathcliff sein eigenes Hinscheiden sehnlichst erwartet, um mit Cathy im Jenseits vereint zu sein, wie er es in seiner Kindheit war, damit das Universum kein »mächtiger Fremder« mehr ist, den niemand allein ertragen kann.

Daß »Wuthering Heights« teils von einem gewissen Lockwood erzählt wird, der sich hölzern gegen die Leidenschaft einer schönen Frau verschloß und dem daher nie zu trauen ist: Wir widersprechen ihm während der Lektüre ständig, korrigieren ihn und stehen wider Willen auf Heathcliffs Seite, wenn seine Haushälterin ihn als Dämon verflucht.

Daß Emily starb, wie sie schrieb, ohne Wenn und Aber, erbarmungslos gegen sich selbst und unausgesöhnt mit der Welt: An einem Dezembermorgen 1848 stand sie wie jeden Tag ohne Hilfe auf und ging, obwohl die Tuberkulose sie von einer Treppenstufe zur nächsten hinabschwindelnd schwanken ließ, ihren Verrichtungen nach; die »Giftmischer«, wie sie die Ärzte nannte, ließ sie erst rufen, als es längst zu spät war für sie. Ihr Hund Keeper ging neben Vater

Patrick dem Trauerzug voran, kauerte beim Gottesdienst in der Kirche still für sich in der ersten Bankreihe und heulte dann tagelang vor ihrer Schlafzimmertür.

Und daß Charlotte indessen den zweiten, unvollendeten Roman Emilys vernichtete, weil der sich noch ungezähmter gebärdete als »Wuthering Heights«.

KAPITEL 18

VON EINEM, DER DEN REGEN IN BRAND SETZEN KONNTE

William Faulkner

Ohne seine Beharrlichkeit wäre das Universum längst zusammengebrochen, aber dafür geehrt zu werden war ihm auch wieder nicht recht. Unprämiert und ruhmlos, allenfalls verschrien als provinzkranker Vergewaltigungs- und Inzestbarde im tiefsten Süden der USA, hatte William Faulkner dreißig Jahre hindurch in trunkener Entrücktheit, Mühsal und Verzweiflung Menschen geschaffen, die, wie er selber fand, die knickrigen Elaborate des Allmächtigen in den Schatten stellten, bis er auf Literaturpreise schon gar nichts mehr gab. Einzig das blöde Gemüse freute sich unbeirrt des Lebens: Über seine Arbeit beschwerte Faulkner sich nie, da sie ihm – »hart, aber ehrlich« wie jede andere – als Hindernis nur willkommen war, auf daß er daran seine Willenskraft messen konnte. Nun aber war sein Tank leer, und er sollte vierundfünfzigjährig seine erste öffentliche Rede halten, sich gegen Journalistenfragen zur Wehr setzen und eine kerzenschummrige Zeremonie samt Monarchen ertragen, die länger dauerte als ein Begräbnis in Mississippi … Rasch einen Drink.

In den Stunden vor der Schreckensnachricht an einem friedlichen Novembertag des Jahres 1950 war Faulkner noch still und in sich gekehrt mit der Kalkdüngung eines der Felder seines Anwesens Rowan Oak zufrieden gewesen: als plötzlich ein schwedischer Reporter aus New York anrief und ihn um »eine Stellungnahme« bat. Soeben sei ihm der Nobelpreis zuerkannt worden, wie fühle er sich damit? Geschmeichelt, murmelte der verzagt Geehrte in das verfluchte Telefon: Allerdings sei er nichts als ein kleiner Farmer, der gerne Geschichten erzähle, und habe keineswegs vor, seine Rinder und Baumwollfelder im Stich zu lassen, um in einem Land fernab, dessen Lage er auf der Weltkarte erst noch ausfindig machen müsse, einen Preis entgegenzunehmen, der ohnehin der ganzen Menschheit gelte, soweit die sich auf die Bibel verstünde, auf Herman Melville, Shakespeare und Homer. Mehr sagte er nicht – und berechnete, von seiner Familie zur Reise ins schneeverwehte Schweden gedrängt, voraus, wie viele Tage ihm bis zum Abflug blieben, um sich mit dem Starrsinn eines festsitzenden Weinkorkens über die eigene Schüchternheit hinweg in die Bettlägerigkeit hineinzusaufen. »Ich halte das nicht durch, ich halte das einfach nicht durch«, grummelte er, halbwegs ernüchtert, gebeugt und grauhaarig, während der Nobelpreisverleihung sich selber zu, um dann aufrecht wie ein General der Alliierten die berühmteste aller Reden über das Durchhalten vom Stapel zu lassen, die die Welt je vernommen hat: Vor die Wahl gestellt zwischen dem Nichts und dem Leid, wähle er das Leid, die Aufopferung und die Unbeugsamkeit.

Und den Scotch, der dafür sorgte, daß ihm auch seine Nobelpreismedaille abhanden kam: Man fand sie später im Blumentopf der amerikanischen Botschaft in Stockholm. Die Zivilisation hatte, entschied er, ihren Anfang in der Destillation genommen: Der flüssige Bernstein John Barleycorns, der laut einem uralten Volkslied sein Leben ließ, um die verworrene Glückseligkeit der Vollendsbetäubung über die Menschheit zu bringen, war Faulkners erfolgreichste Weltentzugstherapie seit je. Kaum setzte er sich aber jenseits des Alkohols zur Arbeit nieder, verwandelte er sich so selbstlos in seine Besessenheitsheroen und empfand ein derart bohrendes Mitgefühl noch für die hassenswertesten unter ihnen, daß er sein ganzes Ich an sie verlor. Sogar die Nazis, die er sich erdachte, bevor Hitler sie strammstehen ließ, entgingen dabei ihrer Vertölpelung. War er einmal verfangen in seinen reißerischen Plots, seinen delirierend labyrinthischen Sätzen von festlicher Wucht und der großen Geste, fühlte er die Macht in sich, selbst den Regen in Brand setzen zu können: Er war der Schöpfer und alleinige Eigentümer seiner Heimat, eines auch von zornig trauernden Geistern bevölkerten Landstrichs namens »Yoknapatawpha County«, den die Weißen einst den Chickasaw-Indianern geraubt hatten, um darin die schwarzen Sklaven zu ihren Lastträgern zu bestimmen. Das war ihr Sündenfall: Sie wußten es, zerfraßen sich daran und beschworen, bibelstarre Heiden, immerzu ihren weißhäutigen »Gott« herbei, der die Teufel in ihrem Innern rechtfertigen sollte. Sie hatten Blut an den Händen und erklärten es zu Wasser wie Pontius Pilatus. Und wer »den Neger« zu befreien suchte, sah, wie »ein schwarzer Schatten« in Form eines Kreuzes auf die Weißgeborenen fiel, »noch ehe der erste Atemzug getan war«. Ob ein Weißer »Niggerblut« in sich trug, so wie Faulkner selbst – diese Frage hielt sie alle am heftigsten in Bann. Als wäre damit der Sinn ihres Daseins für immer erfüllt.

Welch vielversprechende Jagdgründe breiteten sich mit diesem Yoknapatawpha County vor den Psychoanalytikern aus – von ihnen aber hielt Faulkner seine Gestalten sicher fern: Er hatte Freud nie gelesen; »auch Shakespeare«, scherzte er gern, »hat Freud nicht gelesen, ich bezweifle, daß Melville ihn gelesen hat, und ich bin mir sicher, daß Moby Dick ihn nie gelesen hat.« Manchmal schien es ihm, als käme er von so weit her, daß er eben noch mit Homer zu Mittag gegessen haben könnte. Wenn er es wollte, war er in seinem County gar die Hauptstadt Jefferson selbst; war das Gerücht, das durch ihre Straßen schlich; war der Fluch der Sklaverei, der in allen Winkeln hauste; und sprach mit den Geistern der Gelynchten, die darauf harrten, von ihm gerächt zu werden – ein Patriarch von einem Romancier, vor dem sein Personal nicht die geringste Regung zu verbergen vermochte. So blieb ihm keine Zeit, in Essays und Tagebuchnotizen mißtrauisch über die eigene Schulter zu blicken: Erst wenn es ihm gelang, im Leser das Gefühl zu erwirken, daß so und nicht anders geschehen sein konnte, wie er es erzählte, hatte er auf der ganzen Linie gesiegt. Was diesem Anspruch nicht gerecht wurde, landete im Kamin: Alle bruchreifen Kähne verbrannte er, um in deren Feuerschein ein neues Schiff zu zimmern.

Mischte sich die wirkliche Welt störrisch in diese Schreibtischschufterei ein, so wie Anfang der dreißiger Jahre ein theorienverbrabbelter Schriftstellerkongreß in die Niederschrift von »Licht im August«, fand Faulkner seine Ruhe nur im historisch gründlichen Saufrausch. Dann brachte er es auf stolze fünfzehn Martinis zum Aperitif, trank sich mit fremden Schriftstellergefährten unter die Tresen von einer Bar zur nächsten, sah sich Tage später ohne Erinnerung im eigenen Erbrochenen am Boden eines Badezimmers wieder – in nur welchem Hotel? – und kehrte schamverquält zu seinem Tagewerk zurück. Nicht umsonst war sein Vorbild, der Urgroßvater, zwar ein tüchtiger Trinker, doch Oberst der Südstaatenarmee im Bürgerkrieg und Autor eines Bestsellers zugleich gewesen, dem sein Gegner in schierer Angst ohne Vorwarnung aus nächster Nähe direkt in den Mund geschossen hatte. Gründe aufzugeben gab es immer; doch keiner war lohnenswert. Versuchen wir aufs neue, was nicht zu schaffen ist: Es rechtfertigt uns. Die Welt sagt nein zu dir? Dann sag nein zu ihr. An den Schluß einer Personenliste seines Yoknapatawpha County setzte Faulkner wie eine Grabinschrift zwei Worte: »They endured«. Sie hielten aus.

Und lehnen sich auf. In »Licht im August« durchquert die hochschwangere Lena Grove, die einzige Lichtgestalt des Romans, im August 1932 allein und zu Fuß von Alabama her Faulkners County, um in Jefferson den Vater ihres Kindes auszuforschen und statt dessen denjenigen zu finden, den sie unwissentlich gesucht hat, den sanften Byron Bunch, der sich vor nichts mehr fürchtet, als anderen weh zu tun. Eben steigt eine gelbe Rauchsäule zum Himmel empor, und die Leute der Stadt sind in vergnügtem Aufruhr: »Sie blickten auf das Feuer mit dem gleichen dumpfen, statischen Staunen, das sie aus den alten, übelriechenden Höhlen ferner Zeiten mitgebracht hatten, wo Wissen und Erfahrung begannen, als hätten sie nie zuvor ein Feuer gesehen und nie den Tod.« Joe Christmas, der im Glauben aufwuchs, es flösse das Blut eines Schwarzen durch seine Adern, hat aus Notwehr seiner »Niggerfreundin« Joanna Burden mit einem Rasiermesser den Hals durchgeschnitten und danach ihr Haus in Schutt und Asche gelegt – die Stadt wollte es ohnehin schon vor fünfzig Jahren anzünden, »am besten mit ein bißchen fettem Menschenfleisch darin, damit es schön brennt«. Schade, daß Christmas Joanna Burden nicht vergewaltigt hat – also hat er sie vergewaltigt: in den Augen der Stadt. Ihr stellt er sich, und sie ist darüber aufgebracht, daß er sich nicht »wie ein Nigger« verhält, »daß er, ein Mörder, in feinen Klamotten durch die Stadt spaziert, als wollte er die Leute herausfordern, ihn anzufassen, wo er sich eigentlich in den Wäldern hätte herumdrücken und verstecken müssen, dreckig und schmutzig und auf der Flucht. Fast war es, als wüßte er nicht einmal, daß er ein Mörder war, und ein Nigger noch dazu.« Erst als Christmas Schläge hinnimmt und »verstockt« blutet, tut er, »woran man den Nigger erkennt«, und wehrt sich nicht mehr, als man ihn bei lebendigem Leibe kastriert.

War Joe Christmas, wispert es nun durch die Stadt, der Sohn einer Weißen und eines Mexikaners? Das wackere Jefferson läßt sich doch von einem angeblichen Mexikaner nicht weismachen, daß der kein »Nigger« gewesen sei: Wo sind die Leser, die nicht am liebsten nahezu alle Figuren des Romans erschießen würden, um diese Sittenwildnis zu lichten und dem verbliebenen Rest etwas von Würde einzubleuen? Am Ende seines Lebens ging es Faulkner gleich. An der Rassenfrage werde sich entscheiden, ob die Weißen ein Anrecht darauf hatten, zu überleben oder nicht. Zuallererst mal sollten die Schwarzen im selben Klassenzimmer mit ihnen sitzen dürfen – sich wider die Gleichstellung der Rassen zu wenden sei, beschloß der darauf ruckzuck zum »Niggerfreund« ernannte Faulkner, »wie wenn man in Alaska gegen den Schnee Partei ergreift«. Sein Werk kam ihm vor wie der Schlußstein im Weltgebäude, den man nicht würde entfernen können, ohne das gesamte gebrechliche Universum zum Einsturz zu bringen: Als er 1962 starb, erkämpfte sich der Schwarze James Meredith erstmals in der Geschichte sein staatlich verbrieftes Recht auf einen Studienplatz an der Universität von Mississippi; die Zukunft begann; das Weltgebäude hielt stand.

KAPITEL 19

UND ALS WIR DIE VOLLKOMMENHEIT ERREICHT HATTEN, BRACHTEN WIR UNS UM

F. Scott Fitzgerald und Ernest Hemingway

Der Morgen nach einer Party mit den beiden war eine legendär leidvolle Erfahrung: Man fühlte sich, als erwachte man in einem erdbebenbedingt verwaisten Krankenhaus und hätte nur knapp eine Herzoperation überlebt. Doch wußten Zelda und Francis Scott Fitzgerald in ihren Gästen eine solche Faszination zu erregen, daß man sich in der Dürreperiode der Prohibition von 1919 bis 1933 in den fröhlichsten Geheimbund täglich rückfälliger Anonymer Alkoholiker in den Vereinigten Staaten aufgenommen wähnte, und das auch noch gratis. F. Scott Fitzgerald konnte es sich leisten: Zum ewigen Jungstar seiner Generation emporgejubelt wie wenig später im Baseball Joe DiMaggio, war er mit seinen ersten zwei Romanen einer der höchstbezahlten Schriftsteller der USA. Für auch nur eine seiner Kurzgeschichten verdiente er so viel, wie ein Industriearbeiter in drei Jahren zusammensparen konnte, verteilte Trinkgelder wie andere Visitenkarten und bewies sich damit, daß er über allen Reichtum erhaben war.

Neunundzwanzig geworden, wollte er mit dreißig sterben, und ob es dann sein eigener Dreißigster oder später der eines anderen war: Dieser Geburts- und Todestag mußte begangen werden wie ein Leichenschmaus, dessen einzige Regel darin bestand, gegen alle Anstandsregeln zu verstoßen. In diesen Nächten genoß Scott Fitzgerald einfach alles: wenn es zwölf Uhr schlug; den aufgeweckten Typen, der für Wochen nicht geschlafen hatte; zu erwägen, welches der Mädchen am hübschesten war, welches graziler gähnte und welches als erste gehen würde; und den Glanz des Mondes, als käme sogar der noch von ihm. Nur das Frühstück schmeckte schal, und wenn ein weiteres dieser Wochenendgelage vorüber war, trat die Leere als der letzte Gast ins Haus, der abstinent und für keinen Drink zu haben war.

Zu einer religionsnahen Lebenshaltung gedieh das Saufen erst, als es von der amerikanischen Regierung verboten worden war. Getrunken hatte Scott Fitzgerald schon immer, auch am Nachmittag vor seinen Partys, um sich dafür in Stimmung zu bringen, aber anzumerken war es ihm nie: Kaum hatte dich der erschießenswert gutaussehende Bestsellerautor mit einer Freundlichkeit begrüßt, als hättest du ihn während eurer Studienzeit in Princeton vorm Ertrinken aus einem Swimmingpool gerettet, führte er dich durch die weißgetünchte Villa »Ellerslie« mit ihren hohen Dekken und griechischen Säulen, hielt plötzlich in einem der Korridore inne, legte kindlich erschrocken den Zeigefinger an die Lippen – Stille trat ein – und sagte geheimnisvoll: »Hörst du das nicht? Doch? Ja, das … das ist das berühmte Gespenst von Ellerslie.« Er hatte seinen Butler hinter einer der Türen postiert, der stöhnte, ächzte und mit einer Kette rasselte, und wenige Stunden später sah auch Scott

Fitzgerald einer Spukgestalt gleich, schlief ohnmächtig auf einem Sofa weg, während Zelda schon um neun zu Bett gegangen war, um gegen drei Uhr nachts plötzlich wie eine ausgeschlafene Greta Garbo am Filmset zu erscheinen und die Party mit ihren verschwenderischen Witzworten in den dritten Akt einer Broadwaykomödie hineinzuführen. Ihre liebste Anekdote war, wie sie gemeinsam mit »Scottie« besoffen ihr Auto auf einem Bahngleis geparkt hatte, um ein Nickerchen zu tun, und jedesmal wurde die Anekdote waghalsiger: Sie verließen den Wagen wenige Minuten, ehe ein Zug ihn zu Schrott fuhr und sich selbst gleich mit.

Manche Fitzgeraldgeeichten machten es sich zur Regel, statt der generös dargereichten Cocktails nur Champagner nach Champagner zu schlürfen, um die ganze Nacht in stets bestgelaunter Benommenheit zu überdauern und vormittags dann in das zwei Stunden entfernte New York zur nächsten Party zu kurven – und die Fitzgeralds? Waren dabei; luden Polizisten ans Steuer, statt wegen Trunkenheit im Gefängnis landen zu müssen, verwandelten die Drehtür am Eingang eines Luxushotels in ihr Privatkarussell und warfen sich in voller Abendgarderobe in den Brunnen des Plaza. Standen sie eine Woche lang nicht in der Regenbogenpresse, wurde es ihnen zu bunt: Sie machten es sich für eine johlende Stadtrundfahrt auf dem Dach eines Taxis bequem – und die Welt war wieder in Ordnung. Wo sie nicht eingeladen waren, bellten sie vor dem Hauseingang wie Hunde auf allen vieren und winselten lieb zum Butler hoch, bis der sich, von seiner eigenen Rührseligkeit amüsiert, erweichen ließ.

Mit solchen Clownerien hätten sie sich auch in Scotts drittem Roman, dem »Großen Gatsby« von 1925, zu einer der Partys des millionenschweren James Gatz alias Jay

Gatsby mühelos Einlaß verschaffen können. Inmitten all der wirren Nachtfalter in Menschengestalt unterm Sternenlicht wären die zwei gar nicht aufgefallen. Denn Gatsby gibt seine Partys in seinem Palast auf Long Island ohnehin nur, um seine dümmlich kokette Jugendliebe Daisy, die ihn fast fünf Jahre zuvor – seiner Armut wegen – abgewiesen und das ihr untreue, obendrein drastisch rassistische Rauhbein Tom Buchanan geehelicht hat, unter seinen Gästen begrüßen und mit dem Glanz seines Alkoholschmugglerreichtums zurückgewinnen zu können. Nachts blickt er zu der grünen Laterne der Buchanans auf der anderen Seite der Bucht hinüber, die wie ein Leuchtturm seinen ersehnten Hafen markiert. Doch Daisy bleibt hinter Gatsbys Träumen zurück, versteckt sich in Geld und Fahrlässigkeit und tötet am Steuer von Gatsbys chromvernickelter Limousine aus Versehen Toms Geliebte, deren Ehemann Gatsby in seinem Marmorschwimmbad erschießt und danach sich selbst. Kaum einer seiner ehemaligen Partygäste geleitet Gatsby ins Grab; nur einer, der einst dessen Riesenbibliothek ungelesener Bücher durchsuchte, um sich von einer Woche Trunkenheit zu erholen – ein verhohlen fernes Selbstbildnis des Autors –, murmelt: »Armes Schwein.«

Der Erzähler Nick Carraway, ernüchterter Kriegsheimkehrer, war in dieser ganzen Killerclique von Nichtstuern »drinnen und draußen zugleich« und beneidet allein seinen Nachbarn Gatsby um dessen »gesteigerte Empfindsamkeit für die Verheißungen des Lebens«, auch wenn die nun unwiederbringlich zerstoben sind. Gatsbys Lächeln war wie das Lächeln Gottes, »das einem für alle Ewigkeit Mut zusprach«; und seine Gabe der Hoffnung, »daß der Fels der Welt fest und sicher auf Feenflügeln ruht«, hat aus uns einst eine Menschheit, aus einem verwilderten Land Amerika und die Demokratie gemacht. »So we beat further, boats against the current, borne back ceaselessly into the past« – stemmen uns weiter, in Booten gegen den Strom, unablässig zurückgeworfen in die Vergangenheit.

Niemals wieder, ahnte Scott Fitzgerald, würde er von einem so wilden Verlangen getrieben sein, ein derart gutes Buch zu schreiben. »Gatsby turned out all right at the end; it is what preyed on Gatsby, what foul dust floated in the wake of his dreams that temporarily closed out my interest in the abortive sorrows and short-winded elations of men« – Gatsby war am Ende ein guter Kerl; es war, was an ihm zehrte, der faulige Staub, der im Kielwasser seiner Träume trieb, das mir eine Zeitlang alles Interesse an den kümmerlichen Sorgen und kurzatmigen Hochgefühlen der Menschen nahm. »Der einzig vollends unbewegte Gegenstand im Raum war eine riesige Couch, auf der zwei junge Frauen schwebten wie in der Gondel eines verankerten Fesselballons. Sie waren beide in Weiß gekleidet, und ihre Röcke kräuselten und bauschten sich hoch, als wären sie nach einem kurzen Flug ums Haus eben erst wieder hereingeweht worden.« Aus allen Seiten des »Großen Gatsby« stürmte ein Sommergewitterschauer unvergeßlicher Bilder und Metaphern dem Leser zu. Er ließ die geistige Temperatur noch des Unempfänglichsten jäh nach oben schnellen, getragen von einem Kriminalromanplot und Sätzen, die aus bloßen Nerven und überwältigender Intelligenz zu bestehen schienen und sich lasen wie Zeilen eines Gedichts.

Sein Talent, beschied Ernest Hemingway Scott Fitzgerald, sei »so natürlich wie das Muster aus Staub auf den Flügeln eines Schmetterlings«. Wenn Jay Gatsby an der seichten Daisy auch gescheitert war, so hatte Scott sich mit »the Great American Novel« seines Jahrhunderts, dem so allversprechend verheißungsvoll betitelten Roman vom »Großen Gatsby«, der ein Abgesang auf die Sehnsucht nach einem rundum gelungenen Leben war, seinen eigenen Traum literarischer Vollkommenheit erfüllt, dem nur der Abstieg in die Höllenkreise schillernder Normalsterblichkeit folgen konnte – und in den Augen seines besten Freundes Hemingway würde allein Zelda dafür schuldig zu sprechen sein. Nicht aus Zufall kam sie ihm, bestenfalls, wie eine zweite Daisy Buchanan vor, und als sie bei Tisch einmal allen Ernstes zu ihrem »lieben Ernest« sagte, sie halte den Schnulzensänger Al Jolson für größer als Christus, »Was meinst denn du?«, erklärte der Katholik Hemingway sie schlicht für »verrückt«.

Was sie leider auch war, wollte man den Psychiatern Glauben schenken, die Zelda bald von Sanatorium zu Sanatorium durch die Schweizer Berge weiterreichten. »Sie macht dich kaputt«, versicherte Hemingway seinem Saufkumpan, und ganz falsch lag er damit nicht: Wenn Zelda den beiden nicht gerade unterstellte, sie seien »schwul« und ein verschämt heimliches Liebespaar, dann erklärte sie, Scotts Penis sei einfach zu winzig, um sie befriedigen zu können, und Hemingway hatte auf der Toilette eines Restaurants Scotts Gemächt fachmännisch zu inspizieren: »Alles in bester Ordnung damit« – was Scott so wenig beruhigte, daß auch die Begutachtung der Geschlechtsteile an den altgriechischen Jünglingsskulpturen im Louvre keine Abhilfe schuf. Mißmutig mußte Hemingway bei Tisch beobachten, wie glücklich Zeldas Augen strahlten, als sein fast hysterisch begeisterungsbereiter Förderer zu Mittag einen Schluck Wein zu sich nahm, da sie nun wußte, er würde mehr als nur eine Flasche leeren und an diesem Tag nicht mehr schreiben können.

Zusehends depressiver und eifersüchtig auf seine Arbeit,

mit der er ihre gemeinsamen Monate im blauen Paradies des Luxusressorts »Eden Roc« an der Riviera und dann ihre Klinikaufenthalte finanzierte, überredete sie ihn streitsüchtig ein ums andere Mal, eine Party zu besuchen, und Scottie gab nach; holte aus den Tiefen seines Jammers ein kümmerliches Lächeln hoch, langweilte sich tödlich und trank sein schlechtes Gewissen und die Furcht vor dem nächsten Tag aus sich heraus; entschied allmorgendlich, den an einen Selbstmordversuch gemahnenden Katzenjammer in Alkohol aufzulösen, und arbeitete meist nur, wenn der Gin in Reichweite blieb wie eine eigens angemietete Krankenschwester, um die Skorpione der Selbstzweifel im Kopf betäubt zu halten. Und so kam er der Welt der Literatur allmählich abhanden.

Als er einer erbarmungslosen Öffentlichkeit eingestand, seine Flügel seien zerkratzt und zerbrochen, war sein Ruf ruiniert. Da es, wie er meinte, in einer von schwarzer Nacht umfangenen Seele Tag für Tag unermüdlich drei Uhr morgens sei, war er für sich selbst längst gestorben: »Dann war ich viele Jahre lang betrunken, und dann starb ich«, so sein eigener Nachruf auf seine zerquetschte Persönlichkeit; Freund Hemingway, »ohnehin der bessere Autor«, würde die Arbeit nun an seiner Stelle zu Ende führen. »Gerade wenn es am schlimmsten ist und völlig hoffnungslos, mußt Du einfach weitermachen, bis Du mit dem verfluchten Roman fertig bist« – immer dringlichere Durchhalteparolen gab Hemingway in seinen Telegrammstilbriefen an Scott Fitzgerald durch, als der über Jahre an seinem zweiten Meisterwerk schrieb, »Zärtlich ist die Nacht«, und es mit Alkoholikern bevölkerte, um sich so die Teufel seiner Rauschergebenheit auszutreiben. Doch sie wollten nicht weichen, und zuletzt soff Scott derart viel, daß alle Festigkeit in ihm zerronnen war. Wurde einmal die Unbeugsamkeit in ihm wach, entwickelte auch deren Intimfeind seinen Ehrgeiz, der Müßiggang; dann brachte er Wochen damit durch, seine ohnehin wurmstichigen Vorsätze über den Haufen zu werfen, und bald schien ihm nicht das Trinken beim Schreiben, sondern das Schreiben beim Trinken hinderlich zu sein.

Die Versagensangst war für ihn kein Mantel mehr, den er ab und an irgendwo liegenlassen konnte, weil sich der Himmel im eigenen Innern aufgeheitert hatte – er würde damit sterben, als wäre sie seine eigentliche Haut. Aus Mitleid von Produzent Samuel Goldwyn in Hollywood fürs Drehbuchschreiben engagiert, hielt er sich mit Unmengen Coca-Cola monatelang trocken, ließ den Gin dann aber wieder mit der Gewalt einer Sintflut über sich hereinbrechen und fiel im Dezember 1940 – aus dem Phonographen tönte gerade Beethovens Heldensymphonie »Eroica« – vom Schreibtisch tot zu Boden nieder. Die Nachrufe waren spärlich; viele hielten »Scott Fitzgerald« für eine Romangestalt aus den Zwanzigern; einer der wenigen Trauergäste sagte, als der Sarg an ihm vorüberzog, in die Todeseinsamkeit hinein: »Armes Schwein.«

Nur ein armes Schwein oder einer der größten Helden im Schriftstellerbataillon des zwanzigsten Jahrhunderts? Ein Jahrzehnt später hatte Ernest »Papa« Hemingway mit nahezu allen seinen Freunden gebrochen. So beharrlich er, wenn er auf Kollegen zu sprechen kam, ins Vokabular des Boxkampfs verfiel, so schnell besänftigte er sich, kaum daß er an seinen »armen Scott« dachte – und befand, »wir Schriftsteller« säßen alle im selben Boot und darauf sei kein Platz für Konkurrenzallüren. Im Arbeitsturm seines Refugiums Finca Vigía inmitten bäuerlicher Armut mit

Aussicht auf Havanna und den Golfstrom stand unter einer Vitrine eine signierte Fotografie Scott Fitzgeralds: Hatte ihn der liebenswerteste aller Schriftsteller und Gatsby der amerikanischen Literatur nicht groß gemacht und ihm zu wolkenlosem Ruhm verholfen? Auch Hemingway war mit der Vorstellung groß geworden, gewaltiges Phantasievermögen ginge mit männlich trinkfester Selbstzerstörungsfreude einher. An Scotts Untergang indes fand er seine wichtigste Arbeitsmaxime bestätigt: nie zu bechern, während man schreibt. Scott Fitzgerald hatte es zeitlebens bereut, aus den Trümmern des Weltkriegs die »alten Tugenden Arbeitsmoral und Tapferkeit« nicht gerettet zu haben, und Hemingway gab sie seiner Generation mit »Der alte Mann und das Meer« wieder zurück: die Disziplin und die Leidenschaft, mit der man ohne Wenn und Aber buchstäblich »am Leben« sein kann und den Kampf gegen das Gigantische auf sich nimmt, unterliegen mag und dennoch gewinnt. »Laßt sie alle denken, daß ich mehr bin als ein Mensch, und ich werde es sein.«

Im biblischen Universum dieses Romans fängt der erschöpfte und vom Pech verfolgte Meerveteran Santiago im September 1950 vor Kuba »den größten Fisch der Welt«, einen Marlin; er gedenkt des Fischersohns Joe DiMaggio und betet zu Gott, an den er nicht ehrlich glaubt; er bemitleidet den Fisch und entsinnt sich eines andern, dessen Weibchen er einstmals fing und in seinem Boot schlachtete, während ihr Gefährte wieder und wieder unbeugsam den Ozean aufriß und hoch in die Luft sprang, um zu sehen, wo sie nur geblieben war. Santiago verliert seinen Marlin an die Haie, schleppt, Blut spuckend, doch geistig ungebrochen, mit seinen Wundmalen an den Händen, die ihm seine Angelsehne zerrissen hat, den Mast wie ein Kreuz auf dem Rücken zu seiner Hütte hinauf, um vom Geruch und den spielenden Löwen an den weißen Ufern Afrikas aus seiner Kindheit zu träumen. »Man kann einen Menschen vernichten, besiegen jedoch nicht.« Wer sich weigert, eine Niederlage hinzunehmen, trägt noch in der Niederlage einen Triumph davon.

Wenn in einem Viertelfinalspiel im Fußball zwölf Minuten vor dem Schlußpfiff eine Mannschaft gegen die andere vier zu eins führt und die scheiternde Mannschaft bis zum allerletzten Moment um eine Torchance kämpft, dann hat sie ihre Würde bewahrt. »A man can be destroyed but not defeated.« Damit war alles gesagt; danach fielen Hemingway keine Worte mehr zu, die eines Blattes Papier würdig gewesen wären: Jenseits dieses Paradieses der Vollendung gab es nur den Suizid. 1961 fand man den Zweiundsechzigjährigen tot in seinem Arbeitszimmer liegen, sein Kopf zerfetzt von zwei Kugeln aus einer doppelläufigen Flinte, mit der man für gewöhnlich nur auf Tiger zielt. So hat sich der Großwildjäger, der am Schluß sich selbst erlegte, seine letzte Ehre erwiesen: Er war eines natürlichen Todes gestorben.

KAPITEL 20

VOM ALKOHOL

Wieso trinken nur manche Schriftsteller immer so viel? Warum nehmen sie dieses fast mystische Gebräu aus Zukunftsangst, Selbstekel und düsterer Traurigkeit am Morgen danach in Kauf, an dem sie sich bald wie auf den blauen Planeten geprallte Außerirdische fühlen, bald als Protestanten im sechzehnten Jahrhundert, die Queen »Bloody Mary« Tudor gerade zum Scheiterhaufen verurteilt hat? Wie halten sie diese Jenseitsbefindlichkeit alle bloß aus?

Man hätte die Frage nicht aufwerfen sollen, denn die Antwort der meisten ist: »Wie denn auch anders?« Wenn es ihnen doch solche Freude macht wie Ernest Hemingway, der schon vor acht Uhr früh zwei Flaschen Champagner kippen konnte, um Journalisten nebenbei zu erklären, er müßte völlig verrückt sein, wollte er mit dem Schwergewicht »Mr. Tolstoi in den Ring steigen«. Kaum war das Tagewerk vollbracht, ließ er in einem sommerlichen Café an der Pariser Place Saint-Michel ein Glas kalten, köstlichen Weißweins nach dem andern die Kehle hinunterrinnen – der Wein spülte aus den dazu genossenen Austern den metallischen Geschmack hinweg, bis nurmehr der des Meeres blieb, »und es verließ mich das Gefühl der Leere, und ich begann, mich glücklich zu fühlen und neue Pläne zu schmieden«. Zu Austern empfiehlt sich ein nicht allzu fruchtiger Sauvignon Blanc. Wer jetzt nicht gerne bei ihm säße, dem dürfte nicht zu helfen sein.

Für jeden Schriftsteller sind die Zeiten zwischen Buch und Buch am ärgsten, so als bräche das Universum in Stükke – Abgründe tun sich in einem auf, die es, gleich wie, bis an den Rand zu füllen gilt. Eben war man noch in seine Gestalten verwandelt, und was ist man jetzt? Meist konnte F. Scott Fitzgerald auch nüchtern keine Klarheit darüber erlangen, ob er nun er selber war oder Gatsby und Nick Carraway; noch Wochen nach Vollendung des Romans kamen sie mit herzzerrüttender Kraft in ihm hoch. Arbeitet man dann wieder, steht das Triebwerk im eigenen Innern keine Sekunde lang still. Auf den Straßen einer Stadt, in der Apotheke oder unter Freunden gebärdet man sich, als wäre man gar nicht da. Und man ist es auch nicht: Man steht auf der anderen Seite, im Irgendwo einer erst noch zu erschaffenden, eigenen Wirklichkeit. Nur in erfundenen Personen lebst du auf. Selbst wenn du dich schlafen legst, brütet es unterirdisch in dir fort, du erwachst, mitten in der Nacht, und der Vorhang hebt sich, das traurige Schauspiel beginnt: Wie unfertig doch alles noch ist, wie zerbrechlich und schief. Manche weinen vor Furcht, nichts zustande zu bringen, wie der Maler und Porträtist Napoléon Bonapartes, Ingres, einst vor seiner Leinwand stundenlang, und nur auf Geheiß des Alkohols rastet das Triebwerk kurz ein: Betrunken sein heißt für einen Schriftsteller, einmal kurz bei Ebbe in Lagunenwasser schweben zu dürfen und nicht an Kompositionsproblemen verzweifeln zu müssen, für die es augenblicklich keine Lösungen gibt.

Könnte Kochen nicht ablenken? Wenige Autoren sind derart küchenhilfsbereite Gourmets wie Alexandre Dumas. Spazierengehen hilft: frische Luft, Bienengesums, die friedliche Natur. Aber auch die großen Flaneure unter den Schriftstellern nahmen vormittags Weißwein, nachmittags Cidre und abends den Rest zu sich, der in Alkoholgestalt zu haben war; einer möblierte für seine Freunde seine Wohnung sogar zu einer Bar um und war ihr eifrigster Gast, um drei Uhr morgens lag eine Anzahl nackter Körper auf schwarzen Samtkissen ausgestreckt, wo sie die Nacht zubrachten, während er sich morgens um sechs vor seine Maschine setzte, um seine achtzig Seiten Tagespensum runterzuschreiben. »Wir alle«, ziehen sich Schriftsteller zuletzt mit ihrem Berufsweitblick aufs Allgemeinmenschliche aus der ihnen leidigen Rechtfertigungsaffäre, »brauchen ein Rauschmittel, das uns durchs Leben bringt.« Unfehlbar erzählen sie dann meist die Anekdote jenes berühmten Kollegen, der sich aus Kuala Lumpur, Malaysia, Opiumkugeln vom Feinsten in den Manschetten maßgeschneiderter Seidenhemden nach London schmuggeln ließ. Und dann werden diese traditionsversonnenen Schreibtischhelden auch noch unverschämt.

Und halten uns einen sträflichen Mangel an Bibelkenntnis, Kultur- und Zivilisationsbewußtsein vor: Spätestens seit dem Letzten Abendmahl – »Sie erinnern sich, Jerusalem, so um 33 nach Christus, man aß, auf Polstern gebettet, Brot und gutgewürztes Lamm« – sei der Wein ohnehin Weltkulturerbe und ein Sakrament obendrein. »Aber das müssen Sie als erklärter Feind des Übernatürlichen natürlich nicht wissen«, stichelt der sicherlich Angenebelte frech: »Sie ahnen ja nicht einmal, was Sie in Ihrer Leichtfertigkeit alles aufgegeben haben. Da es in der Literatur vor Anspielungen auf die Eucharistie nur so wimmelt – denken Sie mal an die zwölf Gäste und Apostel des versoffenen

Mynheer Peeperkorn in Thomas Manns ›Zauberberg‹ –, dürften Sie sich mit der Literatur ungemein schwertun, habe ich recht?« Wo auch immer Schriftsteller auftauchen: Man gehe ihnen möglichst aus dem Weg.

Schreiben und Lesen können wie Trinken sein: Man macht weiter und weiter und spürt bald nicht mehr, an welcher Stelle man aufhören sollte. »First man takes a drink, and then the drink takes the man«, und wer mit den drei Hochinspirierten aus den USA, William Faulkner, Scott Fitzgerald und Ernest Hemingway, auf eine einsame Insel Reißaus nimmt, muß wissen, wie er den nächsten Tag ehrenhaft überlebt. Die Hochgötter der Medizin schwören auf Mineralwasser und Obst. »Und lassen Sie selbstverständlich den Alkohol bleiben.« Was aber könnte in diesem katzenjammervollen Zustand noch »selbstverständlich« sein? Warum sich eine Sünde entgehen lassen, die jene vom Vorabend beinah ungeschehen dastehen läßt? Die großartige Geste des »Nie wieder!« bleibt großartig nur, wenn man sie immer wieder vollführt. Die perlende Kohlensäure des Mineralwassers findet sich zudem auch in jener besonderen Form des Weißweins nach der zweiten Gärung, die man Champagner nennt, und ist keiner zur Hand, verrührt man eine halbe Flasche Wodka, zwei Eßlöffel Ketchup, etwas Olivenöl und – nach Belieben – Gelbes vom Ei, Zitronensaft, Selleriebitter, Tabasco- und Worcestersauce, roten Pfeffer und Salz mit einem Liter hundertprozentigem Tomatensaft. Von einer solchen »Bloody Mary« gehörig beschwipst, geht es den meisten danach besser, sofern sie bereits zuvor glaubten, daß es ihnen danach besser gehen würde, und dann greifen Sie zu Dumas: Um seinen Edmond Dantès im »Grafen von Monte Christo« ist es weitaus schlimmer bestellt als um Sie, ohne daß er deswegen gleich in Selbstmitleid versinken würde.

KAPITEL 21

MEIN IST DIE RACHE, ICH WILL VERGELTEN

Alexandre Dumas

Seit Homer und Shakespeare sind Schriftsteller Serienkiller und Intriganten und verschwören sich todesentschlossen gegen ihre Figuren, und so läßt sich der Mißgunstsausbund und Widerling Danglars, Zahlmeister des Handelsschiffs »Pharaon«, 1815 in einer weinseligen Sommerlaube in Marseille Feder, Papier und Tinte reichen wie sein Schöpfer Alexandre Dumas in seiner Schreibfabrik, um den Ersten Steuermann der »Pharaon«, Edmond Dantès, bei der königlichen Obrigkeit aus Karriereneid zu verleumden und dem Freund Fernand nebenbei die Verlobte des tiefverhaßten Dantès gefügig zu machen: Dieser Emporkömmling sei Anhänger des auf der Insel Elba dahinkümmernden »korsischen Werwolfs« Napoléon. Staatsanwalt De Villefort durchschaut die Denunziation, muß jedoch um das Leben seines Vaters fürchten, eines wahren Bonapartisten, und schafft Dantès über Nacht in die Gruft der Sträflingsinsel Château d'If, die man nur mit den Füßen voraus verläßt. So wird Edmond vergessen, »wenn nicht von den Menschen, so wenigstens von Gott«.

Nach fünf Jahren stumpfer Verzweiflung am Rande des Grabes hört Edmond Dantès einen Mitgefangenen gleich einem Bergmann am Werk, der sich aus Versehen nicht zur Außenmauer der Zitadelle hin, sondern in Edmonds Kerker gegraben hat. Dieser greise Abbé Faria gilt als verrückt, aber auf die amüsante Art – versprach er dem Gouverneur des Château d'If doch mehrfach fünf Millionen aus der Kiste seines »unermeßlichen Schatzes«, ließe der ihn nur frei. Hundertfünfzig Bände aus der päpstlichen Bibliothek im Kopf, hat der Universalgelehrte Faria mit Ruß und Rotwein als Tinte eine große Historie über »Die Monarchie in Italien« verfaßt, die ihn in die Tiefe der Vergangenheit hinabsteigen und seine Haft vergessen ließ. Weitere fünf Jahre wühlen sich die zwei ihren Tunnel durch Gefängnisgranit, Faria lehrt seinen Freund all sein Wissen und aristokratiegefällige »Manieren von majestätischer Melancholie«, vermacht ihm die Abermillionen, die auf dem Eiland Monte Christo südlich der napoleonischen Insel Elba im Herzen des Mittelmeers verwahrt sind, und nach seinem Tod legt sich Dantès in Farias Leichensack – »und«, fragt sich der Leser beklommen, »was jetzt?«. Wird Dantès nun »auf dem Friedhof von Château d'If« lebendig begraben?

Blind sei er gewesen, schrieb Dumas einmal, doch »Shakespeare schenkte mir das Augenlicht«, und sollte es seit dem »Hamlet« zur Schriftstellerberufung gehören, die Hauptgestalt in eine schier unausweichliche Intrige zu verstricken und sie ihr wie eine Galgenschlinge um den Hals zu werfen, so wechselte Dumas im »Grafen von Monte Christo« nun plötzlich die Fronten und fiel mit der Urgewalt eines Heuschreckenschwarms über die Widersacher des armen Edmond Dantès her: Der Friedhof von Château d'If ist die stürmende See, zwei Gefängniswärter schleudern Edmond in die Fluten, der geübte Taucher gelangt mit einem Schmugglerkahn auf die Schatzinsel des Abbé, kauft sich eine Yacht und dann halb Europa auf. Auch nach der Kraft solch kostbarer Einfälle bemißt sich der Wert eines Werks.

Gestorben in den Augen der Welt, lange vor Dracula vampirgleich blaß, doch in seiner Entschiedenheit fest wie ein Felsen auf seiner Insel Monte Christo, fühlt er sich, nicht zufällig ein selbsternannter Graf »in Christo«, christusgleich von den Toten auferstanden und als Gottes Stellvertreter, der sich in dieser Rolle um das Bibelwort nicht zu kümmern braucht, »Mein ist die Rache, spricht der HErr, nur Ich werde Vergeltung üben«. Geheimagent in eigener Sache, macht er das Glück jener, die es unter den Kindern seiner Feinde verdienen, zu dem seinen, und bringt in einem geduldig inszenierten Jüngsten Gericht den tilgenswerten Rest um sein Seelenheil. In der Verkleidung eines Priesters und englischen Bankiers und als der unnahbare Graf scheint er überall zugleich zu sein – wie ein Fuchs, der ein riesiges Netzwerk von unterirdischen Tunneln angelegt hat, die zu allen Läden eines Dorfes führen, und der nachts durch die miteinander verbundenen Keller nach oben schleicht, um sich generös bei ihnen zu bedienen und unauffindbar wieder zu verschwinden. Genau in der Mitte des Romans lädt er seine Gegner zum Dîner und zeigt ihnen, was es zu verspeisen gibt: das aalartige Neunauge und einen Stör, das Neunauge in Wein ertränkt, den Stör in Milch. »Es gehört zum Luxus, meine Damen und Herren, die beiden lebendig zu bekommen«, verkündet er seinen Gästen, die nicht einmal ahnen, daß sie seit seiner Flucht aus dem Château d'If seine Gefangenen sind, »und es ist ein ergötzlicher Anblick, sie sterben zu sehen, denn sterbend wechseln sie drei- bis viermal ihre Farbe und durchlaufen wie ein verdunstender Regenbogen alle Schattierungen des Prismas« – und euch wird es jetzt gleich ergehen, gibt er damit zu verstehen, verloren habt ihr nunmehr von vornherein. »Wenn man aus dem Gefängnis kommt und Edmond Dantès heißt«, hatte einer der Intriganten vorausgewußt, »dann rächt man sich.«

Und doch fällt seine Rache angesichts der Vergeltungssucht, die Dumas in uns Lesern schürt, fast zu milde aus: Wir hassen – eine Finte des Romans – Edmonds Gegner mittlerweile glühender als er. Sich ihnen als Dantès zu erkennen zu geben ist für sie oft schon Strafe genug. Den ersten, dem er sich offenbart, streckt beinah ein Schlaganfall nieder: »Über seine kaum geöffneten Lippen glitt ein so leise ausgesprochener Name, als ob der Graf selbst ihn zu hören fürchtete.« Seine Verlobte von ehedem verkümmert daran. Ihr Ehemann Fernand, der die Geliebte des Grafen, die osmanische Fürstin Haydée, einst als Sklavin verkaufte, tötet sich, und De Villefort, dessen zweite Gattin Héloise alle, die in ihrer Reichweite etwas zu vererben haben, zu vergiften suchte, verfällt dem Wahnsinn – Héloise läßt ihren Balg von Sohn jenes Gift trinken, das anderen zugedacht war, und macht sich dann auf dieselbe Weise in die Hölle davon. Hilft man mit kleinen Intrigenstupsern nur etwas nach, geht das ganze Pack ohnehin an sich selbst zugrunde, an seiner Niedertracht, Dummheit und Gier wie der unheilbare Börsenspekulant Danglars. Dem vergibt Dantès sogar – und fährt mit Haydée zuletzt weit aufs Meer hinaus.

Ende August 1844 hatte Edmond Dantès knapp nach den »Drei Musketieren« seinen Überlebenskampf als »Der Graf von Monte Christo« in der damals größten Tageszeitung Frankreichs begonnen und hörte damit immerzu an der spannendsten Stelle auf, um für die nächste Ausgabe die alten wie neue Käufer zu gewinnen. Die sagten sich nicht nur, wie gut das alles doch gemacht sei, sondern fragten sich auch: »Wie geht es weiter, und wie geht es aus?« Selbst wenn sich Dumas ab und an das Delikt der Unwahrscheinlichkeit zuschulden kommen ließ, machte er es mit derart nervenkitzelnden Momenten wieder wett, daß man ihm fast dankbar dafür war, das Delikt begangen zu haben. Würde man Dumas heute fragen, ob Romangestalten zwanzig Seiten lang über Philosophie herumparlieren dürfen, wäre seine Antwort: »Aber gewiß. Wenn sie in einem Zugabteil sitzen und der Leser weiß, daß unter ihnen eine Bombe tickt.« Dumas suchte sein Publikum nicht: er erfand es sich und erhob so den Roman zum Massenmedium, bot unverzagt gutgelaunt und grausam drastische Plotverschlingungen, wie sie ohne übermütige Helden nicht zu haben sind. Er wußte, daß wir auch solche brauchen würden, die Drachen töten können, weil es Drachen gibt: in den Trübsinnsgründen unseres Innern, in den mobbingmunteren Arbeitskollegen oder einer Aufgabe, der wir scheinbar nicht gewachsen sind. Jedem von uns wurde einmal ein Unrecht angetan, und mag es noch so unbedeutend wirken: das Bedürfnis nach Vergeltung lauert knapp unter der eigenen Meeresoberfläche gleich einem Stachelrochen, und der Graf von Monte Christo steht dafür ein, wie angriffslustig wehrhaft man werden kann – und mit etwas Geschick auch bargeldlos. Es war die Stärke von Alexandre Dumas, daß er uns mochte und verstand.

So einschüchternd erfolgreich jedoch ist niemand ungestraft. Der Enkel eines Marquis und einer Sklavin aus Haiti, dieser stämmige, dunkelhäutige Krauskopf aus der Provinz, der »nach Afrika stank«, mußte sich in einem Pariser Salon einmal zu oft von einem Adelsstrolch mit frostiger Ironie als »cher maître« ansprechen und sagen lassen, gerade er werde sich doch bestens mit »Negern« auskennen – worauf ihm Dumas ganz langsam und gelassen entgegnete, seine Großmutter sei unabweisbar eine »négresse« und sein Urgroßvater denn wohl folglich ein Affe gewesen: »Sie sehen also, mein Guter, daß meine Familie dort angefangen hat, wo die Ihrige endet.« Das saß. Mochten diesem »Schmierer« und »Vielschreiberling« die Schriftstellerkollegen in ihren stilistischen Höchstansprüchen auch überlegen sein, die nach seinem Geschmack nur lästig davon ablenkten, was da alles zu erzählen war: Sie schlichen um die Häuser ihrer Leser und sinnierten hin und her, ob sie anklopfen sollten oder nicht. Dumas indessen rannte ihnen die Türen ein und wollte sich an die Stelle der Köchin gesetzt wissen, um als der großzügigste aller Romangastronomen das Lektürediner umzuplanen vom Entrée bis zum Dessert.

In den Zigarrenfabriken auf Kuba hatten sich die Arbeiter wieder und wieder gebannt lauschend aus dem »Grafen von Monte Christo« vorlesen lassen und Freundschaft mit ihm geschlossen, während sie die dunklen Tabakblätter zu Meisterwerken formten; und längst war das eigens aus den Millionenauflagen erbaute »Château de Monte-Cristo« verpraßt, wie es sich für den lebenshungrigen Dumas gehörte, als ihn die Zigarrenkompositeure aus ihrem Exil in Key West kurz vor seinem Tod 1870 darum baten, ihre Spitzensorte aus Dankbarkeit »Montecristo« taufen zu dürfen – Dumas war begeistert, da er die Welt so gerne durch einen Rauchschleier bestaunte, am liebsten nach einem Menü. In den vergangenen drei Jahren hatte er an seinem »Wörterbuch der Kochkunst« geschrieben, in dem jede Mahlzeit einem Schmöker, jeder Gang einem Kapitel gleichzukommen schien, und dabei war sein Leben noch einmal wie eine üppige Folge von Dîners an ihm vorbeigezogen – und er erinnerte sich, wie er einmal von seiner Sehnsucht nach dem Meer so gepackt worden war, dem Salzgeschmack des Wassers in der Luft, dieser »Notwendigkeit schlechthin für das Glück meines Daseins«, daß er sich mit handverlesenen Freunden sofort an die Alabasterküste von Fécamp am Ärmelkanal kutschieren und dort Weinkeller und Küche eines nur allzu okkupationsbereiten Gastwirts mit einer Umarmung beschlagnahmen ließ.

Die Köchin, die nur als Assistentin geduldet war, bald mit einem Staatsstreich drohte und die Dumas daraufhin »für heute« entließ, breitete die verfügbaren Zutaten vor ihm aus, und der alte Romanverschwörer »verlangte Feder, Tinte und Papier und legte meinen Freunden ein Menü zu ihrer Billigung vor« – Zubereitungszeit? Eineinhalb Stunden statt der zu erwartenden drei. Und so bleiben uns gerade noch ein paar Minuten, die Zigarre auszurauchen und die Serviette auf dem Schoß zu entfalten, der Wirt füllt die Gläser mit einem Château d'Yquem, und da kommt er, *cher maître*, mit einem Hummer à l'américaine, der unsere ganze Aufmerksamkeit fordert, so, bis ins kleinste Detail dieses Schalentiers verliebt, hat Dumas es gegart, mit einer Scholle sodann in einer Sauce aus Weißwein, Muschelsud, Pilzen und Créme fraîche, auf Silbertellern serviert, gerösteten Kalbsnierchen, etwas Huhn und fritiertem Tintenfisch mit leichtem Muskataroma, Spargelspitzen und Salat danach, Kaffee und einem Cognac »Fine champagne«, mehr als fünfzig Faßjahre schwer – die »Seele des Alkohols«. Höflich hält er die halb besinnungslos Berauschten unter uns davon ab, den Cognac mit Wasser zu strecken. »Und der Morgen danach?« Selbst nach unserem Tod würde es ein kräftiges Frühstück geben, ein Thunfischomelett, »begossen mit einem guten alten Wein, und dann wird sich einem Wunderbares auftun«, wenn man Dumas glauben darf – und warum sollte man nicht?

KAPITEL 22

DAS DARF DOCH NICHT WAHR SEIN

Yann Martel

Es war vorhersehbar, denn es lag in seiner Natur: Auch als er Mitte der neunziger Jahre des vergangenen Jahrhunderts in Bombay an seinem zweiten Roman scheiterte, der im Portugal von 1939 spielen sollte, gab er sich nicht geschlagen, weil diese Niederlage dem Tod gleichgekommen wäre und dem Nichts, dem Sieg der Sinnlosigkeit und Banalität. Hochdramatisch vernichten manch andere Schriftsteller die Fragmente ihres Werks, zerreißen sie wutentbrannt vor aller Augen oder verbrennen sie weihevoll wie Inquisitoren ihre Hexen im Mittelalter; der Kanadier Yann Martel sandte seine Notizen statt dessen an eine erdachte Adresse in Sibirien, als Absender gab er eine gleichfalls erfundene Anschrift in Bolivien an, und das Manuskript, ein weiteres Wrackgut seines Ungenügens, war verloren – und doch noch da, irgendwo zwischen den Meeren und Kontinenten unterwegs. »Und jetzt, Tolstoi?« fragte sich Martel, fröhlich und bitter, der sich soeben bewiesen hatte, daß er kein Tolstoi war.

Das schönste Gebet an Allah sei die Arbeit, so du sie anständig zu Ende bringst, hatte er Sufis, muslimische Weise, sagen hören, und zunächst blieb Yann Martel nichts als eine weiße Leere im Herzen wie eine Leinwand, die darum bettelte, bemalt zu werden, und schmerzender geistiger Hunger, der ihn von Bombay nach Südindien trieb. Für sechs Monate genug Geld in der Tasche und befallen von innerer Atemlosigkeit, durchforschte er Hindutempel, Synagogen, Moscheen und ließ sich in unzähligen Zoos darüber belehren, daß diese umzäunten Gärten für Tiere keine Gefängnisse, sondern – fernab jeder Bedrohung seitens natürlicher Feinde – Hotels mit bester Verpflegung und so vertrackt angelegt wie Krankenhäuser sind. »Würden Sie nicht auch lieber im Ritz leben wollen, Zimmerservice und medizinische Versorgung kostenlos?« Dennoch waren Martels indienlichte Tage oft derart nachtschwarz, daß er zu wissen glaubte, wie einem Blinden zumute sein muß: Noch immer schuldete er seinen Lesern einen Roman, der ihrem Leben einen Sinn geben könnte – und diesen Sinn zu finden erinnerte ihn wieder an einen Blinden, der erstmals die Brailleschrift zu ertasten versucht. Es war, ein bißchen, zum Verzweifeln.

Schriftsteller wie Martel sind merkwürdige Leute: Selbst wenn sie rücklings am Strand in der Sonne schmurgeln, schuften sie sich durch ihre Gedankendünen, so wie sich eine Karawane durch Wüsten schleppt. Sehen sie ein paar Gotteshäuser zuviel und einen bengalischen Königstiger hinter Gittern hin- und herwandern, muß ihnen nur noch ein rüstiger alter Herr mit strahlenden Augen und schlohweißem Haar in einem »Indian Coffee House« über den Weg laufen, der als Romanfigur taugt – und schon ist eine Oase in Sicht. Ihr Phantasiekreislauf gerät in Schwung; eine wirkliche Geschichte nimmt Gestalt an, eine »story« mit großem »S«, die »Story« schlechthin, »Life of Pi«, die einen fast körperlich berührt wie die zitternde, feuchte Hitze Bombays, wie das Getümmel seiner Slums mit der Literaturgottheit Ganesha in jeder Ecke und die schwere Nähe des Meeres. Einfälle loderten in Martel auf »wie Freudenfeuer«, und so glückte ihm ein bezaubernder Roman über die Einbildungskraft und das Wesen der Literatur.

Mit einem echten Helden noch dazu, der allein dank seiner religiös genährten Phantasie eine schäbige, barbarische Odyssee übersteht. In »Life of Pi« von 2001, dem »Schiffbruch mit Tiger«, erzählt uns der geborene Hindu Piscine »Pi« Patel aus seinem Exil in Toronto, wie er aufwuchs im Zoo seines Vaters und jeden Morgen auf dem Weg zur Schule den senilen Gesichtsausdruck eines Kamels bestaunte und den blitzäugigen Blick eines Otters, um nachmittags dann die Eleganz zu bewundern, mit der ein Löwe sein Haupt erhob und ein Seehund ins Wasser glitt. Patel hört die Tiere Englisch sprechen, Banküberfälle planen und bei seinem Vater, dem Zoodirektor, geziert Beschwerde darüber führen, wie schlecht temperiert der Tee in seinem Etablissement stets serviert werde. Dabei vergißt er nie, daß diese Vermenschlichung der Fauna lediglich seiner Phantasie entspringt wie die Oberwelt der Hindus, Christen, Moslems und die ins Unendliche ragende Zahl π, nach der Piscine sich benennt, damit er seinen von den Schulkameraden zugeteilten Spitznamen »Pisser« nicht länger ertragen muß. »So fand ich in jenem griechischen Buchstaben, der aussieht wie ein Schuppen mit einem Wellblechdach drauf, in jener rätselhaften, irrationalen Zahl, mit der die Wissenschaftler das Universum begreifen wollen, meine Zuflucht.« Und nicht nur darin: Über das allumfassend religiöse Weltgefühl ihres sechzehnjährigen Sprößlings können sich seine Eltern nur wundern, bald ärgern, »Das darf doch wohl nicht wahr sein!«, ist er gottesgestört? Und als Pi Patel sich taufen lassen und zugleich zu Allah beten will, geraten die zuständigen drei Theologen mit missionarisch steinerner Feindseligkeit aneinander: der Pandit der Hindus, der Priester des Christentums, der Imam des Islam.

Hindus und Christen seien Götzendiener, so der Imam, die Moslems einem »jämmerlichen Kaufmann mit Sonnenstich« namens Mohammed auf den Leim gegangen, so der Priester, die Christen »Schweinefleischfresser und Kannibalen«, so der Pandit. Pi müsse sich jetzt entscheiden – darin stimmen gottesstreng alle überein –, ob er sich zu einer »echten Religion« bekennen oder »bloßen Ammenmärchen« aufsitzen wolle. Wie sie doch über ihren strafgerichtlichen Vorurteilen ihre Konfessionen verschlissen haben, denkt Pi bei sich: Man könne nicht alles auf einmal sein? Pi kann. Hatte nicht Mahatma Gandhi verkündet, ein Baum treibe viele Äste und Blätter hervor, so wie die eine wahre Religion durch den Geist des Menschen hindurch viele Religionen geschaffen habe, die dem Stamm verhaftet blieben? Je unglaublicher eine Geschichte um Ganesha, Christus, Mohammed sich ausnimmt, desto reizvoller wird sie für Pi. Und wenn er an seinen geliebten Biologielehrer Satish Kumar denkt, dem nach einer Polioerkrankung der Glaube verlorenging, dann sind auch die Atheisten seine »Brüder und Schwestern«, da sie Gottes Existenz leugnen, statt an ihr nur lau zu zweifeln: »Die Skepsis zur Lebensphilosophie zu erheben ist, als wählte man den Stillstand zum Transportmittel.« Dann gäbe es auch jenen medizinischen Fortschritt nicht, der Kumar einst gerettet hat.

Das Dasein hält für die meisten ein Ereignis bereit, das unsere Lebensgeschichte in ein Davor und Danach zerteilt: Mit dem japanischen Frachter »Tsimtsum« Richtung Kanada versinkt im Sommer 1977 auch die Familie Patel in den Untiefen des Pazifiks, und nur Pi kann sich, zusammen mit einer Hyäne, einem schwerverletzten Zebra, einem Orang-Utan und einem seekranken, auf »Richard Parker« getauften bengalischen Königstiger auf ein Boot retten, um zweihundertsiebenundzwanzig Tage im Ozean dahinzutreiben. Die Hyäne tötet und frißt das Zebra und danach den Orang-Utan; der erst nach Tagen von seiner brachialen Übelkeit genesene Tiger Richard Parker erledigt endlich die Hyäne, um vom Zoodirektorssohn Pi dressiert zu werden und an der Küste Mexikos für immer zu verschwinden. Diesen einmaligen Fall in den Annalen der Schiffbrüche hat Pi zwei Angestellten des japanischen Verkehrsministeriums zu Protokoll gegeben, die ihm seine Geschichte freilich nicht glauben wollen. »Der hält uns wohl für bescheuert« – und so erzählt er ihnen danach auch die Wahrheit: Auf seiner Kleinarche hatte der Koch des Frachters (die Hyäne) einen verletzten Matrosen (das Zebra) ermordet und gegessen und dann Pis Mutter (den Orang-Utan) – und wie erging es Pi mit dem Königstiger Richard Parker?

»Ich brüllte vor Furcht.« Richard Parker war Pi selbst, war seine Angst, die er in sich bannen mußte, sein Überlebenszorn und der Charakterzug, nicht aufgeben zu können und bis zum Letzten zu kämpfen, und das Vermögen, Menschen in Tiere umzuphantasieren, auf daß er ihre und seine eigene Grausamkeit ertragen konnte. Pi beschönigt nichts: In der Tat verhielt sich der Koch wie eine fiebrig fleischgierige Hyäne, als er den Zebramatrosen verspeiste, die über den Kannibalismus des Kochs empörte Orang-Utan-Mutter erstach, ihr den Kopf abschnitt und ihn Pi zuwarf, um ihr Blut zu trinken wie Wasser; und Pi war gleich einem Tiger, als er den Hyänenkoch zerfleischte und sich an dessen Herz und Leber gütlich tat. Ohne seine Einbildungskraft, die ihn drei Weltreligionen für gleich phantasieklug halten ließ, hätte Pi in diesem Gemetzel schlicht den Verstand verloren.

Welche der zwei Geschichten ist wahrscheinlicher, die mit den Tieren oder die ohne sie? Was heißt es, »ein Mensch« zu sein? Über die industrielle Massenvernichtung der Juden hinaus steht mit unseren monströsen Verbrechen für Yann Martel und seinen Helden Pi Patel nicht mehr die Rechtfertigung irgendeines »Gottes«, sondern die des Menschen vor dem Menschen auf dem Spiel. Von Pi befragt, welche der beiden Versionen seiner Geschichte sie bevorzugten, wählen die Angestellten des japanischen Verkehrsministeriums im Schrecken darüber, wozu sie selber fähig wären, die erste, »die mit den Tieren« – zumal diese Version das schöne, pathetisch würdevolle Selbstbildnis bewahrt, das die Menschheit von sich selbst verfertigt hat: Der Hang zum Guten sei ihr angeboren, naturgegeben ihr Sinn für die Prinzipien der Moral. Die Angestellten hielten demnach die Tigergeschichte für wünschenswert? Gut. »Und genau so«, erwidert Pi, »ist es mit Gott.« Es sei besser zu glauben, es existiere eine Allmacht, der man vertrauen kann und die uns unsere mörderischen Instinkte zu bändigen hilft, so wie es besser sei, zu glauben, man hätte auf See in Gesellschaft eines Königstigers überlebt, als all die Greuel erduldet zu haben, die einen zum Raubtier machten. Für Martel wie Patel stellt sich die Frage nicht, wo in unserer abgründigen Leidensgeschichte der allwissende, gütige Gott geblieben sei: Wo, wollen sie wissen, war der Mensch?

Der Mensch will in den Zoos mit den lieben Tierchen doch nur spielen und greift sie daher gerne mit Spazierstökken und Regenschirmen an, bewirft Otter, Tiger und Löwe mit eigens mitgebrachten Steinen, weil sie sich gefälligst außer Wasser und in voller Größe zeigen sollen, und füttert angebliche Allesfresser mit Bierglassplittern – dereinst hatte Pis Vater an eine Wand die Frage malen lassen: »Welches ist das gefährlichste Tier im Zoo?« Ein Pfeil wies dann auf einen kleinen Vorhang, viele neugierige Besucherhände schoben gespannt den Vorhang beiseite … und dahinter verbarg sich ein Spiegel: Schwer ist ein Leser vorstellbar, der nach der Lektüre dieses Romans »uns unersättliche Raubtiere« nicht in einen Zoo wegsperren möchte, den ein bengalischer Königstiger bewacht.

KAPITEL 23

WORIN PLÖTZLICH ALLES AUF DEM SPIEL STEHT

Graham Greene

Er ahnte, daß mit Kim Philby, seinem hochcharmanten Freund und Vorgesetzten beim MI6, der Auslandsabteilung im »Secret Intelligent Service«, einfach etwas nicht stimmte, und reichte schon 1944 aus heiterem Londoner Sommerhimmel seinen Rücktritt ein, und das nach nur drei Jahren Arbeit als Nummer 59 200 für den britischen Geheimdienst in Sierra Leone, Westafrika: Wenn es jemanden gab, der einen Doppelagenten wie Kim Philby durchschauen konnte, dann war es der in Intrigen, Täuschung, Lüge, Gaukelei vernarrte Graham Greene. Trank Philby zuviel Whisky – und darin war er sportlich –, lief er Gefahr, Geheimnisse loswerden zu wollen, die mit ihm zu teilen Greene desgleichen in den Schatten des Verdachts gezwungen hätte, ein Spion für die UdSSR zu sein: ein Todesurteil.

Darum nahm Philby das Rücktrittsgesuch Greenes mit heimlicher Erleichterung auf. Er mochte Greene. Selbst als Philby um 1960 enttarnt war, blieb Greene ihm auf Geheiß des britischen Geheimdienstes freundschaftlich verbunden: Was für eine wahrhaft historische Niederlage es doch für den KGB gewesen wäre, hätte der globetrottende Jahrhundertautor, offiziell schwer katholisch und immer knapp vorm Nobelpreis, den Jahrhundertspion Kim Philby für Großbritannien zurückgewinnen können. Doch daß es dazu nie kam, machte Greene wiederum froh. Er mochte Philby. Hatte der in der farcenhaften Wildnis aus Spiegeln, durch den der KGB den MI6 hetzte und der MI6 den KGB, nicht bloß einer Organisation mit den falschen Buchstaben angehört? Nach dem Fall der Berliner Mauer 1989 waren sie ohnehin Gespenster, denen man als Spukhaus nun ein längst baufälliges Zweisternehotel namens »Kalter Krieg« zuwies. Hatte Philby nicht aus ehrlich kommunistischer Überzeugung Verbrechen begangen, die andere weniger skrupulös für Geld verübten?

Das mögen fahrlässige Ansichten sein, und leicht fände Graham Greene, dem Risikofreude und Illoyalität nun wirklich nicht fremd waren, Aufnahme in den Club der unzuverlässigsten Typen unter den Schriftstellern: Nur einem einzigen Menschen vertraute er – sich selbst. Nimm dich in acht vor den andern: deine Freunde sind sie nur obenhin. Lediglich der – leider verheirateten – Catherine Walston hätte er bis zum Tod die Treue gehalten; ansonsten aber war mit Greene nie zu rechnen, das »Große Spiel« der Geheimdienste für ihn ein Spiel um des Spieles willen wie das Schreiben von Romanen, das ewige Gehader mit Gott und der Religion und eine weitere verlorene Runde Roulette in Monte Carlo – ein Scherz, wenn auch sehr, sehr ernst. Du bist, so Greene zu sich, ein großes Vielleicht: Nur wenn du dich nicht sicher fühlst, existierst du überhaupt. Warum du dich immer so fürchtest? Weil sich nicht zu fürchten bedeuten würde, daß du bereits tot bist. »Glück«? War wie eine jener Inseln weit draußen im Meer, die man auf keiner Karte verzeichnet fand und die es womöglich nur in der Phantasie eines Matrosen gab, der sie mit einem Eisberg verwechselt haben mußte. Wer sich »glücklich« glaubte, wurde nicht Schriftsteller, und darüber zu schreiben lohnte nicht: Es gab nur leere Seiten her. Greene setzte auf die Gefahr.

Und der britische Geheimdienst war die beste Reiseagentur der Welt. In den Fünfzigern hatte er auf der Yacht des Produzenten seines Films »Der dritte Mann« die jugoslawische Küste entlang strategische Stützpunkte der Sowjets abfotografiert, um bald darauf, vom CIA beschattet, für die unvermeidbar bärtigen Revolutionäre Fidel Castros auf Kuba warme Kleidung in die winternden Berge zu schmuggeln. Und als sich »Freund Fidel« über zwei Jahrzehnte später bitter wunderte, wie gesund der achtzigjährige Greene wirkte, und ernstlich an seinem eisernen Fitneßprogramm zu zweifeln begann, erwiderte Greene, dafür könne er leider nichts, er halte keine Diät, habe seine Jugend in Alkohol konserviert, trinke manchmal eine Flasche Whisky in einem aus und bei jedem Essen einen Liter Wein – »und zum Alkoholiker habe ich es immer noch nicht gebracht«.

Aber beinahe. In seiner Jugend schien der Revolver seines Bruders einen eigenen Willen zu besitzen, wann immer ihm der ansonsten so scheue Graham Greene zu nahe kam: Seine Kameraden konnten ihn, den Sohn des Schuldirektors, diesen verweichlichten Kümmerling mit seinen wäßrig blauen Augen und blecherner Lispelstimme, nicht leiden, da er sie für den Vater ausspionierte wie den Vater für sie. Vor schierer Selbstverachtung sägte sich unser vorzeitiger Doppelagent die Knie auf, suchte sich, vollgestopft mit Aspirin, im Swimmingpool der Lehranstalt zu ertränken und spielte an der Universität Oxford sechsmal in fünf Monaten Russisches Roulette; preßte den Lauf an die Schläfe, drückte ab – und wieder war nichts geschehen, gelangweilt gab er's auf und wandte sich anderen Fluchtwegen zu.

Wo er auch war: »Du mußt hier raus« lautete der erste Hauptsatz der Lebenslehre Graham Greenes. Ein Semester lang blieb er Tag für Tag zinnsoldatenstandfest vom Frühstück bis tief in die Nacht hinein betrunken, war vier Wochen lang Mitglied der Kommunistischen Partei und immer auf der Suche nach einem »antiquarischen Bordell«, dessen Geschichte ins Mittelalter zurückreichen sollte. Er ließ sich nach dem Ersten Weltkrieg zuerst von den Deutschen, dann den Franzosen für einen »Pst-Pst-Job« rekrutieren und trat, als ihm der Boden unter den Füßen allzu brüchig geworden war und seine stranggläubige Vivien es zwecks Vermählung – und langersehntem Beischlaf danach – von ihm verlangte, 1926 zur Kirche Roms über. Das war unter Schriftstellern Englands damals Mode, provokant; in Greene aber kicherte es dabei. Er fühlte sich wie ein verfolgter Katholik unter der anglikanischen Observanz Elizabeths I. im Jahrhundert Shakespeares. Stets war er belustigt darüber, wie Gläubige und Ungläubige einander wechselseitig als existentielle Bedrohung empfanden, provozierte Atheisten mit dem Satz, jeder Gläubige sei »ein Spion Gottes« unter der Masse der einfältig Gleichgültigen und Dummen, folterte sodann sein frommes Romanpersonal mit religionsbedingten Gewissenskonflikten in den Suizid, gab damit den Atheisten wieder recht und machte sich einen Spaß daraus, »in einer schrecklichen kleinen Kirche vor einem schrecklichen kleinen Priester« eine Beichte abzulegen, die vor derart widerlichen Sünden strotzte, daß eine Absolution kaum mehr möglich war. Er habe es, gestand er unter anderem, heute vormittag mit einem Deutschen Schäferhund getrieben, »Wie viele Ave Maria, Pater, sollen es denn sein?«

Manchmal half ihm nur geschmackloser Humor, an einen Gott zu glauben in der grotesken Tragödie, die für ihn das Dasein aller war. Er brauchte ihn – persönlich wie auch als großen Widersacher seiner Romanfiguren, damit sie im aussichtslosen Kampf gegen dieses Ungetüm an Grausamkeit und Güte zu Charakteren und letzten Helden heranwachsen konnten. Gott war das Gute, das Böse, ein Doppelagent auch er, ein gebetsumsäuseltes Ragout von Widersprüchen, der verwickelte Antworten auf Fragen wußte, auf die man selbst nie gekommen wäre und mit denen man sich nun bis zum Ende seines Lebens abplagen mußte. Man war von Religion infiziert wie von einer unheilbaren Krankheit. »Oh Gott«, ließ Greene eine seine Gestalten, nicht von ungefähr Schriftsteller und ihm auch sonst in zu vielem gleich, einen Roman beschließen, »Du hast mir genug geraubt, laß mich auf immer und ewig in Frieden.« Selbst ein sehr unkatholischer Kollege jubelte: Sollte Greene Papst werden, würden »wir alle« sofort zum Katholizismus konvertieren.

Seltsam, doch viele Greene-Anhänger meinten, er gebe, zumal ja auch Geistliche – des Beichtgeheimnisses wegen – im »Top-Secret-Geschäft« waren, den perfekten Priester ab, und lasen seine Romane wie theologische Essays. Greene aber hatte einen untrüglichen Instinkt dafür, sich von allem fernzuhalten, wozu er kein Talent besaß. Wie eine Forelle navigierte er sich wendig zwischen den zerschürften Felsmassiven der Hoch- und Unterhaltungsliteratur hindurch. Immer schrieb er so, daß er dabei von sich selbst überrascht war. Jeder Roman schien wie in einem einzigen Atemzug und dennoch gleich einer Symphonie komponiert worden zu sein. Oft glichen Dialoge einem Duell: Ob die Fasanenjagd erfolgreich war, fragt in »The Human Factor«, dem »Menschlichen Faktor« von 1978,

Maurice Castle seinen Chef »C« vom MI6; na, »so la la«, antwortet der Chef, dennoch müsse Castle darin nächsten Herbst auch mal sein Glück versuchen; dazu tauge er nicht, »Sir«, gibt Castle behutsam zurück, »ich habe in meinem ganzen Leben noch nie auf etwas geschossen, nicht einmal auf einen Menschen« – »Ah ja«, beendet »C« das Gespräch, »Menschen sind natürlich das beste Ziel. Ehrlich gesagt, Vögel langweilen mich auch«.

Niemals vernebelte Greene die reizvoll bedrohliche Atmosphäre eines Romans mit endlosen Adjektiven und verquer originellen Metaphern, da der Stil die Handlung nicht unter sich begraben durfte, die die Zündschnur jedes seiner Werke war. So konnte er sich sicher sein, nicht zu jenen Autoren zählen zu müssen, die nur verlegt wurden, um ausgelegt zu werden, und die es so weit gebracht hatten, daß man damit zu prahlen beliebte, sie nie lesen zu wollen. Auch noch als Schriftsteller benahm er sich wie ein Spion, beobachtete, belauschte, tauchte auf, tauchte ab; studierte die Schwachpunkte der Menschen um sich her und beutete, mit einem Splitter Eis im Herzen, sorglos jeden aus, der ihm romanfigurtauglich schien. Loyalität schuldete er einzig seinem nächsten Roman. Einmal verfaßte er unter Speed gleich zwei, den »Confidential Agent« morgens, den anderen nachmittags, »Die Kraft und die Herrlichkeit« von 1940 über den letzten, zudem schnapssüchtigen Priester im verelendet kommunistischen Mexiko, der im betrunkenen Zustand eine Bäuerin geschwängert hat – und es ist Greenes List, den kleinwüchsigen Geistlichen als Feigling dastehen zu lassen, bis sein Feind, der Leutnant, ein »Mystiker der Leere«, der alle Religion aus der Welt verbannt wissen will, dieses nach Fusel stinkende Wrack exekutiert und somit wider Willen, aber wissentlich zum Märtyrer macht. Es gab

Leser, die für ihn beteten, obwohl der Priester lediglich in einem Buch zu finden und nur dort wirklich war.

Kein Land fühlte sich sicher vor Graham Greene. Nahezu alles, was er bereiste, neben Sierra Leone und Mexiko Haiti, den Kongo, Malaysia, Marokko und Moçambique, die Schweiz, Spanien, Südafrika, Tabasco, Thailand und Vietnam, verwandelte er in »Greeneland«, ein Universum für sich: Wellblechhütten, auf denen die Geier hausten, mit ihren Greisenhälsen und gespreizten Flügeln wie zerbrochene Regenschirme über ihre Beute gebeugt, und in denen Familien in der Trautheit vollendeter Armut zusammengepfercht lebten, Ratten, die sich auf dem kühlen Sockel einer Badewanne räkelten gleich Katzen auf einem Grabstein, opiumkranke Journalisten und tieftraurige Kolonialbeamte, die ihre Frauen nurmehr bemitleiden konnten wie Major Henry Scobie im »Herz aller Dinge« von 1948 und die über einem Ehebruch ihren Glauben nur durch Selbstmord zu bewahren vermochten ... In Greenes vierundzwanzig Romanen kann man sich verlaufen wie in den Suqs, dem Markttumult in Marrakesch: Welcher von ihnen ist es wert, in die Bibliothek der einsamen Insel aufgenommen zu werden?

Seit jeher bilden Literatur und Spionage zum größten Vergnügen der Leserschaft ein unzertrennliches Paar. Der Autor spioniert seine nächste Umgebung und sich selber aus, um Charaktere zu schaffen, die einander ihrerseits ohne Unterlaß auf die Schliche zu kommen trachten. Der Leser bespitzelt seinerseits den Autor, »Was will er uns damit nur wieder sagen?«, und die Gestalten, »Was haben die denn jetzt vor?« ... und insofern unterscheidet sich eine Buchhandlung mit Sofas zum Schmökern nur wenig vom Hauptquartier des MI6 an der Londoner Themse.

Und Greenes »Der menschliche Faktor« beweist diese ewige Affäre zwischen Geheimdienst und Roman wie wenige sonst. Der zweiundsechzigjährige Maurice Castle arbeitet Mitte der siebziger Jahre bei ebenjenem MI6 und hat vor sieben Jahren mit Wissen des »Intelligent Service« seine geliebte Sarah MaNkosi dank des KGB vor dem südafrikanischen Geheimdienst in Sicherheit gebracht. Seither leben sie glücklich vereint; Castle denkt an seine Pensionierung, als plötzlich »eine undichte Stelle« in seiner Abteilung entdeckt und der etwas zu portweinselige Kollege Davis der Spionage für die Sowjets verdächtigt wird. Dr. Emmanuel Percival, der zynisch kühle Kopf der medizinischen Abteilung im MI6, der sich fühlt wie Gott und gleich einem rohen Tier in seinem Käfig nur darauf lauert zu beweisen, was er, freigelassen, draußen alles anrichten könnte, tötet den schuldlosen Davis und täuscht Leberzirrhose vor – das Leck namens Davis ist geschlossen und der Roman zu Ende. Wenn er ein Kriminalroman wäre.

Was er nicht ist. »Bei uns scheint es immer um alles oder nichts zu gehen«, erkennt eine der Figuren, und mit gewaltigem Kraftaufwand sich stetig steigernder Spannung hat Greene im »Menschlichen Faktor« die ihm teuersten Dinge hineingepackt wie in einen Koffer, der ihn übers Meer begleiten sollte. Denn es erweist sich, daß den grundsympathischen Maurice Castle »der menschliche Faktor«, Liebe und Treue und Dankbarkeit, einst zu jenem gesuchten Doppelagenten machte, einem entfernten Verwandten Kim Philbys: Castle spielte nach der Befreiung Sarahs dem KGB Nachrichten über das tiefverhaßte Apartheidregime in Südafrika zu. Als er erfährt, daß die USA, Deutschland und Großbritannien im Fall einer Revolution am Kap als »Endlösung« – wie für die Juden – Atomschläge gegen die schwarze Mehrheit planen, gibt er die Nachricht an den KGB weiter und enttarnt sich vor Sarah endlich als Sowjetspion, der in dieser Rolle ihr Volk retten könnte. »Sprich mir nicht von meinem Volk«, entgegnet sie sanft und beharrlich, »mein Volk bist du. Wo du stirbst, da will auch ich begraben sein.« Auch wenn dieser Wunsch unerfüllt bleiben und die Familie Castle es nicht nach Moskau schaffen sollte, hat Loyalität das allerletzte Wort, und Graham Greene entscheidet in Gestalt Sarahs die Frage, wie ein Leben zu führen wäre – mit einer Liebe bis in den Tod.

WIE LEBEN DIE ANDEREN?

Kapitel 24: Philip Roth, »Amerikanisches Idyll«. Dt. Übers. v. Werner Schmitz (© 1997 by Philip Roth; 1998 Carl Hanser Verlag, München). – Ph. Roth, »Jedermann«. Dt. Übers. v. Werner Schmitz (© 2006 by Philip Roth; 2006 Carl Hanser Verlag, München). – Ph. Roth, »Portnoys Beschwerden«. Dt. Übers. v. Werner Schmitz (© 1967, 1968, 1969, 1994 by Philip Roth; 2009 Carl Hanser Verlag, München).

Kapitel 25: Nagib Machfus, »Kairoer Trilogie«. Aus d. Arab. v. Doris Kilias (Zürich: Unionsverlag 1996). – Nagib Machfus, »Die Kinder unseres Viertels«. Aus d. Arab. v. Doris Kilias (Zürich: Unionsverlag 1990)

Kapitel 26, 27: Jane Austen, »Stolz und Vorurteil«. Dt. Übers. v. Ursula u. Christian Grawe (Stuttgart: Reclam 2008). – J. Austen, »Anne Elliot oder die Kraft der Überredung«. Dt. Übers. v. Ursula u. Christian Grawe (Stuttgart: Reclam 2007) u. Neuübers. v. Sabine Roth (München: Deutscher Taschenbuch Verlag 2010)

Kapitel 28: Joseph Roth, »Radetzkymarsch«. Nach der Erstausgabe von 1932. Nachwort von Eva Demski (Zürich: Manesse 2010)

Kapitel 29: Gustave Flaubert, »Madame Bovary«. Dt. Neuübers. v. Elisabeth Edl (München: Carl Hanser Verlag 2012)

Kapitel 30: Jonathan Franzen, »Die Korrekturen«. Roman. Dt. Übers. v. Bettina Abarbanell (Reinbek bei Hamburg: Rowohlt 2002)

Kapitel 31: Charles Dickens, »Große Erwartungen«. Dt. Neuübers. v. Melanie Walz (München: Carl Hanser Verlag 2011)

Kapitel 32: Anton P. Tschechow, »Die Dame mit dem Hündchen«. Erzählungen. Aus d. Russ. v. Hertha von Schulz. © Aufbau Verlag GmbH & Co. KG, Berlin 1967

Kapitel 32, 33: Leo Tolstoi, »Anna Karenina«. Dt. Übers. v. Rosemarie Tietze (München: Carl Hanser Verlag 2009)

Kapitel 34: Javier Marías, »Mein Herz so weiß«. Dt. Übers. v. Elke Wehr. (Stuttgart: Klett-Cotta 1996). – Javier Marías, »Als ich sterblich war«. Dt. Übers. v. Elke Wehr (Stuttgart: Klett-Cotta 1999).

Kapitel 35: Alice Munro, »Carried Away« (New York: Everyman's Library Edition 2008)

Kapitel 36: James Joyce, »Ulysses«. Übers. v. Hans Wollschläger. © 2004 Suhrkamp Verlag, Frankfurt a. M. Alle Rechte bei und vorbehalten durch Suhrkamp Verlag Berlin

KAPITEL 24

WIE SCHÖN ES IST UND WIE LEICHT ES ZERBRICHT

Philip Roth

Seine Familie war fest angestellt bei der Firma »Sorge, Angst & Pech GmbH«. Gefahren lauerten überall. »Schicksen«, nichtjüdische Mädchen, warteten an jeder Ecke groß, blond und lüstern, den wehrlos in die Pubertät geratenen »Judenjungen« unter sich zu begraben. Sei vorsichtig, Alex, tu dies nicht noch jenes, andernfalls verstößt du gegen eines der Gebote »Gottes des Allmächtigen« – und wir haben dich nicht mehr lieb. War es ein Wunder, daß panische Scham- und Schuldgefühle von Geburt an in Alexander Portnoys Knochen steckten und eine unstillbare Wut, die diese Gefühle in ihm schürten? Immer nur Vorschriften. Und Vorschriften. »Und jetzt können Sie sich vorstellen, wie mir mein Gewissen, der ewigen Wichserei wegen, zu schaffen machte!«

Einmal quälte unseren halbwüchsigen Masturbationsartisten der Verdacht, er habe Krebs, wie ihm ein dunkler Fleck an der Unterseite seines Penis weismachen wollte, und er onanierte sich, täglich den Tod vor Augen, beinah an den Rand eines Herzstillstands, ergoß sich gar in ein großes Stück glitschig feuchter Kalbsleber aus dem Kühlschrank, um sie abends dann mit seiner nichtsahnenden Familie zu verspeisen. Solcherlei mochte manchen Lesern urkomisch vorkommen, dem inzwischen dreiunddreißigjährigen Alexander Portnoy allerdings nicht: Er leidet. »So«, gesteht er in Philip Roths Romandelikt »Portnoys Beschwerden« von 1969 Dr. Spielvogel, »Seiner Heiligkeit« psychoanalytischer Konfession, »nun wissen Sie auch das Schlimmste, was ich je getan habe.«

Aber war dies wirklich das Schlimmste? Nichts wie hinein in die erotisch unversehrten Landstriche, um sie nach deinem Willen zu formen: Portnoy wollte Amerika neu für sich erobern, indem er, mit Vorliebe diese »Schicksen« als Unterlage, sich durch alle Staaten Amerikas kopulierte, ohne daß auch nur eine Erektion dabei flachfiel. Der altehrwürdige Pioniergeist der USA als sexueller Amoklauf – so hatten sich die Gründerväter, von John Adams bis George Washington, die Verwirklichung der »unveräußerlichen Rechte« eines jeden auf »Leben, Freiheit und das Streben nach Glückseligkeit« wohl nicht vorgestellt. Doch in der Epoche der Bürgerrechtsbewegung, Bob Dylans und der Rolling Stones, der Vietnamkriegsproteste und Bombenanschläge des linksextremen Terrortrupps »Weathermen« war auch Philip Roth für die theatralische Krisenhysterie jener Jahre empfänglich genug, um nach seinen ersten drei allzu ernsten Büchern seine hemmende Seriosität in die Luft sprengen zu wollen – und mit ihr die fröhlich bevormundenden Familienbande, ihre Pflicht-Pflicht-Pflicht-Versessenheit und die Psychiatrie mit ihren Diagnosen, denen man sich nur willig unterwerfen muß, um in ihnen für immer zu verschwinden. »Portnoys Beschwerden« bezeichneten, unabgesichert, klug, kühn und wuchtig, den fruchtbaren Beginn einer langen Feindschaft.

Von nun an nämlich war Philip Roth »der Mann, der diese Bücher schreibt«. Alles, was du sagst, kann gegen dich Verwendung finden, und jeder Angreifer muß damit rechnen, angegriffen zu werden, doch Roth hatte es nicht darauf angelegt, unverwundbar zu sein. »Es gibt Niveacreme, es gibt Kelloggs Cornflakes, und es gibt Philip Roth«, bemerkte er bitter und mit leiser Überheblichkeit: »Nivea ist eine sanfte Creme, Kelloggs Cornflakes sind knackig, knusprig, nussig, und Philip Roth ist der Jude, der mit einem Stück Leber onaniert.« Und Millionen daran verdient. Immerhin habe sich seit »Portnoys Beschwerden«, kalauerte er gern, die Spermaproduktion in Amerika um zweihundert Prozent erhöht.

Wie geht man damit um, daß Passanten auf den Straßen New Yorks ein Autogramm einfordern mit den Worten: »Schreiben Sie da bitte ›Alexander Portnoy‹ hin und nicht ›Philip Roth‹«? Daß sie einen anherrschen, etwa mit einem »He, Portnoy, hör auf, so vor dich hin zu pfeifen!«, und daß jeder zweite Taxifahrer über einen mehr zu wissen scheint als man über sich selbst? Und was sagt man, wenn einem Familienväter beim Lunch ihre sexuellen Obsessionen offenbaren? »Der Roman ist doch bloß eine harmlose Sexsatire«? Über drei Jahrzehnte später würde man, noch zu Lebzeiten Roths, eine Kreuzung nahe seines Elternhauses in Newark, New Jersey, »Philip Roth Plaza« taufen – jetzt aber wollten nicht nur Rabbiner diesen »antisemitischen Libido-Anarchisten« aus der eigenen Mitte zum Schweigen gebracht wissen, und als diese Einmannpornofirma endlich in die Wälder von Massachusetts umgesiedelt war, prangte an einem unschuldigen Ahornstamm in der Nähe seiner um 1790 erbauten Farm auch schon ein Schild mit der Aufschrift: »Bring uns Alexander Portnoy zurück!«

Aus diesem heillosen Gezerre zwischen Ablehnung und Einverständnis gab es ein Entrinnen nur in die Literatur. Unsere tägliche Maske gib uns heute: Philip Roth lernte wie ein Schauspieler, sich selbst zu verheimlichen – er wußte wie die meisten von uns ohnehin nicht recht, wer er im tiefsten Innern war, und er erfand sich von Roman zu Roman mit rasender Energie ein Alter ego nach dem andern, seelenverwandte Schriftsteller wie David Kepesh, Peter Tarnopol und immer wieder Nathan Zuckerman, den intelligentesten und mitleidvollsten unter ihnen, der nach dem Skandal ob seines portnoyhaften Romans »Carnofsky« in seinem Ruf zu versumpfen droht und wie Roth schließlich nach Neuengland flieht, drei Ehen samt heimlichen Affären, eine fünffache Bypassoperation und eine von Krebs befallene Prostata hinter sich bringt und, impotent, seine Blasenfunktion nicht mehr unter Kontrolle hat: Es ist, denkt sich Zuckerman, die Demütigung, die uns alle vereint. Und niemand wird daseinszerrüttender darüber belehrt als Seymour Levov in Roths »Amerikanischem Idyll« von 1997.

Seymour Levov war als Baseballstar in ganz Newark verehrt worden, »Symbol heldenmütiger Tapferkeit« und der Märchenhoffnung auf Sieg gegen Ende des Zweiten Weltkriegs; Seymour Levov hatte dank seiner sportlichen Leistungen der Damenhandschuhfabrik seines Vaters zu Ehren und Geld verholfen, heiratete eine katholische Schönheitskönigin, gelangte als unermüdlicher Nachfolger seines Vaters zu Reichtum, zog mit Gattin und stotternder Tochter in den noblen Vorort Old Rimrock und in ein Anwesen aus der Gründerzeit der USA noch dazu, um dort als amerikanischer Jude unter amerikanischen Nichtjuden respektiert zu werden – Newarks John F. Kennedy, blond und blauäugig, ein Pionier der Assimilation. »Selbst diejenigen, die als Kinder alles hatten, bekommen früher oder später ihr Maß an Unglück zugeteilt, und manchmal reichlich.« Nicht Seymour Levov. Dem ist doch wirklich, staunt Zuckerman, als er den ehemaligen »Haushaltsapollo« 1985 in einem Restaurant trifft, der ideale Lebenslauf eines Amerikaners gelungen. Schon ist er zu einer Art Marke avanciert: »Sei nur so fleißig wie ein Levov.« Alles hat der Gute – naiv, simpel, unbeschwert und glücklich – richtig gemacht. War darum nie behindert von Vertrauensverlust, getrieben von Wut, gefoltert von Hilflosigkeit. Und so sitzt dir ein selbstzufriedenes, ironie- und gedankenloses Etwas gegenüber, dem es erspart blieb, sich zu fragen: »Warum dies alles?« Aber Zuckerman täuscht sich sträflich.

Seymour Levov »hatte ein starkes, großmütiges Wesen, und das haben sie ausgenutzt, um ihn dauernd in die Pfanne zu hauen, all diese unerträglichen Typen. Ein unersättlicher Vater, zwei unersättliche Ehefrauen, und die kleine Mörderin selbst, diese Mißgeburt von Tochter. Die Mißgeburt Merry.« Seymour Levov, soeben an Prostatakrebs gestorben, war kein Niemand: »Er ist in einen Krieg hineingeraten, den er nicht angefangen hatte; er hat gekämpft, damit nicht alles auseinanderfällt, und er hat den Kampf verloren« – beim fünfzigsten Klassenjubiläum erzählt Seymour Levovs Bruder Jerry, Kardiologe in Miami, zornig die halbe, aber unerträgliche Wahrheit und reißt Zuckerman damit grob dessen »Scheuklappen« ab. »Davon habe ich nichts mitbekommen«, Zuckerman fühlt sich fast schuldig, »das ist mir neu.« Levov hatte zwei Ehefrauen und nicht nur eine, seine Miss New Jersey? Inwiefern war Tochter Merry eine Mörderin? Welchen Krieg verlor Levov? »Die Tragödie des Menschen, der auf Tragödien nicht vorbereitet ist – das ist die Tragödie des Jedermann.«

Würden wir die gleichen Daten, die uns aus den Biographien ins Scheinwerferlicht gerückter Persönlichkeiten vertraut sind, auch über einen vermeintlichen Durchschnittsmenschen besitzen, über einen Kardiologen wie Jerry oder einen Handschuhfabrikanten wie Seymour Levov, ergäbe sich oft ein noch spektakuläreres Bild der Eigenwilligkeit, Angst, Lebensfreude und Trostlosigkeit, als wir es von unseren Hochberühmtheiten besitzen. Nathan Zuckerman erkennt, daß die Geschichte eines jeden erzählenswert wäre: Immer steckt mehr hinter allem, als wir zunächst nachvollziehen und, wissen wir mehr, verkraften können. Naturgemäß – unser Weltkreis ist beschränkt. Literatur aber sprengt seine Grenzen auf: Während der Lektüre eines vitalen Werks bringen wir in uns eine imaginäre Stadt hervor mit Menschen, deren Charakter und Daseinsweise zu ergründen uns in der wirklichen Welt die Kürze des Lebens versagt. »Wie«, fragen wir uns, »machen das denn die andern?« Und blicken in ein Buch. Wie können wir uns auf Tragödien vorbereiten, um die Tragödien derer zu vereiteln, die auf Tragödien nicht vorbereitet gewesen sind? Bald vergleichen wir uns mit diesen Gestalten auf Papier, bald verschwinden wir in ihnen, so wie sich Nathan Zuckerman nach dem Gespräch mit Jerry in seiner ländlichen Abgeschiedenheit bis zu zehn Stunden am Tag hineinlebt in Seymour Levov gleich einer Ameise, die die Anden zu überqueren versucht. Er schreibt wie um seine eigene Existenz: Einen Menschen wie Seymour Levov übergibt man nicht mir nichts, dir nichts dem Tod.

Levovs sechzehnjähriges Töchterchen Merry zündete aus Protest gegen den Vietnamkrieg im Postamt von Old Rimrock eine Bombe, tötete einen Arzt und fand Zuflucht im Haus ihrer so kaltblütigen wie dümmlichen Sprechtherapeutin; war den »Weathermen« bei zwei weiteren Attentaten und damit bei drei Morden behilflich; tauchte unter; schloß sich einer besonders tier-, pflanzen- und bazillenfreundlichen Hindusekte an, und ihr Vater quält sich bis in den Krebstod an der Frage ab: Warum? Weil die Mutter zu schön und Merry fett war und stotterte? Weil sie sich wegen ihrer Sprachbehinderung ein Gefühl von Macht verschaffen wollte? Weil sie ihre sinnlose Aufgebrachtheit von Levovs Vater geerbt hatte? Weil der Katholizismus der Großmutter ihr das gußeiserne Ideal der Reinheit einimpfte und die Reinheit eines Ideals? Weil sie den Vater einmal bat, sie zu küssen, so wie er ihre Mutter küßte, und er es in seiner besinnungslosen Sanftmut tat? Weil für Merry all das Familienleben zu verzuckert vollkommen vorgeplant war? In dieses Labyrinth von Fragen, das keine Mitte kennt, verirrt sich Levov an dem Tag, da er seine vom FBI gesuchte Tochter wiedersieht und auf seiner Dinnerparty entdecken muß, daß die Frau seines Lebens ihn mit einem malenden Oberschichtstrottel von Nachbarn betrügt. Den »Kopf voller Tränen«, sucht er sich in einer weiteren Ehe aus den Trümmern seiner vernichtenden Niederlage zu erheben und gewinnt dennoch, mit drei Söhnen im Schlepptau, seine Lebensverfassung nicht mehr zurück. Was hat Seymour Levov nur falsch gemacht? Die Antwort ist von gewalttätiger Absurdität: »Gar nichts.«

Angst ist das ursprünglichste Gefühl menschlichen Daseins, der die Furcht vor dem Tode zugrunde liegt, und weder die Wolkigkeit der Religionen noch Glücksratgeber führen an ihr vorbei. Nach Vollendung von zwei weiteren Zuckerman-Romanen, mit dem »Amerikanischen Idyll« gerundet zu einer inzwischen klassischen USA-Trilogie, starben Philip Roth Jahr um Jahr Freunde und Verwandte weg. Darum würde er, versicherte er – ein Experte in Grabreden mittlerweile –, nicht mehr den Beruf des Schriftstellers ergreifen wollen, wäre ihm ein zweites Leben vergönnt, sondern den hilfreicheren des Arztes, den eines Kardiologen etwa, wie Jerry Levov einer ist: Seit seinen eigenen Bypass- und Krebsoperationen war der Achtzigjährige trauriger und einsilbiger geworden und härter gegen sich selbst. Der Schöpfer Alexander Portnoys schrieb längst keine Bücher wider die »Anti-Philip-Roth-Leser« mehr, die das Ärgste von ihm zu erwarten hofften, um ihn dafür fasziniert verachten zu können: Getröstet und gestärkt fanden sich selbst jene, die noch gar nicht wußten, wie traurig sie im Innersten sind, als Roth 2006 die Geschichte des namenlosen »Jedermann« erzählte, der als Sohn eines Juweliers geboren wurde, um zu leben wie jeder andere auch und von Krankenhaus zu Krankenhaus vor sich hin zu sterben. Alt zu werden ist kein Kampf, sondern ein Massaker.

Vor seiner letzten Operation, während die Narkose zu wirken beginnt, sieht er unter einem kornblumenblauen Himmel das auf dem Meer gleißende Licht aus seiner Jugend vor sich und dann den ganzen Planeten Erde gleich einem Diamanten unter der Lupe seines Vaters. Er ist von einem Gefühl der Unverwüstlichkeit erfüllt – »und dennoch wachte er nicht mehr auf. Herzstillstand. Er war nicht mehr, befreit vom Sein, ging er ins Nichts, ohne es nur zu merken. Wie er es befürchtet hatte von Anbeginn.« Was er auf diesem vollkommenen, unermeßlich kostbaren, »quadrillionenkarätigen Planeten Erde« noch alles hätte erleben und für sich erobern können: Nimm es dir, lautet der wie mit Geheimtinte geschriebene letzte Satz des Romans, jetzt, in genau diesem Augenblick. Und schließe das Buch.

KAPITEL 25

IN AIDAS PALAST

Nagib Machfus

Wie immer wartet Amina auch an diesem Morgen im Jahre 1917 seit Mitternacht auf den großen Moment, da ihr Gemahl und Gebieter Achmed Abd al-Gawwad von seinem großen Besäufnis aus den Bordellen Kairos heimkehrt und sie mit dem Pochen seines Spazierstocks zu sich befiehlt, damit sie ihn vorm Schlafengehen entkleiden möge. Und auch heute fürchtet sie sich; die Welt der Nacht ist erfüllt von Dämonen, zu oft streift teuflisches Geflüster Aminas Ohr. So schleicht sie in Begleitung ihrer Dienerin durch die Zimmer und murmelt Suren aus dem Koran vor sich her, die die bösen Geister in Schach halten könnten.

In die Winkel der weiten, hohen Räume hatten sich diese Dämonen bereits verkrochen, noch ehe Amina vor fünfundzwanzig Jahren in das riesige, alte Haus ihres Herrschers, des Kaufmanns Achmed Abd al-Gawwad, gebracht worden war, um es niemals wieder verlassen zu dürfen: Als sie ein einziges Mal ohne seine Erlaubnis die Moschee ihres Heiligen, al-Hussain, besuchte, hatte Abd al-Gawwad sie verstoßen, um »die Würde seiner Eitelkeit in Ehren zu halten«, und Achmeds jüngster Sohn Kamal wähnt, daß dieser ungebildete, unausständig prügelbereite, herumhurende Gottesdespot von Vater der wahre Dämon des Hauses ist.

Und für Nagib Machfus der Ägypter schlechthin, der Religion und Moral nicht in Einklang zu bringen weiß. Im nachhinein verwundert es nicht, daß Nagib Machfus mit seinem Roman um drei Generationen der Familie Abd al-Gawwad, »Zwischen den Palästen«, legendär geworden in der ganzen Arabisch lesenden Welt als »Die Kairoer Trilogie«, 1952 die Leser seiner Heimat in sachten Aufruhr brachte, da nichts die ägyptischen Gemüter störrischer gepackt hielt als der Islam. Kamal steht zwischen dem Palast des Gestern, einer religiös fundierten und verkitschten Rückschrittlichkeit, die eine Frau als bloßen Körper sieht, den es wie den »einer Stute« zu besteigen, zu schwängern und dann zu verhüllen gilt, und dem Palast einer demokratischen Zukunft, worin sich der Islam in die Privatgemächer verzogen und die massive, verzweifelte Zeit ewigen Stillstands ihr Ende gefunden hat. Wenn Kamal seiner Mutter erzählen würde, daß schon vor ihrer Geburt oben im Norden Frauen ihres Alters und Standes mit rädergroßen Hüten auf Terrassen von Luxushotels gar Zigarren rauchten und Champagner schlürften, wäre Amina ob dieser Nachricht entsetzter als über den Teufelsschwarm, der ihre Kammern belagert: Aminas Dasein gründet auf »Islam«, wortwörtlich auf der Ergebung in den Willen Allahs und ihres Gatten, dessen Eigentum sie ist, und Gott wird Amina bis zur Stunde ihres Todes 1944 nie genug dafür danken können, »mit Seiner Gnade ihr ein gutes Leben beschert zu haben«. Sie kann sich nicht unterdrückt fühlen, weil die Formel »Ich höre und gehorche« Teil ihres Wesens ist. Ihrem Sohn Kamal kommt sie einmal wie eine Tote zu Lebzeiten vor.

In der palastgleichen Villa Aida Schaddads indes findet Kamal sein Paradies, in ihrer Nähe begreift er, warum er geboren worden und bislang nicht gestorben ist – und er teilt sein Leben in »v. d. L.« und »n. d. L.«, in eine Epoche »vor der Liebe« und eine »nach der Liebe« zu Aida ein. Kokett selbstbewußte Tochter eines Financiers, Muslima und in Paris dennoch christlich unterwiesen, pflegt sich die engelhafte Aida gerade im literaturfeindlichen Ägypten wie in einen europäischen Roman versetzt zu sehen, und ihre Eltern machen den Eindruck, »einander völlig gleichgestellt zu sein«. Auch wenn Aida seine Zuneigung nicht erwidert, läßt die Versöhnung von Orient und Okzident, die die Familie und der Palast Aidas für Kamal verkörpern, das Haus seines Vaters in Trümmern zurück. »Du stehst«, erkennt er, »unter dem Regime eines Aufsehers, der von solcher Härte ist, wie es kein freier Mensch je in der Welt erdulden mußte.« Während sein Bruder Jasin sich daran freut, im Vater einen Gefährten im Laster gefunden zu haben und sich nach diesem Vorbild formt, sähe Kamal die Institution Familie am liebsten aus der Welt vertrieben, auf daß sich die allahgegebene Tradition der Herrschaftlichkeit nicht mehr von Vater zu Vater weitervererben kann. Kamal bleibt kinderlos. »Was könnte besser sein«, sagte einer seiner Freunde vor Jahren, »als daß wir uns in einem Buch gemeinsam wiederfinden?« Als Historiker der Philosophie bewegt er sich wie in einem Museum, von dessen Stücken ihm keines gehört, und »im Wörterbuch seines Lebens fand sich beim Begriff Liebe nur die Bedeutung Schmerz«. Traurig und resigniert, wird er nie jenes koranschwere Werk zu Papier bringen, das er sich einst erträumte und das der Leser mit »Zwischen den Palästen« in Händen hält. Machfus schrieb es für ihn.

Der Roman wurde gefeiert wie ein Fest und kam zugleich in Verruf. Seit dem fünfzehnten Jahrhundert hatten islamische Rechtsgelehrte die Einführung der Druckerpresse in ihre Zivilisation unterbunden, weil es kein anderes

Buch geben durfte als den Koran: Nach streng muslimischer Lesart wollte jeder, der das Arabische, die Sprache Allahs, für anderes denn eine Koranrezitation gebrauchte, Gott den Rang streitig machen; nun aber hatte erstmals in der Geschichte der arabischen Welt ein Schriftsteller den Roman, diese Erfindung Europas, in den Orient hinübergeleitet und dazu überredet, sich unter seiner Obhut doch mal um seine ägyptischen Landsleute zu kümmern, von einer gescheiterten Revolution zur nächsten in Kairos sonnenträgen Gassen, bis hinter dem Vorhang eines angeblichen Parlaments kein absolutes Regime mehr errichtet war. Machfus gelangen in »Zwischen den Palästen« derart leidenschaftliche Figuren, daß sie aus den Buchseiten herauszuspringen drohten, jedes Gefühl, das sie umtrieb, brach wie eine Krankheit in ihnen aus; und er trieb die Geschichte der Familie von einem Band zum nächsten immer rascher voran, dem Fortschritt gemäß, der die ägyptische Gesellschaft in ihrem zusehends unnachgiebigeren Freiheitswillen erfaßt.

Hatte Gott, als er dem Propheten Mohammed den Koran eingab, einen schlechten Tag? Jedenfalls weiß man nie, woran man bei ihm ist. In Machfus' Roman »Die Kinder unseres Viertels« von 1959 zeugt Allah Söhne, um sich dann in einem Haus in Wüstennähe an Alkohol, Frauen und Haschisch zu berauschen; und als die Sprößlinge Moses, Christus und Mohammed an ihrer Mission gescheitert sind, segnet er auf dem Sterbebett den Enkel und Magier der Wissenschaft Arafa, und kaum war das Buch erschienen, erwirkten Korangelehrte der Ashar-Universität zu Kairo ruckzuck sein Verbot. Machfus belustigte sich daran: Diese »ulema«, Professoren, konnten eben nicht lesen, bekräftigten »Die Kindern unseres Viertels« doch nur, daß die arabische und die westliche Zivilisation zur selben Familie gehörten, die mit den

Griechen ihren Anfang in wissenschaftlicher Neugierde genommen hatte. Warf der Okzident seinen Werken vor, es sei zu wenig Westen, und der Orient, es sei zuviel davon drin – es war ihm gleich, denn für ihn existierte nur der eine Roman, derjenige, »der von Herzen kam«. In Gesprächen mit Journalisten nannte Machfus den iranischen Großayatollah Ruhollah Khomeini einen Terroristen, mit dem, da er niemals lächelte, auch nicht zu spaßen war. »Der wahre Islam kennt keine Witze«, sagte Khomeini gern. Nach seiner Revolution hatte er vierzigtausend exekutieren lassen. Vor der Hinrichtung wurde ihnen Blut abgenommen, auf daß die medizinische Versorgung seiner Untertanen gesichert sei.

Spezialist in der Kunst des Stegreifscherzes, »qafsha«, gestand Machfus lachend ein, nie eine Moschee zu besuchen, das ewige Verbeugen mekkawärts sei ihm zu anstrengend und Religion kein Fitneßclub. Eine Kultur der Kritik und des Spotts bis zur Karikatur und Lästerlichkeit war seinen Glaubensbrüdern ebenso fremd wie eine opulente Gemäldegalerie: Sie duldeten weder Bildnis noch Widerspruch, wollten belehrt sein und befriedet. Machfus verachtete die Haßprediger, die einer zur Hälfte analphabetischen Bevölkerung den Koran nach ihrem Gutdünken auslegten und die im Fernsehen verlautbarten, den Fernseher aus den Wohnzimmern verbannt und Romanautoren getötet sehen zu wollen, und die sich dabei auf jene Meinungsfreiheit beriefen, die abzuschaffen zugleich ihr erklärtes Ziel war. In seinen Augen kam die besonders endlösungssüchtige Muslimbruderschaft mit ihrer »Islamischen Republik Ägypten« wie in einer Zeitmaschine aus dem Frühmittelalter dahergereist. Keine Blasphemie konnte einer Religion solchen Schaden zufügen wie die Aufforderung, Schriftsteller wie Halalhühnchen abzuschlachten.

Als die Schwedische Akademie Machfus 1988 den Nobelpreis für »Zwischen den Palästen« und »Die Kinder unseres Viertels« zuerkannte, deutete der »Soldat Gottes« und blinde Scheich Umar Abd ar-Rahman die Ehrung als »die westliche Spucke auf dem Antlitz des Islam« und rief zur Ermordung von Machfus auf. Vor dem Freitagsgebet am zehnten Oktober 1994 setzte sich Machfus in das Auto eines Freundes; ein junger Mann näherte sich, schüttelte Machfus höflich die Hand und stach ihm mit einem Messer in den Nacken, um ihm mit der feierlichen Unerschütterlichkeit seiner Auftraggeber den Hals durchzuschneiden. Der Täter kannte keinen seiner Romane: Er hatte nie Lesen gelernt. Doch das Attentat auf Machfus mißlang – das zwar seine Schreibhand lähmte, aber nicht seinen Humor: »Literatur war seit je ein ungesundes Gewerbe.« Weiterhin machte er täglich seine Runde durch die Cafés von Kairo, las seine Zeitung mit Vorliebe im »Ali Baba« am Tahrir-Platz, auf dem mehr als ein Jahrzehnt später Militärpolizisten einer jungen Demonstrantin ins Gesicht traten und zwecks Demütigung ihren langen schwarzen Umhang vom Oberkörper rissen, um sie dann wieder mit ihrem Gewand zuzudecken, als wäre sie bereits tot.

KAPITEL 26

WENN ICH MIT EUCH FERTIG BIN

Jane Austen

Es ist eine allgemein anerkannte Wahrheit, daß die schöne Literatur uns eingeredet hat, wir bedürften nur einer Liebesheirat, um glücklich zu sein, und anscheinend trägt Jane Austen mit ihren sechs Romanen die Hauptschuld daran: Sind ihre Plots nicht immer hollywoodgerecht die gleichen? Mann trifft Frau, sie verlieben sich, überwinden Hindernisse, kriegen einander und –? Schluß. »Sie wurden getraut, die Glocken läuteten, und es lächelte alle Welt.« Offenbar fällt bei Jane Austen nie ein Wort über das etwaige Leid nach der Leidenschaft.

Und so hängen Männer und Frauen, zwei Jahrhunderte nachdem Jane Austen 1817 mit nur einundvierzig Jahren auf der Höhe ihrer schriftstellerischen Möglichkeiten ihre letzte Lebensschlacht gegen einen Tumor verlor, an den Tresen frustfinsterer Pubs, langweilen Bartender mit ihrem Gegrummel – »Also mit der ›großen Liebe‹, mit der bin ich fertig« – grün und blau, verwechseln Antidepressiva mit noch einem Glas Wein und kommen fast um bei dem Gedanken, bis ins Rentenalter hinein ihre Expartner samt Nachwuchs versorgen zu müssen. Dann suchen sie fluchend in echoreichen Tiefgaragen ihr Auto und fahren zittrig in ein verlassenes Zuhause. Jane Austen aber dürften sie nicht wirklich gelesen haben: Gerade sie hätte ihnen ausmalen können, daß es auch anders geht, durchaus auch scheitern kann, man deshalb aber noch lange nicht »die große Liebe« aufgeben muß.

Wie verliebt man sich richtig, und wie bleibt man dabei? Wie schafft man es, den anderen nicht von seinem Selbstbild überzeugen zu wollen, sondern das Porträt zu umarmen, das der andere in ehrlicher Zuneigung von einem entworfen hat? Wie bringt man sich vor den Familienbanden in Sicherheit, die sich mit ungebetenen Ratschlägen schwatzend in jede Privatangelegenheit drängeln? Wie wird eine Ehe nicht zu dem Versuch, zu zweit Probleme zu lösen, unter denen man allein niemals gelitten hätte? In solchen Fragen kannte Jane Austen sich aus. Sollten Künstler, wie es in einem fort heißt, keine Antworten offerieren, sondern »nur Fragen aufwerfen« – Jane Austen war solche Nichtigtuerei fremd.

Sie bot beides, weil sie unverheiratet geblieben war, um Liebesmiseren von außen einfühlsam bestaunen und sich an die Literatur verlieren zu können. Zu Zeiten, da die Lektüre von allem, was kein Predigt- oder Benimmbuch war, als Laster galt, schrieb die neunjährige Pfarrerstochter schon Kleinromane, in denen Kinder in Heuschobern vergessen werden, vornehme Damen an der Flasche hängen und ohne Unterlaß auf Sofas in Ohnmacht fallen – und ein Theaterstück, in dem alle Personen nur flüstern und tuscheln und der Zuschauer somit nie erfährt, welch unerhörtem Geheimnis sie auf der Spur sind. Bereits in ihrer Wiege muß Jane Austen sich das Königreich der Literatur erwählt haben unter der Bedingung, dafür auf alle anderen verzichten zu müssen: Zur Verlobung mit dem kurz beflirteten Juristen Tom Lefroy kam es, Austens geringer Mitgift wegen, 1796 nicht, was aber kaum ins Gewicht fiel, da die gerade mal Zwanzigjährige gleich darauf mit der Niederschrift von »First Impressions«, den »Ersten Eindrücken«, begann, der Vorstufe zu »Pride and Prejudice«, und aus diesem Roman sprach gewiß kein gebrochenes Herz. Und den dezemberlichen Heiratsantrag des sieben Jahre jüngeren Harris Bigg-Withers mit immerhin stattlichem Vermögen nahm sie 1802 nur an, um am nächsten Morgen den Koffer zu packen und zu verschwinden, da sie in einer bloßen Versorgungsehe am eigenen Leib hätte erfahren müssen, was die meisten Frauen ihrer Kreise ertrugen, als wär's ein Grundgesetz menschlicher Existenz: Sollte sie, schwanger jahraus, jahrein, einen Haushalt führen wie ein Hotel, Finanzen verwalten, ewig Briefe an leidige Anverwandte aufsetzen, deren Dauerbesuche erdulden – und das nur, um einem bestenfalls geschätzten Gatten den Rücken für seine Fuchsjagdorgien freizuhalten? Gewiß suchte Jane Austen den Wohlstand, ja Reichtum; für ihren Erfolg aber wollte sie nur sich selber dankbar sein.

Allerdings ängstigte es sie, je älter sie wurde, zu einer »Mrs. Stent« zu verkümmern, einer beiläufig Bekannten, die »zu nichts mehr zu gebrauchen und nirgendwo willkommen« war; und stimmten die Gerüchte, die in der ländlichen Oberschicht ihres Dörfchens Chawton in der Grafschaft Hampshire Miss Austen umhuschten, war sie bald affektiert und versponnen, bald eisjüngferlich steif und pedantisch, bald ein alberner Schmetterling, der bei einer Abendgesellschaft so wenig Beachtung fand wie ein Schürhaken vorm Kamin. Chawton war Großbritannien im kleinen und schien einem ihrer Romane entnommen zu sein: Hier traute keiner keinem. Gute Nachbarinnen nach außen hin, machten vor allem die Mütter unverheirateter Töchter die Töchter anderer Mütter nieder, damit sie im Kampf um einen Gatten den Sieg davontragen mochten. In dieser Welt, wo nur die Ehe einer Frau eine gesellschaftlich anerkannte Stellung sichern konnte, kam Miss Austen als Konkurrenz im Wettlauf um die beste Partie wenigstens nicht mehr in Betracht. Und ihr war es recht.

Denn als die Truppen Napoléon Bonapartes in der Völkerschlacht bei Leipzig im Herbst 1813 besiegt waren, hatte auch Jane Austen ihr Publikum mit dem Romankomödienhit »Pride and Prejudice« endgültig in ihrer Gewalt. So licht und herb champagnerfroh kam dieses Buch daher, daß Premierminister Winston Churchill während des Zweiten Weltkriegs eine heftige Lungenentzündung damit überstand. »Der Geist der Göttlichen Jane« reichte so weit, Hitler bezwingen zu helfen, ereiferten sich ihre Fans, und bis ins einundzwanzigste Jahrhundert hinein würde es in England nicht mal mehr Shakespeare an Kultstatus mit Jane Austen aufnehmen können: Welchen Genuß es bereitete, sie dabei zu beobachten, wie sie alltagsvertrauten Widerlingen mit messergeschliffenen Zeilen den Garaus machte – manche ihrer Geschöpfe schienen nur geschaffen worden zu sein, damit nichts mehr von ihnen übrigblieb, wenn Jane Austen mit ihnen fertig war: Was man damals »himmlische Gerechtigkeit« nannte, brach in »Stolz und Vorurteil« wie ein todbringender Orkan über die würdevoll impertinente Lady Catherine de Bourgh und den niederschmetternd blasierten Hohlkopf Pastor William Collins herein. Und wer wollte nicht so klug, gutaussehend und schlagfertig wie Fitzwilliam Darcy und Elizabeth Bennet sein?

Noch zu ihren Lebzeiten bezauberte »Stolz und Vorurteil« sogar jene, von denen Jane Austen sich nichts sehnlicher wünschte, als sie im Londoner Tower verrotten zu sehen. Von nun an wollte der spätere König George IV., nach

Austens Geschmack nur ein versoffenes, ehebrecherisches Ekel, jeden ihrer Romane ihm gewidmet wissen, und als sein Bibliothekar sie bestürmte, sie sollte sich an einem historischen Liebesroman um höfische Verschwörungen versuchen, bekam er zu spüren, daß Miss Austen in der Tat einem Schürhaken gleichen konnte, vor dem man sich besser hüten sollte: Das werde sie, entgegnete sie brieflich mit beherzter Unberechenbarkeit, nur unter Androhung ihres Todes tun. »Noch vor Vollendung des ersten Kapitels würde ich mich aufhängen, wenn es mir verboten wäre, zu meiner Entspannung über mich und die andern in Gelächter auszubrechen.« Auch wenn sie elend daran scheitern sollte: »Ich gehe meinen eigenen Weg« wie Elizabeth Bennet in »Stolz und Vorurteil«, laut ihrer Schöpferin »einer der hinreißendsten Gestalten, die je gedruckt erschienen sind«. Robert Louis »Die Schatzinsel« Stevenson gestand, bei der Lektüre jedesmal niederzuknien, wenn dieses temperament- und humorvolle Wesen eine ihrer aphorismusfähig bissigen Sentenzen von sich gab: Stevenson muß den Roman wie im Gebet auf einer Kirchenbank gelesen haben.

»Es ist eine allgemein anerkannte Wahrheit«, hebt Miss Austen in »Stolz und Vorurteil« streng ironisch an, »daß ein Junggeselle im Besitz eines schönen Vermögens nichts dringender braucht als eine Frau« – natürlich ist das genaue Gegenteil der Fall. Nicht die Junggesellen Bingley und Darcy suchen eine Frau, vielmehr macht sich die dümmlich hysterische Mrs. Bennet derart lauthals daran, arglose Junggesellen in künftige Gatten umzukrempeln und wie eine Puffmutter an ihre fünf Töchter zu verschachern, daß der versnobt standesbewußte Landadelige Darcy seinen Freund Bingley von der angebeteten Jane Bennet fernhalten will. Zu seinem Leidwesen aber hat sich Darcy selbst in den Esprit ihrer stets lachbereiten Schwester Elizabeth und deren anarchisches Naturell verliebt. Seine Wertschätzung sei, erklärt er ihr anfangs, noch im Vollbesitz seines reservierten Hochmuts, »wenn einmal verloren, dann für immer verloren«, sein Charakter unversöhnlich. »Das nenne ich eine Charakterschwäche!«, erwidert Elizabeth Bennet, »aber Sie haben ihre Schwäche gut gewählt – darüber kann ich wirklich nicht lachen. Vor mir sind Sie sicher« – und Darcy ist es gerade solcher Sätze Elizabeths wegen nicht: Endlich eine Frau, die ihm die Stirn bietet, anstatt ihn zu umschmeicheln.

Elizabeth Bennet wieder sagt uns einmal zu oft, daß sie Darcy nicht ausstehen könne; obwohl er über einhundertfünfzehntausend Pfund im Jahr und das Prachtgefilde Pemberley verfügt, weist sie seinen von oben herab gemachten Heiratsantrag von sich, weil er den charmierenden Leutnant George Wickham um dessen Erbe gebracht haben soll – obwohl Elizabeth Bennet schon am Namen »Wickham« hätte bemerken müssen, wie »wicked«, wie »boshaft« also, »gefährlich« und »lüstern« der in seiner Uniform Unwiderstehliche wirklich ist: Hatte Wickham einst Darcys Schwester Georgiana, ein halbes Kind, zu verführen versucht, brennt er nun mit einer der Bennet-Töchter nach London durch; Darcy zwingt ihn zur Ehe, um die Ehre ihrer Familie zu retten, Elizabeth erkennt, daß sie nicht erst seit gestern im tiefsten Innern unsterblich vernarrt in ihn war, fegt Darcys intrigierende Tante Catherine de Bourgh in einem Gesprächsduell mit kaltem Zorn für immer beiseite – und verflogen sind damit auch beider Fehler, Stolz und Vorurteil, die ihre Gefühle zu vergiften drohten. Elizabeth wird Darcys Weltkenntnis zugute kommen, stellt Austen ihrem Paar in Aussicht, und Darcy Elizabeths Zwanglosigkeit. Nach der Heirat der zwei wundert sich Darcys Schwester Georgiana freilich bis an den Rande der Bestürzung, mit welch unverhohlenem Spott Elizabeth Darcy ihren Gatten auf dem Herrensitz Pemberley traktiert.

Ob das gutgehen wird? Daß sich jede Ehe zu einer Folterkammer verengen kann, verschwieg Austen nie. Eine Freundin Elizabeths in »Stolz und Vorurteil« ehelicht wie unbesehen Pastor Collins, um finanziell ausgesorgt zu haben, und hält ihn sicher von sich fern, indem sie ihm die gesunde Hobbygärtnerei anempfiehlt: In ihrem Haus mit getrennten Schlafzimmern herrscht die resigniert hingenommene Qual der großen Stille und Atemnot. Wer in Austens Universum seine Liebe vor der Heirat nicht an Widerständen bewährt, wird in der Routine des täglichen Miteinanders danach kaum auf sie bauen können: Man muß vorab alles – in sich und den anderen – fertigmachen, was dieser Liebe im Wege steht, und – auf Selbstdistanz gerückt – klarkommen mit sich selbst. So ist auch die Ehe der Eltern Elizabeth Bennets, nur leichthin im Aufruhr der Hormone geschlossen und früh schon geschwächt und zerschlissen, nicht mehr zu retten, Respekt und Vertrauen sind dahin, »seiner Frau verdankte er wenig mehr als das Amüsement, das ihm ihre Beschränktheit und Torheit bereiteten« – doch soll man ein Ideal zu Grabe tragen, nur weil man ihm nicht entsprochen hat? Ist das Beste, was sich über die Hoffnung auf eine glückliche Ehe bis in den Tod denn sagen ließe, solcherlei Illusionen sollte man schnellstens zu Grabe tragen? Für Jane Austen lag der Sinn des ganzen Daseins darin, daß es mit dieser Hoffnung erst wirklich beginnt: Es gibt immer noch und noch ein nächstes Mal, bevor die letzte Lebensschlacht geschlagen ist.

KAPITEL 27

NIE HABE ICH EINE ANDERE GELIEBT ALS DICH

Jane Austen (erneut)

Eine Kleinigkeit noch, dann ist alles geregelt: Sollte man vielleicht, gibt der Bibliothekar des Paradieses zu bedenken, nicht besser »Persuasion« aus Jane Austens Nachlaß auf eine einsame Insel schaffen? Der zweite Heiratsantrag Darcys in »Stolz und Vorurteil« nimmt sich doch wie auf Krücken gebrechlich aus: »Er gestand ihr seine Liebe mit so einfühlsamen und tiefempfundenen Worten, wie sie einem leidenschaftlich Verliebten angemessen sind«? Zwar ist das Kapitel »Wenn ich mit euch fertig bin« schon gedruckt und gelesen – aber warum streichen wir aus der Liste für unsere Inselbibliothek nicht »Stolz und Vorurteil«?

Oder setzen einfach rasch »Persuasion«, »Überredung«, auch »Anne Elliot oder die Kraft der Überredung« genannt, hinzu: Die Tochter eines strangulierenswürdigen Walter Elliot, dem neben seiner körperlichen Ansehnlichkeit nur der Eintrag seines Namens im Adelskalender schmeichelt und dem beides zum einzigen Lebenszweck geworden ist, muß auf ihre große Liebe zum mittellosen, verachtenswert bürgerlichen Marineoffizier Captain Wentworth verzichten. Ihr Leben scheint vorüber; denn so unwiderruflich Anne Elliot mit der »Eleganz ihres Geistes und der Liebenswürdigkeit ihres Charakters« gesegnet ist, so kann ihr Vater sie nicht leiden – und sie kümmert in ihrer Trennung von Wentworth dahin wie ihre Mutter, die an der Ehe mit Papa Elliot fast zugrunde gegangen ist.

Achteinhalb Jahre bringt Anne als Kindermädchen, Haushaltshilfe und Pianistin für die Schwestern und Schwägerinnen dahin: »Der Abend sollte mit Tanz enden, und als dieser Vorschlag laut wurde, bot Anne wie üblich ihre Dienste an, und obwohl sich ihre Augen gelegentlich mit Tränen füllten, während sie am Klavier saß, war sie erleichtert, beschäftigt zu sein, und wünschte sich zur Belohnung nichts, als unbeobachtet zu bleiben.« Doch Wentworth, der nicht mehr an ihre Liebe glaubte, bietet Anne noch einmal seine Hand: »Unvergleichlich gutes, unvergleichlich edles Geschöpf! Nie habe ich eine andere geliebt als Sie!« Napoléon Bonaparte ist seit der Seeschlacht von Trafalgar 1805 geschlagen, und Anne Wentworth stolz darauf, die Frau eines einfachen Seemanns zu sein. Und –? Schluß.

KAPITEL 28

DIE HEIMAT DES SOMMERS

Joseph Roth

Polen, Deutsche, Russen, Österreicher – ein Jahrzehnt lang schien es ihr größtes Talent zu sein, mit aufrichtiger Gehässigkeit selbst in einem Nichtjuden etwas »Jüdisches« zu wittern. Danach, da es längst zu spät war, hätten die meisten Staaten Europas, zerteilt und blockvereint, über ehemalige Grenzen durcheinandergeworfen wie Spielzeugwaggons und neubenannt, gerne die Weltzeituhr »Geschichte« auf irgendein Damals zurückgestellt. Auf welches? Davon wußten sie nichts und zerbrachen daran.

Irgendein Egon Friedell war Jude – aber nicht jeder wußte es. Ein antisemitischer Kritiker war höchlichst verdutzt, daß sein Kollege, der Schriftsteller, Kabarettist und Historiker Dr. phil. Egon Friedell, in einem Theaterstück die Rolle eines »semitischen Anwalts« übernahm: »Wie und was muß ich da hören, Herr Doktor, Sie spielen neulich einen Juden?« – »Mein Lieber«, entschuldigte sich Egon Friedell, »Sie wissen ja, ein Schauspieler muß eben alles können.« Erst 1938 verlor Friedell zum ersten Mal seinen Humor.

Und auch zum letzten Mal. Denn vergebens hatten ihm Freunde zur Flucht verhelfen wollen, und als Friedell am elften März desselben Jahres gegen zehn Uhr abends durchs Fenster zwei Männer der SA heranmarschieren sah, die »den Jud« nach Dachau deportieren sollten, sprang er vom dritten Stock seiner Wohnung in Wien, Gentzgasse neun, auf die Straße und stieß noch im Sturz den Warnruf »Treten Sie zur Seite!« aus, damit auch kein Passant zu Schaden käme. Zahllose Sterne wanderten durch die unendliche Tiefe des Weltalls, hatte Friedell zu Beginn seiner »Kulturgeschichte der Neuzeit« geschrieben, Gott wollte sie alle glücklich sehen, doch einen Planeten schien er vergessen zu haben dabei: Am folgenden Tag ließ Hitler seine Truppen in der »Operation Otto« in Österreich einmarschieren, um den »notleidenden Genossen« seiner Heimat beizustehen. Österreich war für ihn frei und das tausendjährige Bemühen, eine Zivilisation zu errichten, wie auf immer dahin.

Fünf Jahre zuvor hatte man Joseph Roth ins Exil nach Paris erst gar nicht drängen müssen, da die Vernichtung der europäischen Zivilisation durch das offenbar so zukunftssichere »Tausendjährige Reich«, diese »Filiale der Hölle auf Erden«, ihm schon Ende der zwanziger Jahre zur Gewißheit geworden war. »Millionen von Plebejern brauchen dringend ein paar armselige Hunderttausende von Juden, damit sie bestätigt erhalten, schwarz auf weiß, daß sie bessere Menschen sind.« Sei es »ein zufälliges Zusammentreffen, daß Bücher brennen in dem Augenblick, wo man die Juden mißhandelt«? Zwar war ihm Egon Friedells Sprung ins Freie offiziell »ein Greuel« – für sich privat aber hätte auch er sich »längst umgebracht«, wenn er nicht, ostgalizischer Jude und ungetaufter Katholik in einem, zu gläubig dafür gewesen wäre.

Und so ging er zu Bruch, als seine Frau Friederike in die Wiener Nervenheilanstalt »Am Steinhof« eingeliefert und damit auf der »Insel der Unseligen« gestrandet war.

Manchmal wähnte er, sie würde geheilt werden, wenn er nur genug Schicksalsschläge auf sich lud. Mit dem Selbstmord Friedells starb er seinen zweiten Tod, fühlte sich von Gott verfolgt und bestraft und gesegnet zugleich wie sein »Hiob« Mendel Singer, der, auch weil Marlene Dietrich so schneidig vom »Hiob« schwärmte, Roth berühmt gemacht hatte. Er beschloß, sich auf seine Art Einlaß in den Himmel zu verschaffen, von einem Glas Pernod und Cognac zum nächsten mit zwölf Stunden Arbeit an seinen Manuskripten pro Tag – bis das Ungeheuer an Angst und Daseinslast in ihm spätnachts endlich schwankte und in sich zusammenbrach. »Es ist mein Auftrag von Gott, ein Säufer zu sein, um mich in seinem anderen Auftrag demütig zu halten.«

Nicht oft in der Geschichte der Literatur sind Überlebenskampf und Selbstaufgabe, Triumph und Untergang so gut miteinander zurechtgekommen wie an jenem grünen Tisch des kleinen Bistros »Le Tournon« im Paris der dreißiger Jahre, wo Roths Leibkellner die Flasche schon auf dem Tablett kredenzbereit hielt, kaum daß er es morgens verkatert betrat. Was ihm an der Schwere des Unglücks und dem Mangel an Wundern zugemutet worden war, hätte ein ganzes Psychologenbataillon nicht schultern können – Roth jedoch war, obschon zierlich von Statur, im Durchhalten von urweltlicher Kraft, solange nur genug Hochprozentiges sein großes, längst verzehrtes Herz noch ein paar Jahre schlagen ließ. Einst hatte er umstandslos den Habitus eines k. u. k. Leutnants kultivieren können, den federleichten Schritt seines Kaisers Franz Joseph – am Schluß war sein Gesicht aufgedunsen und schlaff, der Mund hinter einem dunkelroten, slowakisch herabhängenden Schnurrbart verborgen, das listige wie sanfte blaue Augenpaar blutunterlaufen. Auch aß er nichts mehr; doch noch immer gab er den altösterreichischen Aristokraten, wenn auch erobert vom Weltreich des Verfalls – Roth vollzog das Ende Europas an sich selbst. Seine Leber war derart geschwollen, daß sein Schutzengel Germaine Alazard, die Wirtin des »Café Tournon«, ihm die Schnürsenkel zubinden mußte. Und als sich Gott 1939 in Gestalt einer doppelten Lungenentzündung endlich dazu herabließ, den nicht einmal Fünfundvierzigjährigen zu sich zu nehmen, kam der Allmächtige, befand Roth, um ein Jahrzehnt zu spät.

Man kennt das: Viele Schriftsteller pflegen zu ihrer Hausbar ein so feierliches Verhältnis wie sonst nur Priester zum Wein der Eucharistie. Doch kaum einer von ihnen hat sich in einem Anfall hilfloser Selbstanmaßung am Schluß seines Lebens dafür ein Sakraldenkmal gesetzt wie Joseph Roth mit jener »Legende vom heiligen Trinker«, worin ein Clochard alles ihm geschenkte Geld versäuft, Gott ihm aber immer wieder Francs zukommen läßt – gleich wie Joseph Roth seine schriftstellerische Begabung durch Gott gesichert wußte, wenn ihm seine »innere Flamme« zu verlöschen drohte. Roth, kein Trinker um des Trinkens willen, zählte zu jenen seltenen Romanciers, die nicht trotz, sondern wegen des Alkohols auf dem Gipfel ihres Könnens sind. Gästen des »Café Tournon« trug er mit sonorer, etwas brüchiger Stimme zuweilen jene Passagen vor, die er, allesamt im Suff zu Papier gebracht, mit Recht für seine besten hielt. Und ein Paradebeispiel war sein Meisterwerk von 1932, der »Radetzkymarsch«.

Jeder Wiener kennt die Heurigen-Liedzeile »Es wird ein Wein sein, und wir werd'n nimmer sein«, die uns mit der paradoxen Einsicht befreundet, wie schade es doch sei, sterben zu müssen, weil wir dann keinen Wein mehr trinken können, den wir trinken, weil wir sterben müssen. Es paßt seinen Untertanen »halt nimmer, von mir regiert zu werden«, denkt sich Kaiser Franz Joseph – und fügt hinzu: »Da kann man nix machen.« Dieses in Gelassenheit getauchte Vergeblichkeitsgefühl, das die Gemütlosen unter den Nichtösterreichern »morbid« zu nennen pflegen, durchweht auch den »Radetzkymarsch«. Daß niemandem auf Erden wirklich zu helfen sein könnte, bekümmert einen Leser Joseph Roths keinen Augenblick: Bei ihm ist unsere Existenz von Grund auf österreichisch – hoffnungslos, aber so ernst auch wieder nicht. So viel sargnahe Schnapsseligkeit wie im »Radetzkymarsch« war nie, nie so viel Spielsucht und Liebesnot, so viel selbstmörderisches Es-hat-ja-doch-keinen-Zweck, Sterben, Tod und Würmerfraß; doch all das leuchtet – weil Roth mit seinem Wunder an Roman den Leser in die Arme nimmt. Menschlichkeit, das am meisten mißbrauchte Wort jüngerer Geschichte: im »Radetzkymarsch« tritt es wie ein Weltgesetz mit gleißender Intensität in Kraft.

Roths Mitleid zieht uns in Mitleidenschaft. Leutnant Carl Joseph von Trotta vermag sich im Vorbild des Großvaters nicht wiederzuerkennen, der dem Kaiser Franz Joseph bei der Schlacht von Solferino 1859 das Leben gerettet hat – und warum sollte er auch, wo es seinem Vater, dem Bezirkshauptmann, doch ebensowenig gelingt? So schlafwandelt sich Leutnant Carl Joseph von Trotta, ein zweibeiniges Grabmal für die Gespenster seines Lebens, dauerbetrunken durch ein Dasein, das ihm in Gegenwart des Vaters sogar verbietet, »Ich« zu sagen. Ihre Gespräche sind Monologe zu zweit, wobei sich der Sohn auf ein »Ja, Papa« zu beschränken hat. Ohne Alkohol kann er sich nicht mehr in die Augen sehen. »Immer ist es so, als hätt' ich Schuld! Ich hab' Angst, ich hab' Angst, überall!« Das Ende der Monarchie faßt er als sein eigenes Versagen auf und findet ein klein wenig Mut nur bei den Klängen des Johann Strauß-schen Radetzkymarsches. Als er 1914 in der Schlacht bei Krasne-Busk, des Marsches trommelnde Takte im Ohr, die nichts als Gewehrsalven sind, Wasser für seine Kameraden holt, wird ihm in den Kopf geschossen, und Roth gibt sich Mühe, ihn nicht als Helden erscheinen zu lassen, gerade damit er es für uns wird. Ist er zu schwach, zu heimwehkrank? Dann ist es der Rest der Menschheit auch. Roth zu lesen bedeutet, ein Trotta zu sein.

Sein größter Gegner war die Schwerkraft begrifflicher Abstraktion. Er hob einen Ziegelstein auf – und der Stein wurde leicht wie ein Kristall. Gütig atmet in Carl Josephs Kindheit die Sonne über der slowenischen Heimat Sipolje im äußersten Süden der Monarchie, jener »Heimat des Sommers«, wo der Vater allsonntäglich mit fast kindlicher Freude und kennerischer Sorgfalt seinen Tafelspitz verzehrt: »Das Auge des Bezirkshauptmanns liebkoste zuerst den zarten Speckrand, der das kolossale Stück Fleisch umsäumte, dann die einzelnen Tellerchen, auf denen die Gemüse gebettet waren, die violett schimmernden Rüben, den sattgrünen ernsten Spinat, den fröhlichen hellen Salat, das herbe Weiß des Meerrettichs, das tadellose Oval der jungen Kartoffeln, die in schmelzender Butter schwammen und an zierliche Spielzeuge erinnerten.« Bei solch kulinarischem Schönheitssinn des Stils kann man sich das Mittagessen sparen: Joseph Roth ist Österreich, ein Weltschauspiel der Sinnenfreude, voller Ohnmacht und Anmut und stillem Glück.

Doktor Max Demant schenkt, bevor er im Duell gegen einen Antisemiten stirbt, Freund Trotta seinen Säbel, auf dem sich schwerfällig und unbeholfen die Inschrift eingeritzt findet: »Lebe wohl und frei!« Trotta hängt den Säbel in den Schrank – wir Leser holen ihn lebenslustergriffen wieder hervor. Erblickt Kaiser Franz Joseph das Jenseits, glauben auch wir an diesen »Rand des Horizonts, den die Augen der Greise immer sehen, auch wenn ihn Häuser, Wälder und Berge verdecken«. Und wem auf den letzten Seiten des »Radetzkymarsches« nicht die Tränen kommen, der hat kein Herz oder – wie Joseph Roth am Ende – schon keine Tränen mehr: so wenn Carl Joseph seinem Vater im Traum Wasser zu trinken gibt und der die Nächte herbeisehnt, um seinen Sohn wenigstens in seinen Träumen bei sich zu wissen, und wenn der arme Alte durch die Straßen schlurft mit einem murmelnden »Mein Sohn ist tot« auf den Lippen. Man soll an den Kaiser so wenig glauben können wie an Gott? Ohne die zwei geht es hier aber auch nicht so recht. Man kann, wie Graf Chojnicki, »Günstling der Regierung und Verächter der parlamentarischen Körperschaft«, den Niedergang der beiden Herren auch derart beflissen herbeiwitzeln, bis er lähmend daherkommt und nicht mehr weichen will: Wer meint, er wohne unter einem Dach rutschender Ziegel, muß sich fragen, ob er nicht selbst für das schlechte Dach gesorgt hat. In seiner Furcht vor dem Nichts zog Roth die Illusion der Verzweiflung vor.

Juden und Katholiken, Liberale und Konservative, Monarchisten wie Sozialisten wetteiferten kränzebeschwert 1939 um Joseph Roths Segen an seinem offenen Grab. Seine Wirtin Germaine Alazard hatte ihm eine Totenmaske abnehmen lassen, die sie beim Einmarsch der Deutschen in Paris 1940 auf dem Boden ihres Bistros zu Scherben schlug: Nichts von Roth sollte denen in die Hände fallen. Seine Frau Friederike jedoch wurde im selben Jahr, da die Hakenkreuzflagge vom Eiffelturm loderte, als sei ein Sieg über

Joseph Roths Zartheit zu feiern, in der »Aktion Gnadentod« in einem als Nervenheilanstalt getarnten Schloß bei Linz vergast. Kind dieser »Epoche der Preußen« sein konnte man nicht – nur deren Feind. Die SS-Deutschen lebten, um sterben zu lassen; lediglich das »Leben und leben lassen« der Vielvölkermonarchie unter den Habsburgern hätte, so Joseph Roth, Österreich retten können, auch wenn es längst versunken war. Und doch ist es da, weil es Romane gibt, die wie Orte sind, in denen man immer Zuflucht findet: Die verlorene Heimat des Sommers Sipolje besteht trotzdem weiter in einem der traurigsten, tröstlichsten und schönsten Werke der Welt. Der »Radetzkymarsch« hinterläßt die Empfindung, daß er bereits existierte, als er noch gar nicht geschrieben war.

KAPITEL 29

PORTRÄT EINES KÜNSTLERS ALS JUNGE FRAU

Gustave Flaubert

Es war ihr Privileg, Kümmernisse zu erfinden, wenn es gerade mal keine zu beklagen gab. An diesem Septembermorgen des Jahres 1849 aber legte sich Madame Flauberts Stirn nicht von ungefähr in nildeltatiefe Falten, ganz so, als wäre ein Paar tollwütiger Hunde durchs Gatter über ihren Hof hereingebrochen.

Stunden hatte sie heimlich an der Tür des Arbeitszimmers gelauscht, diesem Donnergepolter an Diskussionen und der entsetzlichen Stille dazwischen. Kaum waren die zwei sogenannten Freunde ihres Sohnes endlich im Bett, schlich sie zu ihm hin und sagte ihm ihre Meinung: »Die beneiden dich nur.« Doch Gustave, auf seinem Diwan niedergestreckt und im Halbdunkel in Trauerschwarz gehüllt wie für seine eigene Beerdigung, winkte bloß verwirrt lächelnd ab: Vielleicht hatten die beiden ja recht.

Einer etwas voreiligen Legende nach war Gustave Flaubert, obgleich er noch keine einzige veröffentlichte Zeile vorzuweisen hatte, in Paris bereits ein »großer Schriftsteller«. Der Beweis stand freilich noch aus. Und so hatte Flaubert nun drei Tage und halbe Nächte lang einer kleinen Privatjury das Fünfhundertseitenmanuskript über »Die

Versuchung des heiligen Antonius« vorgetragen. Das Urteil sollte erst nach der Lesung erfolgen, und schon glaubte Flaubert, die Champagnerkorken knallen zu hören, den Jubel der Freunde über sein »Meisterwerk«. In der dritten Nacht schlug er mit der Faust auf den Tisch, »Nun seid ihr an der Reihe, sagt offen, was ihr denkt«. Das Buch, versetzten die Freunde, ermüde durch ewiggleiche Wechselreden, lasse dramatische Spannung vermissen, schwelge in metaphorischem Bombast. »Du solltest das Manuskript ins Feuer werfen und nie wieder davon sprechen.«

Vor Kummer ob dieses Todesurteils blieb Flaubert während seiner Reise durch den Orient danach oft antriebslos in sich selbst gekehrt. Sie sollte ihn heilen von seiner »schwärmerischen Fallsucht«, dem »Ornamental-Orient in meinem Innern«. Doch wenn er in Istanbul nicht gerade Bordelle mit Beschlag belegte, Aussehen und Kleidung eines Zwerges im Topkapı-Palast notierte oder das Gebaren der Prostituierten, die sich auf den Friedhöfen zwischen Grabsteinen Soldaten hingaben, erwog er nur weitere Merkwürdigkeiten wie jenen Roman über ein Mädchen in Flandern, das als Jungfrau und Mystikerin in einer Kleinstadt zwischen Kohlköpfen starb. Solche Pläne waren – das sah er grummelnd ein – dem »Antonius« verwandte Überspanntheiten. Sie entbehrten eines zwingenden Fundaments. Ganz anders verhielt es sich da mit jener Skandalchronik aus der heimatlichen Normandie: Eine Madame Delamare hatte ihren Mann betrogen, aus »ennui«, aus Langeweile und Frustration über das unablässig wiederholte Gestern im Heute; hatte ihre Familie ins Elend getrieben und sich dann vergiftet. Das gab was her.

Gerade dieser simple Plot zwang Flauberts träumerischer Energie eine Verfassung auf. Mit den Delamares hatte die

Realität Gestalten geschaffen, die großartiger waren als alles, was seine Phantasie zu kreieren vermochte, und sie würden sich, unter eine rigide Stilherrschaft gebannt, mit denjenigen eines Homer messen können. Warum sollte er seine Sehnsucht nach der sinnlichen Pracht ferner Paradiese nicht einer Emma Bovary angedeihen lassen, die – betört von der Literatur und dem Weihrauch ihres Klosterinternats – sich nimmt, was sie begehrt, weil es ihr zu begehren verweigert wird? Jede Einzelheit mußte gewöhnlich und subtil überhöht in einem sein. Es war um die Mitte des neunzehnten Jahrhunderts in der französischen Provinz nichts Besonderes, wenn jemand zur Beichte ging, in katholische Melancholien verfiel und kurz vor dem Tod »in christlicher Demut« ein Kruzifix in die Arme schloß. Doch die junge Emma erfindet Sünden, um länger im Beichtstuhl beim Priester verharren zu können, wünscht sich nach einer Gottesvision später einen luxuriös smaragdgefaßten Reliquienschrein für ihr Schlafzimmer und drückt im Sterben auf den ihr gereichten Heiland am Kreuz »den innigsten Liebeskuß, den sie jemals gegeben hatte«. Indem Flaubert dem kleinsten Detail Bedeutsamkeit verleihen würde, geriet auch die flämische Mystikerin aus der Istanbuler Grübelei wieder in das geplante Buch hinein. Emma Bovary war Bauerntochter, Gattin eines Landarztes und eine Jeanne d'Arc erotischer Hochreizbarkeit zugleich, die sich verausgabt im Haß auf jederlei Beschränkung, »die widerwärtige Disziplin der Religion«, die vulgäre Kleinlichkeit des Spitzengardinenbürgertums. Sie empörte sich gegen das »laue Gefühl«, forderte sich und der Männerwelt die Liebe »als Himmelssturm« ab. Und warum denn auch nicht?

Als Gustave Flaubert aus dem Orient zurückkehrte, erkannte ihn seine Mutter nicht wieder. Mit dreißig stand er vor ihr, um Jahrzehnte gealtert. Wie oft würde er, wenn er in den Spiegel blickte, über sein rotdurchädertes Gesicht erschrecken und seine vorspringenden Augen unter den geschwollenen Lidern; wegen der Quecksilberbehandlung seiner in Ägypten erworbenen Syphilis sollte sein Speichel bis zum Ende schwarz bleiben, und die Haare fielen ihm aus, als kaute er Arsen in kleinen Dosen, um seine Leistungskraft für sein künftiges Romanabenteuer zu steigern. Im November 1851 machte er sich an »die Biographie Emma Bovarys«. Vier Jahre, sieben Monate und elf Tage lang stritten sich in ihm jede Stunde, auf Gänsefeder komm raus, »zwei Burschen«, böse, frech, einander ebenbürtig: War der eine »un vieux romantique enragé«, ein alter, tollwütiger Romantiker und Rauschkopf, der Sätze aufs Papier werfen wollte, wie man Orgien feiert, so der andere ein Chirurg wie Flauberts Vater, der im städtischen Krankenhaus von Rouen mit einem Ausdruck konzentrierter Unzufriedenheit Leichen seziert hatte, während seine brennende Zigarre auf einer der Gliedmaßen ruhte. Diese beiden Kerle miteinander ins Benehmen zu setzen war »zum Krepieren« schwer.

So schlug die Stunde des Schriftstellers als eines Schreibtischhelden, Eremiten und Märtyrers, der für seine Kunst seine Gesundheit aufs Spiel setzt, Spaziergänge verachtet, weil sie ihn vom Schreiben abhalten, und der – bis auf einen – alle Zähne verlieren wird. Du hörst, lautete Flauberts paradoxe Maxime, mit dem Arbeiten nicht auf, wenn du die Perfektion erreicht hast, sondern wenn du sie nicht mehr erreichen kannst. In seinen Eichensessel gedrückt, korrigierte er das in einem Zug am Vormittag Verfaßte, auf der Suche nach dem einen richtigen Wort, kritzelte, strich, übermalte, schwärzte dabei zuweilen eine Seite ein, bis sie für ihn selbst kaum mehr zu entziffern war, und deklamierte abends die Sätze dröhnend über die Seine. Für die Szene der Landwirtschaftsausstellung, worin ein Dorf-Don-Juan das »Merinoschaf« Emma mit seinen Kitschphrasen verführt, von den geschwätzigen Juroren unwissentlich mit dem Ausruf »Mist!« kommentiert, benötigte Flaubert ein halbes Jahr. Noch das vermeintlich Banalste mußte melodiös klingen, musikalisch vollkommen sein, sonst taugte es nichts.

Etwa wenn sich Emmas Ehemann Charles Bovary daran berauscht, ein Kind gezeugt zu haben: Zunächst stand im Manuskript, Charles hätte darin »eine gewisse Befriedigung seiner Männlichkeit« gefunden, »une certaine satisfaction de virilité« – was für eine knöcherne Wendung … und Flaubert ersetzte sie, nach quälendem Hin und Her, durch die lyrische Sentenz »L'ideé d'avoir engendré le délectait«. Schrieb weiter um und um und um »wie jemand, der mit Bleigewichten an den Fingern Klavier spielen soll«, bis in den frühen Morgen. Das Licht in seinen Fenstern diente den Krebsfischern der Seine als Leuchtturm; und auf ihn, »cet original de Monsieur Flaubert«, ist noch heute Verlaß. Alles in »Madame Bovary« steht so plastisch vor uns, als hätte Flaubert den Film erfunden; Meisterregisseure halten das Werk für das beste Drehbuch in Romangestalt. Flaubert entwarf seine Tableaus so präzise, wie Alfred Hitchcock sich jede Kameraeinstellung vorskizzieren ließ, bis kein verzichtbares Wort noch Bild auf seiner Leinwand zu finden war.

Von seinen Mitschülern verspottet und den Universitätsexamen überfordert, »die vor ihm aufragten wie Tore zu Heiligtümern voll erhabener Finsternis«, heiratet der Sanitätsbeamte Charles Bovary auf Befehl seiner Mutter eine alternde Witwe, »seine Frau war Herr im Haus«, und ehelicht nach deren Tod in glückseliger Benommenheit Emma Rouault, die zwei Gestalten in sich vereint: Sie ist ein Schneewittchen mit ihren schwarzglänzenden Augen, den weißen Nägeln, dem Blutstropfen, den sie ableckt, als sie sich beim Nähen in den Finger gestochen hat – und eine Domina, wenn sie die verlegte Reitpeitsche ihres künftigen Gemahls entdeckt, als hätte der Marquis de Sade sie höchstpersönlich für die beiden zwischen Getreidesäcken im Speisezimmer versteckt. Nach Emmas Hochzeit ist ihr Vater »traurig wie ein Haus ohne Möbel«, die Tochter langweilt die »heitere Schwerfälligkeit« ihres Gatten und seine Konversation, die »platt wie ein Gehsteig war«, und begegnet in dem Tuchhändler Lheureux dem Teufel aus dem Märchen, der ihre Depressionen in Kleidern erstickt, die sie sich bald nicht mehr leisten kann. Ihre zwei Liebhaber sind kümmerlich, auch der – so Flaubert – »angeborenen Feigheit wegen, die bezeichnend ist für das starke Geschlecht«. Zuletzt findet Emma im Ehebruch nur »alle Schalheit der Ehe« wieder. Und als sie auf der Opernbühne ihre Illusionen exaltiert herumtaumeln sieht, erfaßt sie »verächtliches Mitleid« ähnlich einem Menschen, der nach einer Kinovorstellung wie aus einer Narkose erwacht und plötzlich erkennt, daß alle diese Liebesgeschichten mit ihren Happy-Ends wie aus Popcorn sind.

Verwerflich ist die Biographie Emma Bovarys nur, wenn man sie wie von einem Feldherrnhügel aus mustert – gleich jenem Staatsanwalt, der dem Roman den Prozeß machte und unter der Hand pornographische Gedichte schrieb. Zornig und blaß hätte Emma »die Männer am liebsten geschlagen, ihnen ins Gesicht gespuckt, alle miteinander zermalmt«; und Flaubert hatte sich so tief in sie hineinempfunden, daß er einem Nervenzusammenbruch nahe war, wenn Emma einen erlitt, und das Fenster öffnen mußte, damit die kühle Luft der Seine seinen Organismus zur Ordnung rief.

Er wurde zu Madame Bovary. Übelkeit, das Blutspukken, die aus dem Mund hervorquellende Zunge, nachdem sie das Arsen – aus der Giftküche des großschnäuzig fortschrittsvernarrten Apothekers Homais entwendet – zu sich genommen hatte: Flaubert erbrach nach der Niederschrift dieser Szene sein Abendessen, und tagelang ließ ihn der Tintengeschmack des Giftes nicht los, als hätte er Tinte getrunken, anstatt lediglich mit ihr zu schreiben. Es war nicht sein letztes Buch; aber es kam ihm so vor.

Lesen war schon immer ein Mittel gegen die Übel des Daseins, und »Madame Bovary« verfehlt ihre heilsame Wirkung nie. Manche nehmen den Roman an jene Orte mit, wo sie sich bedroht fühlen, in ein Flugzeug oder ins Krankenhaus: als Talisman gegen Panik und Tod. Andere schwören darauf, ihre Schwermut spätestens an jener Stelle zu verlieren, wo Emma die »Unzulänglichkeit des Lebens« erkennt, »dies jähe Vermodern der Dinge, an denen sie Halt suchte«; und dennoch bleibt ihre Liebe zur Welt, zum Prunk, der Weite und Leidenschaft, zu Büchern, Kaschmirkleidern in Blau und einsamen Inseln weitab im Ozean, »unbefleckten Sphären, tropischen Gestaden«, derart verschwenderisch, daß sie hochverschuldet einem knienden blinden Bettler am Schluß ihre letzten fünf Francs zuwirft und trotz allen Elends Schönheit noch in dieser Geste erblicken kann. Derselbe Bettler wird ihr nach der Letzten Ölung ein Liedchen singen, sie wird den Kampf verlieren, den der ihr gewidmete Roman als Kunstwerk gewinnt. »Emma tötet sich«, bekannte ein Leser und Schriftsteller, »nur damit ich weiterleben kann.«

KAPITEL 30

SIE WILL, DASS DU ENDLICH VERANTWORTUNG FÜR DEINE SEELISCHE GESUNDHEIT ÜBERNIMMST

Jonathan Franzen

Nach der letzten Explosion des Atomwaffenarsenals, das die Großmächte in ihren Rüstkammern füreinander bestimmt haben, gehen die Kontinente in Flammen auf, Rauch verfinstert die Sonne, Schneegestöber fällt über die Sahara her, umsonst suchen die Vögel den Himmel, in den Ozeanen verbrühen die Fische, und wer überlebt, verendet am Entsetzen, das ihm die eigene Erinnerung beschert: Wie jeder andere um 1960 geborene Teenager wuchs auch Jonathan Franzen in St. Louis inmitten dieser Katastrophenkulisse des Kalten Krieges heran, und obwohl das einschüchternd pompöse Atompilzszenario mit dem Fall der Berliner Mauer 1989 etwas unwahrscheinlicher geworden war, nahm es in theorieverbleichten Köpfen neue Formen an. Jetzt ging es gleich um alles, um »die Wirklichkeit« an und für sich.

Was für ein Narr ich doch gewesen bin, gestand Jonathan Franzen später ein – von der Vorstellung befallen, das Ende der Welt sei nahe, nur weil die Menschheit an die Literatur nicht wie an eine Religion glaubte und bierfröhlich vorm

Bildschirm zu verflimmern schien. Gerade Franzen gehörte Anfang der neunziger Jahre zu den wortmächtigsten Mitgliedern des Clubs unbeugsamer Verhängniseuphoriker: An der Universität hatte er sich einreden lassen, die Wirklichkeit werde vom bösen Zauber der Medienkonzerne erdumgreifend verfälscht, bis zwischen Schein und Sein nicht mehr zu unterscheiden war; Menschen verhielten sich fernsehrollentauglich genau so, wie Fernsehserien es ihnen vorschrieben; die Verlagsbranche verkam mit ihren Filmrechtsverkäufen zu einem Nebenerwerbszweig Hollywoods, und eine gewaltige Verschwörung unter den Finanzmagnaten vernichtete allen künstlerischen Ehrgeiz. Da war nichts zu machen. Hör mit dem Schreiben auf.

Franzen hatte, Mitte dreißig, bereits zwei schwergewichtige Romane hinter sich und noch immer kein Publikum. Doch auch er wollte von dem Wirtschaftsboom profitieren, der die USA erfaßt hatte. In Philadelphia sah er sich von reichen Familien in tödlich genügsamer Nachbarschaft umzäunt, schämte sich, daß er kein Börsenmakler war, sondern ein Schriftsteller, den »niemand brauchte« – und ahnte, daß er die Literatur einzig deshalb für »tot« erklärte, weil sich die seine trotz guter Kritiken schlecht verkaufte. Daß da etwas am Schiefgehen war, hatte wohl eher mit ihm selbst als mit »dem Kapitalismus« zu tun.

Auch sonst war es die schlimmste Zeit seiner bisherigen Laufbahn: In den trübseligsten Momenten auf dem kleinen Planeten seiner Ehe schien es sein größtes Problem zu sein, daß er überhaupt am Leben war. Er stand vor der Wahl, sich entweder von Grund auf zu ändern oder die ihm strengstens anerzogene Haltung der Selbstlosigkeit und Loyalität über Bord zu werfen und seinen Beziehungsplaneten bersten zu lassen. Nur so würde er seiner Berufspflicht nachkommen können, ein zwar abermals ernsthaftes Buch zu schreiben, das jedoch nicht bloß einem Publikum für ernsthafte Bücher gefiel. Man sollte sich, erregt, ja aufgereizt, aber auch geborgen, in Figuren wiederfinden können, die einem sagten: »Du bist, so wie du bist, nicht allein.« Ein Roman war zu meistern, der – humorvoll, sarkastisch, intim, einfühlsam und überall gültig – dem Leser modefern zwingende Botschaften überreichte und der den Massenmedien wie nebenher tüchtig Konkurrenz machte. »Dreht bitte den Fernseher leiser«, sollten – der Traum eines jeden Autors – Tausende Leser ihren Angehörigen zurufen, »ich will das Buch von diesem Franzen heute zu Ende bringen, die Spannung ist kaum auszuhalten.« Der Traum ging in fast biblischem Ausmaß in Erfüllung: Millionen kauften das Buch. Vor Jonathan Franzen, staunten manche, hätte sie ein schlechtes Gewissen gepeinigt, »vor der Glotze zu sitzen« statt zu lesen; seit Franzen sei es fast umgekehrt. »Ein unheimliches Gefühl.«

Als sein demenzkranker Vater 1995 starb, war Jonathan Franzen dieses Werk wahrhaftig angegangen, mit Stöpseln in den Ohren in einem abgedunkelten Zimmer vor schalldichtem Fenster in East Harlem, New York – ohne ablenkenden Internetanschluß, mit einer ans Mythische grenzenden Selbstdisziplin und der bedächtigen Ruhe eines Juweliers, der seine verglasten Schubladen öffnet. Es war so viel zu tun und so wenig Zeit zu scheitern: Nur wenn ein Roman die Überwindung größter Widerstände verkörperte, war er es wert, in die Hand genommen zu werden. So fanden Aberhunderte Seiten im Papierkorb ihr Grab.

Jeder Mensch, sagt man, trägt einen Roman in sich; und wenn er versuchte, ihn zu schreiben, liefen viele darauf hinaus, daß im Körper einer Familie ein geistiger

Virus nistet, der um die Mitte des Romans herum seinen desaströsen Ausbruch feiert. »The Corrections« aber, Franzens »Korrekturen« von 2001, beginnen unversehens mit diesem Ausbruch und beruhigen sich erst gar nicht mehr: Knapp vor der apokalyptisch gestimmten Jahrtausendwende rast eine herbstliche Kaltfront auf die Stadt des an Parkinson erkrankten Pensionärs Alfred Lambert zu wie die Druckwelle eines Atompilzes. Die Bäume werden rastlos, die Sonne steht tief, und die Sturmfenster in den Kinderschlafzimmern erzittern. »Es war deutlich zu spüren: Etwas Furchtbares würde geschehen.« Franzen hat Alfred Lamberts Stadt in Connecticut, »St. Jude«, nach Judas Thaddäus benannt, dem Patron der verzweifelten und hoffnungslosen Fälle, und das Furchtbare, das Lambert erwartet, war schon immer da – als sein eigener Familienverbund, ein von ihm mit zärtlicher Pedanterie und Herrschsucht aus wechselseitigen Vorwürfen erbautes Purgatorium.

Was er ohne seine Gattin Enid nie erreicht hätte. Sie gibt der ungeliebten Tochter Denise die Schuld an Alfreds Hinfälligkeit, nur weil Denise zu einem Zeitpunkt anrief, da Alfred mit der Diagnose »Parkinson« nach Hause kam. Den restlichen Teil ihres Alltags bringt Enid damit hin, auf ihren ältesten Sohn Gary wütend zu sein, der wiederum den Jüngsten in der Runde, Chip, als Nichtsnutz verachtet. Enid zehrt davon, sich jedes Jahr ab Januar auf Weihnachten zu freuen, und erpreßt alle um sich her, auf daß sie zu einer »letzten Feier« in St. Jude erscheinen mögen. Zu sagen hat man einander nichts. Und hätte man es? Niemand würde es hören wollen. »Familie« ist, so lautet der trist groteske Befund des Romans, mit Leuten verkehren zu müssen, die man andernfalls tunlichst gemieden hätte. Als man Jonathan Franzen einmal zu der »dysfunktionalen

Familie« Lambert befragte, erwiderte er: »Ein merkwürdiger Ausdruck, denn er besagt, daß es so was wie eine funktionierende Familie gibt.« Sie machen dich fertig, Mama und Papa, auch wenn sie es nicht wollen, meint das beliebteste Gedicht der englischsprachigen Welt, »This Be The Verse« von Philip Larkin, »Dies sei dein Bibelvers« – und merk ihn dir –, »They fuck you up, your mum and dad. / They may not mean to, but they do«, drum »Get out as early as you can, / And don't have any kids yourself«. Mach dich davon, so früh du kannst, und setze keine Kinder in die Welt, damit dieser Generationenvertrag der Zermürbung ein Ende hat.

Manche glauben, in den Ohren passionierter Eltern erschallten die Posaunen der Vergänglichkeit weniger dröhnend: Mutter Enid sucht Trost in dem Gedanken, sie werde in ihren Nachkommen weiterleben, und hat sich daher Luftschlösser geschaffen, die jedoch keines ihrer drei Kinder bewohnen will. Chip hat soeben seine Karriere als marxistischer Universitätsdozent ruiniert, indem er sich auf ein Wochenende mit einer unwiderstehlich verführerischen Studentin samt libidostimulierender Droge einließ, und korrigiert nun sein davon handelndes Drehbuch wieder und wieder um – mit einem ungenießbaren sechsseitigen Anfangsmonolog über »die Phallusängste im Drama der Tudorzeit«. Auch Gary, Manager bei einer Bank in Philadelphia, leidet unter der Malaise des Korrekturzwangs, der sich bei ihm freilich zu einem »correction camp«, einem Umerziehungslager der Selbstbeobachtung ausgewachsen hat: Sein ganzes Sein ist auf der Hoffnung errichtet, nicht das Leben seines dumpf schwermütigen Vaters zu fristen, und so kämpft er dagegen an, von seiner Frau mit einer Diagnose – »klinische Depression« und »Paranoia« – flott auf ein begrenztes Ensemble neurochemischer Koordinaten vermindert zu werden. Was für ein vernichtendes Schicksal wäre das auch, käme bei alledem, was man seit zwei Jahrzehnten geleistet hat, nur ein häßlich auf »-ion« und »-oia« endendes Wort heraus.

Doch wer, wie Garys einst erfolgreich therapierte Gattin Caroline, in den Begrifflichkeiten des mentalen Markts bewandert ist, hat im Wettlauf ums psychische Wohlergehen immer die Nase vorn: »Ich möchte«, schärft sie ihm bis zum Nicht-mehr-hören-Können ein, »daß du endlich Verantwortung für deine seelische Gesundheit übernimmst.« Geh zum Arzt, geh zum Arzt, geh zum Arzt. Vor ihren Kindern führen Gary und Caroline ihre Ehe offen als Bürgerkrieg. Darin verwandelt sich für sie jedes Wort, das er im Streit von sich gibt, zu einem Symptom seiner etwaigen Nervenkrankheit. Als einer seiner Sprößlinge eine Überwachungskamera in der Küche installiert, die Gary als heimlichen Gin- und Martinisüchtigen enttarnen könnte, bricht er vor Caroline gefügig zusammen und bewahrt sich gerade dadurch vor der Einlieferung in die Psychiatrie. Mit dieser Pointe protestiert Franzen gegen eine Welt, die sich zur Hälfte als therapiebedürftig hinstellen läßt. Man hat ja Diagnosen zuhauf im Angebot: Um die Jahrtausendwende galt gar natürliche Schüchternheit als »soziale Phobie«.

Sohn eines Eisenbahningenieurs, findet Gary Lambert nicht aus Zufall seine wahre Berufung im Sammeln von Modelleisenbahnwaggons und verdient prächtig an den Aktien jenes Pharmakonzerns, für dessen seelenaufhellendes Mirakelmittel »Corecktall« sein Vater im Hobbykeller einst das Patent entwickelt hat. Lambert senior selbst kommt allerdings nie in den Genuß dieses persönlichkeitsoptimierenden Medikaments: Sein achtzigjähriges Gehirn bleibt auf den Tod hin »unsaniert«. Nur bei Garys Schwester Denise wird der Drang zur Selbstkorrektur nicht zur Karikatur, weil sie nie in Erfahrung bringen kann, wie es aussieht in ihrem überdrehten Herzen: Glücklich geschieden, beginnt die Starköchin ein Verhältnis mit ihrem Geldgeber und dessen Frau zugleich und steht, als sich die Familie zu Weihnachten zusammensetzt, vorläufig mit leeren Händen da. Die Schulden, die ihr Bruder Chip seit Ewigkeiten bei ihr hat, erläßt sie ihm dennoch und aus freien Stücken – liebenswert und verwirrt, wie sie ist.

Alfred verfügt man ins Pflegeheim, Enid hat Gelegenheit, dem auf ewig Verstummten mitzuteilen, wie unrecht er seit jeher hatte, und besucht ihn nur deswegen Tag für Tag. Jeder Delphin brächte mehr Mitgefühl für ihn auf, und auch Gary ist die Tugend der Empathie am Schluß vollends abhanden gekommen, als er »die armen Leute« im Großhandel für Medizin- und Sanitätsbedarf um sich her nicht erträgt: »Sie gehörten zu einer tumberen, traurigeren, fetteren, ergebener leidenden Art. Zu einer kranken Unterschicht, von der er wirklich, wirklich gerne Abstand hielt.« Gary will nach Hause, und die anderen sind ihm im Weg.

Aber könnte es nicht sein, daß die verärgernd zerstreute Kassiererin ihren Mann gerade an eine Jüngere verloren hat? Und daß der Typ, der dein Auto auf dem Parkplatz draußen frech mit dem seinen blockiert, mehr Anrecht auf Eile hat als du, weil seine Frau an Darmkrebs im Sterben liegt? Unverfroren fordert Franzen in den »Korrekturen« von den Lesern ein, sich nicht für das Zentrum der Welt zu halten: Welches Recht hätte man auch darauf, einfach weiterzuatmen, wenn man sich nicht einmal vorzustellen vermag, wie schwer das Leben der anderen ist.

KAPITEL 31

IN WELCHEM EIN ÜBERMÜTIGES GESPENST DURCH DIE SCHLAFLOSEN STRASSEN LONDONS STREIFT

Charles Dickens

Das Dachfenster seiner Kammer in Chatham, Grafschaft Kent, ging auf einen Friedhof hinaus, über die Marschen hinweg sah er schwarze Sträflingsschiffe, »Archen der Verdammnis«, in der dunstigen Themse vor Anker liegen, während ihrer wöchentlichen Spaziergänge zeigte der Vater dem Siebenjährigen jedesmal den Herrensitz »Gad's Hill Place«, der hügelfern gleich einer Fata Morgana vor ihnen schwebte, und stellte ihm einen Traum in Aussicht, dem Charles Dickens zeitlebens verschworen blieb.

»Wenn du sehr hart arbeitest, wirst du vielleicht eines Tages dort wohnen können.« Doch wie viele Erniedrigungen würde Dickens erdulden müssen, bis die Pforte dieser Kindheitsphantasie sich vor ihm öffnen sollte: Seinen Vater sperrte man ins Schuldnergefängnis Marshalsea, und Dickens wurde zwölfjährig dazu gezwungen, als Lohnsklave in einer rattenbestürmten Londoner Schuhpoliturfabrik und dann als Kanzleischreiber sich fast zu Tode zu schuften.

Zehn Romane später jedoch, nach den Bestsellern »Oliver Twist« und »Der Kuriositätenladen«, »David Copperfield« und »Bleakhaus«, verbrachte er sein letztes Jahrzehnt dann auch wirklich auf jenem Anwesen »Gad's Hill Place«, wo er seine »Großen Erwartungen« verfaßte und darin die Sträflingsschiffe seiner Kindheit anlegen und seine neuerworbene Residenz zu Miss Havishams Spukschloß »Satis House« eindunkeln ließ.

Für neidbereite Kollegen ging der Triumph von »Old King Charles« bald zu weit. Die Kapitel seiner Romane erschienen – ihrer Ansicht nach eines ernsthaften Schriftstellers unwürdig – in wöchentlicher Zeitschriftenfolge und endeten dabei jeweils so zielsicher packend aufs Weiterlesen kalkuliert, daß manche am liebsten in sein Haus eingebrochen wären, um aus den publikationsbereiten Manuskripten zu erfahren, wie es weiterging. »Nur nicht langweilen« lautete Dickens' Devise – bitte keine mühseligen Gedankengänge, keine seitenlangen Reflexionen, sondern Plot, Plot, Plot, der, oft in weitere Plots verzweigt, von einem Schock zum nächsten hetzte. Nachdem Dickens in den letzten Kapiteln seines »Kuriositätenladens« die engelhafte Waise Nelly in immer kehlenzuschnürendere Bedrängnis hineinintrigiert hatte, flehten ihn Adelige auf der Straße an, doch bitte das Leben Klein Nells zu schonen; Sterbende, hieß es halb im Scherz, zögerten ihren Abgang hinaus, um ja nicht zu verpassen, wie Dickens mit ihr verfahren würde; Menschenmassen ballten sich am Hafen New Yorks, um die Reisenden aus Großbritannien so beharrlich wie Verhörexperten eines Geheimdienstes über Klein Nells Schicksal auszufragen, und in Erwartung einer neuen Dickenslieferung wurden vorsorglich gar Parlamentssitzungen vertagt: Weder Ober- noch Unterhaus hatte die Nerven, über Armenerlasse zu debattieren, solange nicht geklärt war, ob die eine oder andere Figur im Jenseits gelandet oder am Leben geblieben war. Erst durch die düstere »Geschichte von zwei Städten« hätte Dickens 1859 seine Popularität fast verspielt, und so ging dieser Alles-oder-nichts-Romancier mit Philip »Pip« Pirrips Lebensbericht »Große Erwartungen« noch einmal aufs Ganze.

Zu jener Zeit servierte er seinen Freunden – in Kellnerpose, servil, eine Serviette überm Arm und darob höchst amüsiert – ein Picknick auf dem Friedhof nahe »Gad's Hill Place« neben dreizehn Gräbern: von Geschwistern, die alle im Kindesalter gestorben waren. In den »Großen Erwartungen« sind es fünf, die Pip zu beklagen hat: Eine siebenjährige Waise, buchstabiert er sich vom Grabstein seiner Eltern Name und Identität zusammen, so als wäre er von Wesen aus dem Totenreich getauft worden, und tatsächlich lauern Phantome, Dämonen, Schreckgespenster in jedem Winkel des Romans. Der wie aus einem Märchen in die »Großen Erwartungen« geflüchtete Riese Abel Magwitch – schon dem Namen nach Hexer und Zauberer, »witch« und »magician«, und ein entsprungener Sträfling – droht Pip auf dem Friedhof im Marschland aus Dickens' Kindheit ausgerechnet am Weihnachtsabend an, seine dicken Backen und Eingeweide zu verspeisen, sollte der ihm für sein Fußeisen keine Feile bei dem gutmütigen Dorfschmied, Pips Onkel Joe Gargery, besorgen. Pip hilft ihm aus Mitleid – Magwitch wird dennoch gefangen und nach Australien verbannt.

Einst sah der kleine Dickens »die Verrückte von Oxford Street«, Martha Joachim, ganz in Weiß und leichenbleich durch den Schneematsch stapfen, und mit diesem Anblick war für ihn das Ende seiner Kindheit besiegelt. Gespenstischer noch als Magwitch erscheint Pip Martha Joachims

Wiedergängerin, die stets brautweiß gekleidete Miss Havisham, die ihn in den Hexenbann des prunkvoll verfallenden »Satis House« lockt, ein Gelobtes Land kühn gewordener Spinnen. Havisham ließ die Hochzeitstafel samt verfaulendem Kuchen gedeckt und alle Uhren anhalten, als ihr Bräutigam auf einmal verschwunden war. Und Pip steht das Herz fast still, als ihm Miss Havisham erstmals vor Augen kommt: »Damals hatte ich noch nicht davon gehört, daß zuweilen Leichname gefunden werden, die in uralten Zeiten begraben wurden und die in dem Augenblick, da man sie zu sehen bekommt, zu Staub zerfallen; doch seitdem dachte ich oft, daß Miss Havisham ausgesehen haben muß, als hätte das Eindringen des natürlichen Tageslichts sie unweigerlich in Staub verwandelt.«

Diese Vampiresse verzieht ihr Adoptivtöchterchen Estella zu einer Eisprinzessin, damit sie an ihrer Stelle Rache an allen Männern nimmt, indem sie ihnen mit der Entschiedenheit eines Fallbeils das Leben zur Hölle macht: Pip ist das erste und bleibt Estellas treuestes Opfer. Zugleich scheint Miss Havisham jene anonyme Gönnerin zu sein, die Pip in den Besitz eines riesigen Vermögens bringt und ihn in London die Freuden des Müßiggangs genießen läßt. Gerade damit aber werden alle seine Verirrungen vorab entschuldbar: Pip ist in den Klauen anderer und, eine Art Masochist in Sachen Moral, trotz seiner haltlosen Selbstanwürfe wie die meisten von uns mehr wert, als er von sich selber denkt. Dickens wollte keinen Roman der Herzensbildung, sondern ein Schauermärchen schreiben: Schon sein Kindermädchen hatte ihm zum Einschlafen noch und noch eine Mordgeschichte erzählen müssen, Hinrichtungen wohnte er als Erwachsener mit demselben zwielichtigen Ergötzen bei, wie er Gefängnisse und Leichenschauhäuser inspizierte, und auf den Straßen Londons riefen obskure Journalisten, die man »Totenjäger« nannte, neueste Verbrechen aus. Und wenn von keinen zu berichten war? Dann erfanden sie welche. Sollte es Dickens in den »Großen Erwartungen« allein darum gegangen sein, die schlichte Lehre zu verbreiten, daß der Mammon korrumpiert, treuherzig arglose Dorfleute wie Joe Gargery in den Himmel kommen und die dümmsten Fehler immer jene sind, die man am leichtesten begehen kann, hätte er statt seines Mammutromans einen kurzen Essay darüber zu Papier gebracht.

Wie das Beste von Dickens haben auch die »Großen Erwartungen« viel von Londons Versprechen endloser Weite: Als Pip in seiner Jugend der Abreise dorthin entgegenharrte, fürchtete er, »London könnte unterdessen etwas zugestoßen sein, und wenn ich ankäme, hätte die Stadt sich gar in Luft aufgelöst«. Als er sein Sehnsuchtsziel erreicht, schüchtert es ihn ein, »häßlich, verwinkelt, eng und schmutzig«, und so erweisen sich auch seine nunmehr erfüllten »großen Erwartungen« als Fluch und düsterer Wachtraum, weil sie nicht auf eigener harter Arbeit gründen. Er verdankt sie zudem jemand ganz anderem als Miss Havisham: Indem er Pip zu einem Gentleman heranwachsen ließ, wollte sich der in Australien reich gewordene Abel Magwitch an der ganzen Gesellschaft rächen, da er mit ansehen mußte, um wieviel freundlicher ein Gentleman, obwohl Verbrecher, vor Gericht behandelt wurde. Ein solcher »Gentleman« und reicher Rohling ehelicht Estella und stirbt zu unser aller Genugtuung durch die Hufe eines Pferdes, das er wie seine Frau fröhlich mißhandelt hat. Nach zehn Jahren finden Pip und Estella in den Ruinen von »Satis House« zueinander, und »ich sah«, schreibt Pip zuletzt, »keinen Schatten einer abermaligen Trennung von ihr« – doch daß der Schatten

Miss Havishams aus dem Jenseits auch weiterhin über den beiden herrschen wird, war für Dickens ausgemacht. Und sein Ruf dennoch besser denn je.

Die »Großen Erwartungen« geben allerdings nicht den ganzen Dickens her: Wo ist darin der Henker, der seine Schurken, meist Tiere in Menschengestalt, mit genießerischer Bedächtigkeit vernichtet? Wo der übermütige Anarchist, der das Gute im Menschen übertreiben mußte, weil er das Böse in uns nicht ertrug, und in seinem Weltgroll so viele staatliche Institutionen und Klassen beleidigte, wie er nur konnte? Wo ist der Tränenrührer, der einer Freundin knapp vor einer Lesung selbstgewiß versicherte, er werde sie »zum haltlosen Schluchzen« bringen? Und wo sind all diese dickenstypisch benebelten, operettenhaften Damen und Herren Sonderbar und fossilen Kobolde, Captain Cuttle, dessen Kleidung einem Segel gleicht, Mrs. Jellyby, die sich um die hungernden Kinder in Afrika sorgt und darüber ihre eigenen verwahrlosen läßt, Krook, der aus reiner Gier von innen her verbrennt, Zephaniah Scadder, für den die Wahrheit zu sagen ein Ding der Unmöglichkeit ist, Augustus Snodgrass, der große Lyriker, der nie eine Gedichtzeile geschrieben hat noch schreiben wird, oder Uriah Heep mit seinen spinnenbeinigen Fingern? Erst drei Jahre nach den »Großen Erwartungen« holte Dickens sich in seinem letzten vollendeten Roman 1865 selbst wieder ein – »Unser gemeinsamer Freund« ist ein derart bezwingendes Thrillerlabyrinth, daß es für den Leser daraus kein Entrinnen mehr gibt.

Dickens litt unter Schlaflosigkeit, durchschritt, mit einem Spazierstock bewaffnet, wie ein Gespenst die Nächte der Londoner Straßen oft meilenweit, die Themse als Kompaß im Kopf, diesen allen »gemeinsamen Freund«;

und stellte sich vor, wie um Mitternacht die Toten erwachten, um am Morgen all den Bäckern, Bauchrednern, Bettlern, Böttchern, Brauern, Dienstmädchen, Falschspielern, Lehrlingen, Metallgießern, Scherenschleifern, Zimmerleuten unterm schwarzen Schnee aus den Fabrikschloten keinen Platz zum Atmen zu lassen. Seine Stadt, damals die Selbstmordmetropole Europas, »blinzelte, keuchte, würgte, wollte sichtbar und unsichtbar in einem sein, war darum keins von beidem« und kam ihm auch bei Tage nicht sonderlich diesseitig vor – und schon war er in »Unseren gemeinsamen Freund« hineingeraten, einen Roman grölender Gasthäuser, zerlumpter Leichenfischer, Knochensammler und der Salons schmähsüchtiger Snobs, die dem Finanzadel angehören möchten und geistlos zwischen Leben und Tod dahinparlieren. Jeder versteht dieses Buch, keiner vergißt es – und am wenigsten, wie Eltern vor schierem Elend ihren Nachwuchs in einen Börsenmarkt der Waisenkinder verwandeln, kaum daß ein neureiches Ehepaar ihren Adoptionswunsch öffentlich macht.

Der soeben verstorbene Millionär Harmon hat ein hintertriebenes Testament erlassen: Sein Sohn John erhält sein Erbe nur, wenn er die ihm völlig unbekannte Bella Wilfer heiratet. John aber möchte Bella für sich gewinnen ohne Rücksicht auf das vermachte Vermögen und müht sich unter dem Namen John Rokesmith um sie. Währenddessen hat Harmons Anwalt Eugene Wrayburn in der unirdisch schönen Lizzie Hexam, Tochter eines Leichenfischers, den Zweck seiner Existenz für immer gefunden – gegen den Willen eines mörderisch eifersuchtskranken Lehrers, der nicht aus Zufall Bradley »Headstone«, also »Grabstein«, heißt. Dessen Heiratsantrag auf einem Friedhof – »Sie sind mein Verderben, Verderben, Verderben« – weist Lizzie erschrocken zurück, Headstone prügelt daraufhin Eugene in den Marschen der Themse beinah zu Tode – und als Eugene Lizzie auf dem Krankenlager ehelicht, fragen wir uns entsetzt: War es das, stirbt Eugene jetzt – oder was?

Auch Dickens war sich während der Niederschrift nicht sicher: Ein weiterer Nachtspaziergang tat not. Andere Autoren hätten, da Bella Wilfer und John Harmon bereits glücklich vereint sind, Eugene sterben lassen; Dickens aber schrieb nur das, was er auch selber gerne lesen wollte – und so taucht Eugene Wrayburn, auf einen Stock und seine Lizzie gestützt, am Schluß genesend wieder vor uns auf. Seinem achtundfünfzigjährigen Schöpfer aber blieb solche Rettung in allerletzter Minute versagt. Nachdem er in »Gad's Hill Place« von einem zweiten Schlaganfall niedergestreckt worden war, betrat ein Arbeiter in Birmingham einen Tabakladen und sagte: »Schon gehört? Charles Dickens ist tot. Wir haben unseren besten Freund verloren.«

KAPITEL 32

VOM RICHTIGEN LEBEN

Leo Tolstoi und Anton Tschechow

Zu jener Zeit gab es für ihn kein größeres Wunder auf der Welt als eine schöne Frau, und noch im hohen Alter würde sich der reiche Gutsherr und Starautor Graf Leo Tolstoi im Kreis seiner Jünger nur mit Wehmut an jenen Abend um 1861 zurückerinnern, da er sich nach dem Dîner rauchend auf einem Diwan niedergelassen hatte, als wollte er dort Jahre zubringen, und plötzlich den nackten Ellbogen eines »aristokratischen Frauenarms« vor sich sah.

Eine Schulter tauchte auf, dann ein Hals und schließlich die ganze Märchengestalt einer hinreißenden, bedauerlicherweise bereits verheirateten Unbekannten in einem Ballkleid aus schwarzer Spitze, die sich leichten Schrittes durch den Salon bewegte und den Grafen derart traurig anblickte, daß sie nächtelang seine Träume beschwerte. »Ich mußte sie loswerden«, und so wurde aus einem Ellbogen Anna Karenina geboren: Leichtfüßig betritt sie den Plafond des Bahnhofs von Moskau, beschwingt und erleichtert begrüßt sie ihr Bruder Stepan »Stiwa« Oblonski, dessen Ehe wegen seiner Affäre mit der Gouvernante seiner Kinder in Brüche zu gehen droht. Anna, Gattin des Petersburger Würdenträgers Karenin, soll ihm beistehen, Stiwas Frau Dolly gut zureden – was ihr mühelos sanft auch gelingt. Dem unerschütterlich eleganten Grafen Wronski, Freund der Familie, kommt »die Karenina« gar wie eine Erleuchtung vor: »Die funkelnden, unter den dichten Wimpern dunkel wirkenden grauen Augen verharrten freundlich und aufmerksam auf seinem Gesicht, wie wenn sie ihn erkennen würden, und wandten sich sogleich der näher kommenden Menschenmenge zu, als suchten sie jemanden.« Als suchten sie um Hilfe. Denn schon ist es um die zwei geschehen: Anna und Wronski verlieben sich und werden noch unglücklicher, als sie es für sich allein gewesen wären, weil die erlauchte Gesellschaft Moskaus ihnen jeden Rückhalt versagt. »Diese Liebe gefiel jenen nicht, denen man gefallen mußte.« Zuletzt wirft sich Anna aus Rache an Wronski und sich selber unter einen Zug, und der Ehemann Karenin adoptiert die Tochter der beiden – wider Erwarten kein beamtensteifes Scheusal, sondern lediglich ein Mensch wie du und ich, der bis dahin den Beruf über seine Familie stellte. Der Schwager Oblonskis, Konstantin Lewin, kann – trotz seiner angebeteten Kitty – nie mit einem Gewehr durch seine Ländereien wandeln, da er sich andernfalls erschießen würde: Wo sind die Ziele, für die es sich zu leben lohnt? Lewins Sinnsuche martert ihn bis knapp vor die Selbstabschaffung, und erst als er wie nebenher die einfache Weisheit eines Bauern vernimmt, findet er vorläufig seinen Frieden: Das rechte Leben sei »das Gute«, das wir jeden Augenblick in unser Dasein hineinzulegen vermögen.

Doch wenn dieser Handlungsfaden samt verschwommener Schlußmoral die ganze »Anna Karenina« wäre: Warum gibt es dann Millionen, die mit träumerischer Versunkenheit in diesem Roman leben, sich in eine der Gestalten verlieben, mit Oblonski zu Abend essen, der devoten Gräfin Lidija die Kehle durchschneiden, Anna und Wronski retten und Karenin trösten wollen? Schon der erste, scheinschlichte Satz, »Alle glücklichen Familien sind einander ähnlich, jede unglückliche Familie ist unglücklich auf ihre Weise«, erzwingt den zweiten: »Drunter und drüber ging es bei den Oblonskis.« Kaum ein anderes Werk der Weltliteratur hat den Wunsch eines jeden Autors, der Leser möge sich in das Buch verwandeln, das er in Händen hält, derart unfehlbar sicher, lichtstark und reich an szenischen Zaubereien Wirklichkeit werden lassen wie »Anna Karenina«. Weshalb nutzen wir die Lektüre des Romans gleich einer Entspannungstechnik? »Wie wir alle« – eine oft verwendete Formel Tolstois – wenden seine Menschen das Universum in ihren Händen hin und her, hören nie auf, sich zu fragen, welchen Zweck es hat und wie man darin leben soll. Man hat die Wahl: Man kann den Roman immer wieder aufs neue von einer der Personen her lesen, im Nu verändert er seine Gestalt, und man erschrickt über die unerhörten Details, hinter denen der Autor verschwindet. Wer hätte erwartet, daß in diesem achten Weltwunder von Roman selbst die Gedanken eines Hundes zu Gehör kommen? Oder daß Lewin ähnlich einer Gestalt Shakespeares spürt, wie seine Gefühle für Kitty auf dem gesamten Planeten widerhallen? Daß Lewin und Kitty im melodramatischen Herzen des Buches über Anfangsbuchstaben von Wörtern, mit Kreide auf einen Kartentisch notiert, einander ihre Liebe erklären? Kaum hat Karenin seine Frau Anna auf dem Bahnhof in Petersburg empfangen, bemerkt sie, was für häßlich große, lappige, verknorpelte Ohren er hat, welch unstillbarer Lebenshunger sie in Moskau erfaßte und wie vernarrt sie in Wronski bereits ist. Ihr erster Liebesakt mit ihm aber gleicht einem Mord: »So wie sich der Verbrecher mit fast leidenschaftlichem Ingrimm auf den entseelten Körper wirft, um ihn fortzuschleppen und zu zerstückeln, bedeckte Wronski ihr Gesicht und ihre Schultern mit Küssen. Sie hielt seine Hand und regte sich nicht.« Danach träumt sie beinahe jede Nacht, wie ihr Gatte und ihr Geliebter sie zusammen mit Liebkosungen überschütten.

Der körperlich vergnügte Stiwa Oblonski, von seiner Frau aus dem Schlafzimmer in sein Arbeitskabinett verbannt, verliert sich zum Trost im »Tagtraum des Lebens«, der im Hotel Anglija in einem mehrgängigen Menü seine Erfüllung findet, mit Champagner und Flensburger Austern zu Beginn – »das ist doch«, weist er seinen sorgenbewölkt gestrengen Freund Lewin zurecht, »das Ziel von Bildung: alles zum Genuß werden zu lassen«. Und wenn man unablässig an den stündlich drohenden Tod denken müsse? Dann sei das Leben nur um so lustiger – wozu immer diese schrecklichen, hochtrabenden Worte über das Jenseits, wo es sich doch auch im Diesseits herrlich leben läßt? Oblonskis gutmütiges Lächeln kehrt im Roman wie ein Refrain wieder, verläßt ihn bis zuletzt nicht mehr – und wird von jedem, der Stiwa trifft, mit einem ebenso aufrichtigen Lächeln erwidert. Weder will er vergessen noch begraben, wer er ist; statt das Sterben vor lauter Daseinsmißtrauen und Überdruß kaum erwarten zu können, lebt er mit allen Sinnen, soviel er nur immer vermag. Täte er's nicht, was bliebe ihm noch? Tolstoi selber aber waren, noch ehe der Roman 1877 vollendet war, all die Oblonskis der Welt zuwider, während er Lewins Gewohnheit, auszuforschen, was sich hinter den Vorzimmern seines Geistes verbirgt, auf seinem Gut Jasnaja Poljana südlich von Moskau zu seiner Lebensart kultivierte – bis er sogar für seine größten Bewunderer wie Anton Tschechow schlichtweg zum Fürchten war: Tolstoi hatte begonnen, sich strikt vegetarisch zu ernähren, besohlte seine

Schuhe selbst, verehrte zur eigenen moralischen Hygiene seine Bauern wie kleine Götter, begründete aus den Weltreligionen eine schon wieder unfehlbare neue und bestieg – ein passionierter Reiter – keines seiner Pferde mehr, da sie dadurch Schaden nehmen könnten, hetzte gegen den Tabak- und Alkoholgenuß, auch wenn er bisweilen zum Staunen der Tolstoianer weiter seinen weißen Krimwein trank, und hielt alle Literatur – und diejenige Shakespeares mit Vorliebe – für »ein großes Übel, niedrig und charakterlos«.

Der unheilbar an Tuberkulose erkrankte Anton Tschechow hatte sich 1899 in Jalta, einem Kurort auf der Krim am Schwarzen Meer, eine Villa erbaut, dort Bäume gepflanzt und gegen »Anna Karenina« seine Erzählung »Die Dame mit dem Hündchen« geschrieben, die in keiner Inselbibliothek fehlen darf. Darin begegnet der notorisch untreue Gurow ebenjener verheirateten Dame namens Anna mit ihrem weißen Spitz und kann sie nach geübt lässig begangenem Ehebruch nicht mehr vergessen: »Unnötige Dinge und die ständigen Gespräche über ein und dasselbe nahmen die besten Jahre, die besten Kräfte in Anspruch, und zu guter Letzt blieb einem nichts als ein verstümmeltes, kraftloses Leben, ein sinnloses Dasein, und weggehen oder fliehen konnte man nicht« … – oder doch? Gurow folgt Anna nach und erkennt, daß man sie beide »mit zwei Zugvögeln vergleichen konnte, einem Männchen und einem Weibchen, die man gefangen und gezwungen hatte, in getrennten Käfigen zu leben« – und erst jetzt, da Gurows Haar grau geworden ist, liebt er zum ersten Mal wirklich: nicht so, wie er sich Anna wünscht, sondern wie sie ist. Damit war eine andere Maxime für das richtige Leben ausgesprochen: Wenn sich jeder um das Glücklichsein nur eines einzigen Menschen kümmern würde, dann wäre es die ganze Welt.

Tschechow starb mit vierundvierzig Jahren, ein Glas Champagner in der Hand; sein Leichnam wurde in einem Kühlwagen mit der Aufschrift »Frische Austern« nach Moskau geschafft – und so erfuhr er nie, daß Tolstoi an einem trüb in sich selbst verstrickten Winterabend, als er literaturabstinent längst keine Romane mehr schrieb, irgendein Buch zur Hand nahm, es in der Mitte aufschlug und völlig überwältigt davon war. Er sah nach dem Titel: Es war »Anna Karenina« von Leo Tolstoi.

KAPITEL 33

SOLL ICH IHR WIRKLICH ALLES BEICHTEN?

Leo Tolstoi (noch einmal)

Tolstoi lebte etwas zu lange für einen Menschen, der ab und an gar die eigene Geburt zum größten Unglück erkor, das einem widerfahren konnte. Er mochte sich rundum nicht leiden, verbarg sein Gesicht – breite Nase, fleischige Lippen – unter einem wuchernden schwarzen Patriarchenvollbart, der seinen Pyromanenblick noch mächtiger hervortreten ließ, und seine Kreuz- und Querfragen landeten stets bei einem zornigen »Warum gibt es mich überhaupt?«. Worunter er auch sein Double Konstantin Lewin in »Anna Karenina« nach allen Kräften leiden läßt.

Als Lewin, von Kitty zunächst hilflos abgewiesen, Moskau verwirrt verlassen hat und endlich sein Jasnaja Poljana verwandtes Gut erreicht, ist er in der Hoffnung auf ein neues Leben heiter von Vorsätzen erfüllt. Doch mit unverhohlener Schadenfreude sagen die vertrauten Gegenstände in seinem Arbeitszimmer ihm nur auf den Kopf hin zu, er werde immer bleiben, was er gewesen sei, verzweifelt zweiflerisch und ungenügsam mit sich selber und ewig rückfällig in seinen unnützen Besserungsversuchen: »Das Glück ist nicht für dich bestimmt.« Schon droht Lewin das Schicksal des »Oblomov« Iwan Gontscharows von 1859, der im

Geiste unentwegt hochfliegende Pläne schmiedet, wie er sein Gut zu einem vorbildlichen Meisterwerk der Volkswirtschaft optimieren könne … und die Jahre huschen unbeeindruckt an seinem gedankenwiegenden Kopf vorbei.

Selbst in seiner Ehe mit Kitty weiß Lewin bald nicht mehr, wie seine Existenz zu rechtfertigen sei. Durch mehr Arbeit vielleicht und weniger Luxus? Du glaubst, grübelt es in Lewin düster, Großes geleistet haben zu müssen, bevor der Tod an deine Hintertüre klopft, obwohl deine Schufterei lediglich davon abzulenken sucht, wie grauenhaft unergründlich das Los des Menschen ist. Sucht Lewin philosophische Werke auf, sind die zwar schön und gut für intelligente Kamingespräche, geben jedoch nichts weiter her für den Hausgebrauch: Sie übergehen die Fragen, die Lewin wichtig, und bemühen sich um Rätsel, die im Alltag gar nicht vorhanden sind: »Er kam sich vor wie einer, der in einem Spielzeugladen Nahrungsmittel kaufen will.«

Einen Ausweg hat er noch: Vielleicht ist eine bedingungslose Liebe vollauf genug, bei der man nicht mehr weiß, wo das eigene Wesen aufhört und das des anderen beginnt. Dann aber darf es keine Geheimnisse geben zwischen euch. Doch wenn wir unser Inneres durchstöbern: Werden nicht oft Dinge ausgegraben dabei, die besser unberührt liegengeblieben wären? Lewin überreicht Kitty, wie Tolstoi einst seiner frisch anvermählten Sofja, sein altes Tagebuch, um mit sich ins reine zu kommen, als wäre damit die Ordnung des Weltalls wieder ins Lot gebracht. »Es gibt kein Verbrechen, das ich nicht begangen hätte«, steht da fast schon wieder stolz geschrieben, und Sofja wie Kitty finden nach Lektüre und Aussprache über all diese Saufprügeleien, Bordelltouren und Syphiliskuren schluchzend lange keine Worte mehr.

Wieviel von dem, was man sich erzählen ließ, wollte man gar nicht hören und wird zu Gift, das einem von nun an durch die Geistesadern fließt? Nicht aus Zufall hatte Tolstoi noch ein anderes Tagebuch »ganz für mich selbst«. Kann man eine krumme Tat geradebiegen und Schulden begleichen, indem man sie auf andere losgelassen hat, die davon bis ins Grab belastet sind? »Schweig«, wendet ein anderer Schriftsteller ein, »und rette dich so.« Noch der so leicht übersehbare Rand eines weggeriebenen Blutflecks auf einem Treppengeländer hinterläßt bei dem Spanier Javier Marías eine bleibend blasse Spur, und jedes Geständnis dringt in uns ein »wie eine Schlange unter die Haut«.

KAPITEL 34

MORDEN IST MENSCHLICH

Javier Marías

Wir wissen, daß wir sterben müssen, aber wir glauben es nicht: Insgeheim ist jeder von seiner Unsterblichkeit überzeugt. Wer vermag sich schon gelassen auszumalen, nach dem Tod ganz und gar vernichtet zu sein, ausgelöscht ein für allemal, ohne Bewußtsein seiner selbst? Wer sich tot denkt, sieht lediglich seine eigene Beerdigung vor sich, zählt die Trauergäste und mag sich fragen, welcher der Ungebetenen darunter was für eine Rede über ihn halten wird.

Grauen erfaßt uns, wenn wir auch nur erwägen, nach dem Sterben nicht einmal mehr sagen zu können: »Jetzt bin ich tot.« Religion, Philosophie, die Naturwissenschaften, Musik, Literatur, ja die Kunst samt und sonders und die Mausoleen der Pyramiden und all die Türme unserer Städte, hochgebaut in das Meeresgewölbe des Himmels hinein – welch gewaltige Leistungen haben wir erbracht, um unserem elementarsten Trieb zu folgen, dem Unausbleiblichen ein Schnippchen zu schlagen, bis die Schranke, die den Wunsch von seiner Erfüllung trennte, verschwunden war. Und nichts kam uns verlockender vor, als mit einem unversehrten Ich leichthin in ein Jenseits einzutreten, wo wir endlich erfahren würden, worum das Universum sich dreht, weshalb wir waren, was wir gewesen sind, und warum wir sterben mußten.

Was aber wäre, wenn sich dieses Jenseits als ein Ort ausnähme, wo wir uns an alles aus dem vergangenen Leben erinnern könnten und wehrlos eingeweiht würden in Ereignisse, bei denen wir nie zugegen waren, und in Gespräche, die man hinter unserem Rücken führte? So ergeht es dem namenlosen, toten Erzähler in der Geschichte »Als ich sterblich war« von Javier Marías, die sich mit weittragendem Schwung und großer Steigerung und ihren musikalisch ausgewogenen, frei und bedächtig atmenden Sätzen auch als ein großes Gedicht lesen ließe: Unser Unbekannter entsinnt sich des freundlichen Doktors aus seiner Kindheit im faschistischen Madrid. Doch versteht er plötzlich auch, weshalb sein Vater allabendlich das Radio so laut stellte: um dem Arzt und der Mutter beim erzwungenen Sex nicht zuhören zu müssen. Im Spanischen Bürgerkrieg hatte der Vater politische Gegner an die Republikaner verraten, und der Arzt, diensteifriger Untertan des faschistischen Diktators General Franco, stellte ihn vor die Wahl, der Regierung und einem Erschießungskommando ausgeliefert zu werden oder ihn frei über seine Frau verfügen zu lassen: »Jede Nacht, bis ich es leid bin.« Auch erkennt der Erzähler jetzt, wie seine Frau aus einer Botschaft seiner Geliebten auf dem Anrufbeantworter von seinem außerehelichen Verhältnis erfuhr, um einen Killer anzuheuern, der ihn mit einem Hammer erschlug. Gewissenhafter als die Lebenden sich der Toten, erinnern sich die Toten der Lebenden in Marías' Welt: Sie bluten unter der Erde und schweigen nie, tauschen untereinander ihre Geschichten aus und wollen ins Diesseits zurück. Kein Geheimnis ist vor ihnen sicher, und was lange Jahre verschlossen ruhenblieb, hat seine Stunde, in der es seine tränenblinden Augen öffnet wie Banquos Geist bei Macbeths Festmahl und von den Schuldigern Rechenschaft fordert.

Jeder Schriftsteller sollte einen ersten Satz so schreiben, daß sein Publikum unweigerlich den zweiten, den dritten lesen will: »Ich habe oft vorgegeben, an Gespenster zu glauben, und ich gab vor, feierlich daran zu glauben, und jetzt, da ich selbst eines bin, verstehe ich, warum sie traditionell leidend dargestellt werden und mit dem hartnäckigen Wunsch, an die Orte zurückzukehren, die sie kannten, als sie sterblich waren.« Wer eine Erzählung derart nach vorne drängend ins Leben rufen kann wie Javier Marías, als treibe er auf Stromschnellen dahin, dem liegt vorab die ganze Welt zu Füßen, gerade obwohl er uns oft mit einer Absage an alles überfällt, was folgt, und sich dabei selbst in Abrede stellt, mit einem »Man sollte niemals etwas erzählen« oder: »Ich wollte es nicht wissen, aber ich habe erfahren, daß eines der Mädchen, als es kein Mädchen mehr war, kurz nach der Rückkehr von der Hochzeitsreise das Badezimmer betrat, sich vor den Spiegel stellte, die Bluse aufknöpfte, den Büstenhalter auszog und mit der Mündung der Pistole ihres eigenen Vaters, der sich mit einem Teil der Familie und drei Gästen im Eßzimmer befand, ihr Herz suchte.« In dem Roman »Mein Herz so weiß« von 1992 – der vollendet war, kurz bevor Marías die Geschichte von seinem allwissenden Toten schrieb – glaubt Juan, die zweite Frau seines Vaters, Teresa, sei eines natürlichen Todes gestorben, ehe der Vater Juans Mutter geheiratet hat; doch nun beginnt Juan allmählich zu erahnen, weshalb ihm der Vater, dieser Grandseigneur, Berater des Prado und krimineller Banken, am Tag seiner eigenen Hochzeit die Hand wie zum Ritterschlag auf die Schulter legte, ihn beharrlich ansah aus seinen wachen whiskyfarbenen Raubvogelaugen unter den komödiantisch hochgezogenen Brauen und ihm dann einen Rat zuraunte: »Wenn du einmal Geheimnisse haben wirst oder sie jetzt schon hast, dann erzähl sie ihr nicht. Viel Glück.«

Besonders unsterblich Verliebte flüstern einander gerne zu, »Ich würde sogar töten für dich«, und welcher Schriftsteller beherrschte so unheimlich sorglos wie Marías die Kunst, inmitten einer Liebesgeschichte mörderische Intrigen zu spinnen und seine Geschöpfe Rätsel ergründen zu lassen, die sie zu anderen Menschen machen? Später wird Juans Vater sein Geheimnis enthüllen, ruhig, wie einstudiert, als wäre, seitdem Kain seinen Bruder Abel erschlug, Töten das Menschlichste an uns: Er hat seine erste Frau auf Kuba ermordet, um seine damalige Geliebte Teresa heiraten zu können, die einmal bemerkte, mit deren Ableben werde bis auf weiteres wohl kaum zu rechnen sein; und Juans Vater nahm das traurig tändelnd Dahingesagte Teresas beim Wort, als hätte Teresa sich in Shakespeares Lady Macbeth verkehrt, die keine Reue darüber empfindet, daß ihr ehrgeiziger Gatte einen Kontrahenten umgebracht hat: »Meine Hände sind blutig wie die deinen«, spornt die Lady ihren Macbeth zu weiteren Heldentaten an, »doch schäme ich mich, daß mein Herz so weiß ist.« Nachdem der Vater seiner zweiten Frau Teresa auf ihrer Hochzeitsreise von seiner Tat erzählte, schoß sich dieses »Mädchen, als es kein Mädchen mehr war«, ins Herz, Juans Vater heiratete Teresas Schwester und Juans künftige Mutter, und sein Schwiegervater erbleichte in Sorge um seine Tochter jedesmal, wenn er ihn zu Gesicht bekam. Und starb an einem Infarkt aus Angst.

Drei Tode also hat der Vater auf dem Gewissen, ohne die Juan – so die hintersinnig makabre Pointe des Romans –

nie geboren worden wäre. Von seinen Opfern verdüstert und wie in ein Zwischenreich gerissen, beginnt der Vater, der sein Altern zuvor so magisch auf irgendwann später vertagen konnte, zu vergreisen, seine Augen werden stumpf, seine Brauen kraftlos. Doch hat er für den Sohn Juan seine Schuldigkeit getan, indem er sein Geheimnis offenbarte, auf daß er und seine Frau nun keine werden hegen und einander weder verraten noch belügen müssen und nicht im Diesseits jene »vergifteten Schritte« tun, die das Leben in eine Hölle auf Erden verwandeln.

KAPITEL 35

RÜCKE DEINEN STUHL AN DEN ABGRUND DES VERGESSENS, UND ICH ERZÄHLE DIR EINE GESCHICHTE

Alice Munro

Die See sei wie Asche, und ein heimatloser Wind weine an den Fenstern, schrieb sie an einem verregnet kalten Novembertag ihrem treulosen Ehemann aus einer abbruchbereit zugigen Villa an der Riviera, mit einem heißen Ziegel an ihren Füßen, während die Tuberkulose mit geduldiger Perfidie ihre Lungen zerfraß. Und als deren Vernichtungswerk fast vollendet war, wollte die neuseeländische Kurzgeschichtenautorin Katherine Mansfield einen Fächer aus schwarzer Spitze auf ihrem Nachttisch plaziert wissen, einen geladenen Revolver und ein Buch. Mit einem Selbstporträt über den Tod eines Kanarienvogels, von dem nichts bleibt als ein Nagel neben der Haustür, an dem einmal sein Käfig hing, hatte Mansfield von der Literatur Abschied genommen; 1923 starb sie in der Hoffnung, es warte »ein kleiner Himmel für Schwindsüchtige« auf sie, mit Obstbäumen und Tulpen in Blüte. Doch lebte sie märchenhaft noch heute, lägen neben ihrem Bett die Erzählungen der Kanadierin Alice Munro griffbereit.

Dabei war Munro lange nicht gelungen, was Mansfield

unabdingbar hielt für ein schöpferisches Leben: sich gehenlassen zu können und »aus den inneren Bergen der Trübsal hinaus ins Blaue zu treten«. Übernächtigt und sonnenscheu, verkrochen sich die ersten rund vierzig Selbstfindungsfabeln Munros in den Schattenseiten der Erde, als wären sogar deren Ozeane ewig mürrisch auf Ebbe gestimmt. Man kam sich darin vor wie im Klischee von einem skandinavischen Theaterstück: Ein Fremder betritt eine geschlossene Räumlichkeit, öffnet die Fenster vehement, und alle Personen des Dramas erkälten sich; Vorhang. Munro mißtraute der Literatur, für sie eine Nummernrevue billiger Tricks, und griffige Plots gehörten dazu: Das Unvermögen, eine spannende Geschichte zu ersinnen, wurde zu einer Kühnheit erklärt wie eine Musikkomposition, die sich in Stille erschöpfte. Munro schrieb eben Dinge – so meinte sie – »wie das Leben selbst«, unaufgeregt, verlegen banal, belästigend wahrscheinlich und meist mit einem jener »offenen Schlüsse« in Ratlosigkeitsstarre versetzt, wie man sie bei Short Stories zwar immer befürchten muß, von denen »das Leben« aber leider nichts wissen will.

»Das Dasein der Menschen«, so umriß Munro einmal ihren Erzählhorizont, sei »flau, einfach, wunderlich und unergründlich« – als besagte das viel und gälte für jeden. Doch so handlungsarm überraschungslos und trübe, wußte Munro, ging es nicht weiter – es würde ja auch niemand eine Runde Russisches Roulette mit leerem Magazin allen Ernstes für ein großes Wagnis halten. Und 1973 hatte sie ihre »Weltreise aus dem Eheheim« und der unentwegten Verstellung begonnen und aufgehört, sich beim männlichen Geschlecht mit Vornamen Jim in Sicherheit zu bringen, um im »parfümdurchtränkten Schlamm des Animalischen« zu versinken, so Munros bis dahin ungehört drastische Wendung für den Zwang zu Ehe und Schwangerschaft auf Schwangerschaft, zu Waschmaschine, Küchentisch und dem Polieren von Herdplatten – dem ganzen Haushaltskram, der in den fünfziger Jahren als eine Art Urbestimmung aller jungen Frauen des Planeten galt.

Sie hatte zu früh geheiratet, weil sich ihr Journalismusstudium nicht weiter finanzieren ließ, und bei ihrer Hochzeit ein Dunkelviolett getragen, das aus der Ferne mit Schwarz zu verwechseln war. Munros älteste Tochter litt unter der mütterlichen Schreibsucht – und unter der Trennung der Eltern noch mehr. »Es mußte«, ließ Munro viele Jahre später eine ihrer Gestalten erkennen, »eine wahllose und natürlich ungerechte Sparsamkeit in der Gefühlshaushaltsführung der Welt geben, wenn das große Glück eines Menschen – wie zeitlich begrenzt, wie schwächlich auch immer – aus dem großen Unglück eines andern erwachsen konnte.«

Nach der Vorgabe, es ließe sich jede Geschichte besser, knapper und überhaupt alles noch und noch einmal anders fassen, arbeitete Alice Munro in Ontario mit altbiblischer Strenge bis zu einem Jahr an nur einer Erzählung und »acht Tage die Woche«, und plötzlich schien das Universum an einem einzigen mauritiusblau strahlenden Sonntag erschaffen worden zu sein – nur zu dem Zweck, damit Munro darin schreiben konnte. Wunder traten ans Licht, Romane im Kleinformat, so unnachgiebig spannend und komplex, daß mehr als eine ihrer Erzählungen pro Tag zu lesen sich nicht verkraften ließ. Immer noch fingen sie alltäglich an und scheinheilig gelangweilt, wurden dann aber abrupt von einer angriffslustigen Dynamik ins Extrem getrieben: Eine nachgetragene Episode zerriß im abrupten Zeitsprung die Draperien des Gewöhnlichen und stürzte alles ins beklemmend Abseitige hinab. Und je älter Munro wurde, desto verwegener und gewaltfreudiger ging sie ans Werk: »Was soll's«, mit fast achtzig Jahren, sagte sie um 2010, hätte sie nach Herzoperation und Krebsdiagnose »auf dem Kreuzweg der eigenen Gebrechlichkeit« ohnehin stündlich mit dem Tod zu rechnen wie mit einem Fremden draußen vor der Fliegengittertür.

Und so steht in der Erzählung und Liebeserklärung an die Literatur »Freie Radikale« denn auch unerwartet ein nervöser Psychopath im Flur der Witwe Nita, der gerade seine gesamte Familie erschossen hat. Nita weiß, was sie erwartet; und Nita hat keine Chance. »Ich habe das Gleiche getan wie Sie« – Nita erzählt dem Eindringling, sie hätte einst die Geliebte ihres verstorbenen Mannes Rich vergiftet: Dabei war in Wahrheit sie die Geliebte, die Rich einer anderen abspenstig machte und sich nun – passionierte Leserin, die sie ist – in Richs betrogene erste Frau wie in eine Romanfigur hineinversetzt, um ihr betagtes, krebsversehrtes Leben zu retten. Sie und der Killer sind beide »freie Radikale« wie die Zellen, die in Nita den Tumor bekämpfen.

Darauf hatte Munro schon ein Jahrzehnt zuvor, in ihrem Meisterwerk über das Bärenmenschenpaar Fiona und Grant, bestanden: Altern ist, auch wenn der Jugendkult aller Zeitalter anderes verspricht, noch immer keine Seltenheit. Man kann dabei vergessen, wie man auf dem Weg zurück aus dem Einkaufszentrum nach Hause findet, wo die Geschirrtücher hängen, wie man liest, wie man mit der Gabel die bolognesesaucierte Pasta ißt, was in den letzten fünf Minuten geschehen ist oder das ganze Leben zuvor. In »Der Bär kletterte über den Berg« weiß die aus Island stammende Fiona in einem Pflegeheim für Alzheimerkranke nicht mehr, wer dieser Grant denn ist, ihr Ehemann seit nahezu fünfzig Jahren, der sie überschwenglich zwanghaft mit Studentinnen und Gattinnen anderer betrog, ohne »den Fehler begangen zu haben, ein Geständnis abzulegen«. Wie zur Vergeltung hat Fiona sich mit einem anderen Patienten, Aubrey, angefreundet, und als der aus dem Heim entlassen wird, verliert sie ihr Gleichgewicht. Auch um seine ständigen Ehebrüche von dazumal wettzumachen, »klettert« Grant »über den Berg« und bittet Aubreys Frau, Aubrey auf Dauer ins Heim zurückzubringen; Grant erwägt gar eine Liaison mit Aubreys Gattin, damit sie sich ihr Ein und alles von Haus zwischen Grillpartygärten weiter leisten kann: Sie müßte es verkaufen, um Aubreys Heimaufenthalt bezahlen zu können. Als es Grant gelungen ist, Aubrey ins Heim zurückzuschaffen, ist Fiona »überm Berg«, wie der Titel es verhieß, »The Bear Came Over the Mountain«, und erkennt Grant über einem Buch zu Island wieder, das er ihr vor Wochen schenkte: »›Ich bin so glücklich, dich zu sehen‹, sagte sie und zupfte an seinen Ohrläppchen.« Er hätte auch wegfahren, sie verlassen, sie im Stich lassen können. »Er schmiegte sein Gesicht an ihre weißen Haare, ihre rosa Kopfhaut, ihren hübsch geformten Schädel« – Vorbote ihres Todes – und denkt sich: »Nie und nimmer«. Genau danach kann man sich seine Freunde aussuchen: Wem am Ende dieser Erzählung die Tränen gekommen sind, während ein Lächeln sein Gesicht erhellt, der kann kein schlechter Mensch sein.

KAPITEL 36

STETS TAUCHT PLÖTZLICH JEMAND AUF, AN DEN MAN NICHT IM TRAUM GEDACHT HÄTTE

James Joyce

Wird man es manchen Bürgern Jerusalems verübeln wollen, daß sie damals spöttelten, so sternhagelvoll schon am frühen Vormittag könnten nur diese Christen sein? Eben war Jesus von Nazareth in den Himmel hochgeflogen, eine Wolke nahm ihn auf, sichtbar allein für die Augen seiner Anhänger, und weg war er. Dann aber wurde ihnen ein weiteres Wunder zuteil. Der »Heilige Geist« brauste zum Pfingstfest über die Gemeinde der zwölf Apostel stürmisch darnieder, und die herbeidrängende Menge wußte vor Ratlosigkeit nicht, wohin mit sich: Ägypter, Araber, Kreter, Libyer, Meder, Parther und Römer hörten die Jesusjünger in je ihrer Sprache durcheinanderbrabbeln wie zu Zeiten des babylonischen Turms und fragten sich beklommen, was das denn nun wieder zu bedeuten hätte; andere schrieben das Gebabbel, Geschwafel und Gestammel einem allzu orthodoxen Weingenuß zu.

Auch zwei Jahrtausende später kam ein völlig verrücktes Buch noch den Wohlwollendsten als das Destillat eines – diesmal auf irisch – Beduselten vor. In »Finnegans Wake«

war das Englische mit über vierzig anderen Sprachen versetzt, auch Sanskrit, Schweizerdeutsch, Swahili hatte James Joyce nicht übergangen, und das Werk gab selber eifrig zu, »a most moraculous jeeremyhead sindbook for all the peoples« und somit nicht ganz bei Trost zu sein, ein äußerst moralisches und wunderliches Buch der Sünde von Seiten eines Sündenbocks also für alle Völker, das die Köpfe seiner Leser zugleich erheitern sollte. »Moraculous« führte das lateinische »mora« mit sich, die Moral, und ein Mirakel, »sindbook« den deutschen Sündenbock und ein sich mit »sin« an den Weltsprachen versündigendes Buch, und das »jeeremyhead« bat um »Jeer my head«, ein mit »jeer«, Humor und Spott, beglückendes Werk. Betonte man nur die Silbe eines Wortes so oder anders, wandelte sich der Sinn eines ganzen Satzes – wer sich als bibelfest hervortun wollte, vermochte aus »jeeremyhead« etwa die Klage des biblischen Jeremia über den Untergang einer lasterhaften Menschheit herauszuhören. Überinterpretationen gab es bei »Finnegans Wake« nicht; denn gerade dazu forderte Joyce heraus.

Was wollte »Finnegans Wake«? Ein »funferal« sein, ein Spaß für alle, »fun for all«, im Gedenken daran, daß wir alle in die Grube fahren und nicht mal unser eigenes »funeral«, Begräbnis, miterleben werden. Und natürlich kam auch Joyce selbst darin vor. Der einstige Jesuitenzögling aus dem urkatholischen Dublin hatte der Kirche mit einem »Non serviam« abgeschworen, »Ich werde nicht dienen«, um seinen Stolz zu bewahren, und sich damit zum geistigen »Bettler gemacht«: War es der Mühe wert gewesen, Dublin am Fluß Liffey zu verlassen, »was liffe worth leaving«? War das Leben lebenswert? Oder tat man besser daran, es zu verlassen? »Nej!«

Zehn Jahre zusammen mit dem »Heiligen Geist« an einem einzigen Buch in »Joyceisch« gearbeitet zu haben kann freilich schwermütig machen, wenn es nicht verstanden und noch weniger bejubelt wird – erwartete Joyce von seinem Leser doch, daß der das ganze Leben der Lektüre seines Werkes widmet. Nach »Finnegans Wake« 1939 schien man sich um seinen Verstand auch ernstlich sorgen zu müssen. Als Joyce unter Freunden beim Essen bekundete – und seine blindheitsnahen blauen Augen glotzten wie die einer Eule hinter den dicken Brillengläsern hervor –, die Weltmächte sollten Europa einfach Hitler überlassen, ergriff seine Gattin Nora ein Messer, fuhr hoch und schrie ihn an: »Noch ein Wort, Jim, über diesen Teufel, und ich bringe dich um.« Dabei stimmte es ihren Jim nur verdrießlich, daß der Weltkrieg seinem Publikum keine Zeit mehr lassen würde, »Finnegans Wake« wie einen Geheimcode Gottes zu entziffern, jenen Pfingstzauber von Nichtmehrroman über ein gastwirtliches Adam-und-Eva-Paar in Dublin ohne ersichtlichen Plot – jenen letzten »Krieg der Wörter«, in dem die meisten Sprachen, Religionen, Philosophien der Erde zuletzt friedlich verwahrt nebeneinander ruhten, als wäre damit allen sonstigen Kriegen ein Ende gesetzt.

Wie weit konnte man gehen? Nie zu weit für Joyce. Sein Publikum brauchte nur ein schwieriges Buch von ihm zu erwarten, um dafür mit einem noch schwierigeren beschenkt zu werden. Als man ihn fragte, warum er »Finnegans Wake« nicht ein bißchen lesbarer komponiert hätte, erwiderte er: »Damit die Wissenschaftler dezennienlang beschäftigt sind.« Die exorbitante Bedeutung seines Werks hatte er sich selber bereits um die Jahrhundertwende einreden können, als noch keine Zeile davon zu Papier gebracht war.

Was besagten schon die einundzwanzigtausend Pfund, die er sich von einer anonymen Gönnerin pro Jahr zustecken ließ, gemessen an seinen Verdiensten? Es ist erstaunlich, daß er nie einen Brief nach Stockholm abgehen ließ, in dem er höflich drängte, ihm zwei Nobelpreise zu verleihen, da alles um so viel teurer geworden sei – auch die Haute Couture Coco Chanels für seine Frau.

Doch zu seinem Spaß waren ganz ohne sein Zutun über ihn bereits Legenden im Umlauf genug: Kokainsüchtig läge er, hieß es in Dublin, im Sterben in einem New Yorker Krankenhaus. Meist betrunken, imitierte er mit seinen dünnen, gummig gelenken Beinen die Gangart einer Spinne durch die nachtstummen Straßen Zürichs auf Beutesuche nach stattlich feistem Frauenfleisch. Er trüge vier Uhren, um in Gesellschaft den Tischnachbarn nach der Zeit zu fragen, ließe sich lediglich auf theologische Diskussionen ein, die keinen interessierten, und äußerte andernfalls nur ein »Hm« und »Aha«. Er hätte im Restaurant stets eine eigens für ihn reservierte Flasche Weißwein neben sich stehen, aus der zu trinken er nur sich selbst erlaubte; und die allberüchtigte Unglücks- und Todeszahl machte ihm solche Angst, daß er jedesmal, wenn eine Tischrunde auf dreizehn Esser käme, den dreizehnten des Restaurants verwiese, auf daß es wieder zwölf wären wie beim Letzten Abendmahl. Ein paar um sein seelisches Wohl Besorgte bemühten sich, ihn rasch in das Zürcher Sanatorium des humorlosen Freudianers Doktor C. G. Jung zu schaffen. Für einen Dichterkollegen aber war er »James Jayzuz«, ein anderer kniete vor ihm nieder und sagte, wenn Joyce nicht von seiner Bewunderung überzeugt sei, werde er sich aus dem Fenster stürzen: Nur mit Gewalt hielt man ihn davon ab. Und ein dritter wollte ihm die Hand küssen, Joyce lehnte steinern ab mit den Worten: »Wissen Sie, diese Hand hier hat auch noch vieles andere getan.«

Joyce gehörte zu jener Autorenspezies, die das Renommee ihrer Genialität derart stilsicher pflegen, daß Zeitgenossen wie künftige Generationen fast unbesehen von ihr überzeugt sind. Schon zwei Jahrzehnte vor »Finnegans Wake« hatte er sich über den »Ulysses« 1922 mit einer jener Prophezeiungen der Nachwelt anempfohlen, die sich zuweilen wie von selbst erfüllen: So viele Rätsel seien darin verborgen, »daß es die Professoren über Jahrhunderte im Streit darüber halten wird, was ich gemeint habe. Nur so sichert man sich seine Unsterblichkeit.« Jedem sei sein Pfingsten vergönnt: Schon zwei Jahre nach der Publikation des Romans gab Joyce zu Protokoll, Dublin habe – »Soeben traf ein Strauß Hortensien für mich ein« – erstmals »Bloom's Day« gefeiert, den Tag des »Ulysses«, den sechzehnten Juni 1904, der im irischen Kalender mittlerweile ebenso heiligenfest verzeichnet ist wie St. Patrick's Day und mit Marathonlesungen aus dem »Ulysses« begangen wird und einer dauerbezechten Wallfahrt durch Dublin. Zehn Jahre später, 1932, stand der »Ulysses« an der Universität Cambridge bereits zur Prüfung auf jeder Leseliste, und bald versammelte kein Schriftsteller nach Shakespeare eine fanatischere Anhängerschar um sich als Joyce.

Vom enthusiastischen Amateur bis zur »Aber-das-werden-Sie-doch-gelesen-haben?!«-Koryphäe: Joyce-Narren aller Länder, vereinigt euch. Da hatte es sich einer in der Joycegemeinde zur Gewohnheit gemacht, andere Jünger in unverabredeten nächtlichen Telefonanrufen barsch über besonders vertrackte »Wake«-Passagen auszufragen; ein zweiter plädierte für die Todesstrafe, wenn man Joyce falsch zitierte; und einer dritter stritt um jedes Wort, Pünktlein und Komma des »Ulysses«, als seien die von globustragender Wichtigkeit, und sah sich ob seiner ketzerischen Deutungen von einer allmächtigen Joycemafia geächtet und verfolgt. Missen mochte man sie alle nicht, weil den Kongressen ansonsten, wie anderen Literaturtagungen des Erdenrunds auch, in den Vortragspausen der Gesprächsstoff ausgegangen wäre neben all dem »Woran arbeitest du gerade?« oder »Schmeckt der Wein? Hat Joyce auch getrunken«.

Das Joyceanertum war zur Lebenseinstellung avanciert wie Yoga und Zen, gar zu einer Art Religion, und es verwundert nicht, daß sich gegen alle Hohepriesterlichkeit reizbare Literaturexperten damit zu brüsten anfingen, den »Ulysses« niemals lesen zu wollen. Denn worum ging es darin schon wirklich? Am besagten sechzehnten Juni 1904, einem Donnerstag, bereitet der achtunddreißigjährige Anzeigenwerber und Jedermann Leopold Bloom, Jude und damit »gehaßt, verfolgt und ausgeplündert« seit je, »wie Vieh verkauft in Marokko«, und nur der Form halber Katholik, um acht Uhr früh in der Eccles Street Nummer sieben seiner Frau Molly das Frühstück zu, unterhält sich dabei mit der Katze, ißt Schweinenierchen und geht, was in der Literatur bis dahin nie so genüßlich geschildert worden war, auf die Toilette, entleert sich bei der Lektüre einer Geschichte von Joyce und wischt sich auch damit ab. Unternimmt sodann als ein Odysseus, ein homerischer »Ulysses« des zwanzigsten Jahrhunderts, seine Irrfahrt durch Dublin; nimmt als zwölfter Trauergast an einer Beerdigung teil, auf der ein Unbekannter im braunen Macintoshregenmantel Neugierde erregt und als Dreizehnter Furcht bei Bloom – »es taucht«, sinniert er, »doch immer jemand auf, an den man nicht im Traum gedacht hätte« –, um dann noch zehnmal an diesem

Tag, inzwischen auf »M'Intosh« getauft, wie ein Geist zu erscheinen. Und nun geschieht das Grauenvolle.

Von wegen. Bloom handelt den Wiederabdruck einer Zeitungsannonce aus, traut sich nicht nach Hause, weil er Molly dabei erwischen könnte, wie sie ihn mit ihrem Konzertmanager betrügt, und macht durch sein Fernbleiben das Rendezvous erst möglich; läuft zum Strand, wo ihm ein Mädchen, Gerty MacDowell, derart großzügige Einblicke in ihre Reize gewährt, daß er sich onanierend Erleichterung verschaffen muß; gerät nach seinem Besuch in einem Entbindungsheim in eine Kneipe mit dem Studenten Stephen Dedalus und seinen Gesellen, spätabends dann in ein Bordell und zurück in sein Heim, kocht Dedalus dort einen Kakao zur Ausnüchterung und schläft neben seiner Molly ein, die sich im stillen, satzzeichenlosen Selbstgespräch zuletzt jenes Tages vor sechzehn Jahren entsinnt, da sie ihrem »Poldy« ihr Jawort gab und dann mit ihm schlief, »und wie er mich geküßt hat unter der maurischen Mauer und ich hab gedacht na schön er ist so gut wie jeder andere und hab ihn mit den Augen gebeten er soll doch noch mal fragen ja und dann hat er mich gefragt ob ich will ja sag ja meine Bergblume und ich hab ihm zuerst die Arme um den Hals gelegt und ihn zu mir niedergezogen daß er meine Brüste fühlen konnte wie sie dufteten ja und das Herz ging ihm wie verrückt und ich hab ja gesagt ja ich will Ja.« Ist das alles?

Ist es nicht. Einmal beklagte sich Gattin Nora über Schlafstörungen bei einem Freund, der vorab ahnte, wer mal wieder der Schuldige war: »Ich gehe zu Bett, und dann sitzt der Mann nebenan und lacht über das, was er schreibt. Ich klopfe an die Tür und sage, ›Jim, hör sofort mit dem Schreiben oder dem Lachen auf‹.« Joyce vermochte weder das eine noch andere, weil es für ihn ein und dasselbe war, und wenn man den »Ulysses« so wenig ehrfürchtig verspannt zur Hand nimmt, wie der Autor es sich für Nichtprofessoren wünschte, und ihn sich zu eigen macht, als hätte man ihn selbst geschrieben, findet man aus der Lektüre nicht heraus. Joyce war vom Katholizismus besessen, ohne ihn derart persönlich zu nehmen wie ein Bekenntnisatheist. Er erging sich wie bei einem Trinkgelage genießerisch in Sturzbächen obszöner Schmähungen: ein abtrünnig »feiger Jesuit«, der seine Zweifel erst gar nicht überwinden oder sich im Unglauben behaglich einrichten wollte, gleich wie sein Alter ego Stephen Dedalus. So beginnt der »Ulysses« mit einer Verulkung des katholischen Ritus, vorgetragen um acht Uhr morgens vom wilden Unsinnslästerer Buck Mulligan im windgebauschten judasgelben Morgenrock auf einem Aussichtsturm am Meer: »Stattlich und feist« intoniert er mit erhobenem Rasierbecken »Introibo in altare Dei«, Spiegel und Rasiermesser darüber gekreuzt. Der falsche Priester Mulligan hat die Romanmesse in Gang gebracht, die in den Gottesdienst um acht Uhr abends desselben Tages übergeht mit einer Litanei zu Ehren der unbefleckten Maria Muttergottes, die Blooms Selbstbefleckung musikalisch untermalt, »Also ich bin ganz sauber gekommen und hab mich vollgesaut«, um zu einer Schwarzen Messe im Bordell zu wechseln, »Introibo ad altare diaboli« – und was offenbart sich in einer der Schubladen Blooms spätnachts? »2 erotische Photo-Postkarten, worauf abgebildet: a) Mundkoitus zwischen nackter Señorita (von rückwärts zu sehen, obere Lage) und nacktem Torero (von vorn zu sehen, untere Lage): b) anale Vergewaltigung von weiblicher Ordensangehöriger (teilbekleidet, direkter Blick) durch männlichen Ordensangehörigen (vollbekleidet, gesenkter Blick), auf dem Postwege gekauft von Box

32, Postamt Charing Cross, London, W. C.« Was soll daran komisch sein? Daß die Postkarten protokolliert werden wie von der Polizei, die die Privatgemächer eines Sittenstrolchs sorgsam durchsucht.

Von Episode zu Episode wechselt Joyce, Ort und Gestalten angepaßt, seinen Stil, damit man nie weiß, womit er uns als nächstes überfallen kann: Bloom betritt die Redaktion des »Evening Telegraph«, und das Kapitel sieht plötzlich wie eine Zeitung aus; geht Bloom in ein Entbindungsheim, wächst der »Ulysses«, gleich einem sich im Mutterleib entwickelnden Embryo, vom Altenglischen zur Gegenwartssprache heran; das Kapitel mit Gerty MacDowell kommt wie einer jener Unterhaltungsromane daher, die sie selbst gerne verschlingt, »sie war wirklich und wahrhaftig ein Muster liebreizender junger irischer Weiblichkeit und so schön anzuschauen, wie man es sich nur wünschen konnte« – und das Nachtgespräch zwischen Bloom und Dedalus, dem Studenten, ist in Prüfungsfragen und -antworten verfaßt: »Welches sich selbst erschwerende Rätsel löste Bloom nicht? / Wer war M'Intosh?« Der geheimnisvolle Fremde im Regenmantel ist der Autor selbst: »Oh Jamesy«, ruft Gattin Molly am Schluß in sich hinein, ahnend, erfunden worden zu sein, »laß mich hier raus.«

DIE ABENTEUER DES LESENS

Kapitel 37, 38: Robert Louis Stevenson, »Die Schatzinsel«. Dt. Übers. v. Andreas Nohl (München: Carl Hanser Verlag 2013)

Kapitel 39: Roald Dahl, »Collected Stories« (New York: Everyman's Library Edition 2006). – Roald Dahl, »Küßchen, Küßchen!«, »Und noch ein Küßchen!«. Dt. Übers. v. Wolfheinrich von der Mülbe u. Hans-Heinrich Wellmann (Reinbek bei Hamburg: Rowohlt 1981). – Roald Dahl, »The Witches« (London: Jonathan Cape 2010). – Roald Dahl, »Hexen hexen«. Dt. Übers. v. Sybil Gräfin Schönfeldt (Reinbek bei Hamburg: Rowohlt 1990)

Kapitel 40: Umberto Eco, »Il nome della rosa« (Gruppo Editoriale Fabbri Bompiani, Sonogno, Etas S. p. A. 1980, korr. Neuausgabe Mailand 2013), »Der Name der Rose«. Dt. Übers. v. Burkhart Kroeber (München: Carl Hanser Verlag 1982)

KAPITEL 37

JEDE KÜSTE HOFFT EINEN SCHIFFBRUCH HERBEI

Robert Louis Stevenson (zum ersten)

Wie ein Arzt, der sich vor einem leeren Wartezimmer fürchtet, fragt sich der Bibliothekar des Paradieses, »Wer ist der Nächste?«, sitzt da in einem eigentlich bequemen Ohrensessel einer vollgestapelten Buchhandlung und kratzt sich die ansonsten literaturfroh geglättete Stirn. Er weiß nicht weiter, so wie zuletzt auch James »Jamesy« Joyce, der aller Literatur mit der seinen ein Ende setzen wollte: Was hätte er nach dem »Ulysses« und »Finnegans Wake« denn noch schreiben können? Nur deren schroffes Gegenteil, wie es seine Nachfolger zu spüren bekamen: Bücher, erlesen abgenagt bis auf die Knochen mit Figuren ohne Namen, einer Er-ging-hierhin-er-ging-dorthin-Handlung, sprachblassen, kurzen Sätzen und tristen Gefühlen – ausgesuchteste Langeweile, Höllenqualenliteratur.

Es ist nicht erstaunlich, daß sich der Leser längst ins schottische Hochland eines Verführungskünstlers geflüchtet hat, eines Autors, der schon im neunzehnten Jahrhundert über den Anspruchsroman seiner Zeit mit all dem Teegeschirrgeklapper hochtönender Endloskonversationen fluchte, er sei wie Efeu: »Den muß man nicht pflanzen, der wächst von allein.« Als er in seiner Geburtsstadt Edinburgh einmal in eine Kaschemmendiskussion über »das Wesen großer Literatur« hineingeraten war, fuhr er mit einem »Zum Henker damit!« dazwischen und machte sich grußlos davon. Sollten die andern doch für sich selber ihre verwünschten Meisterwerke aufs Papier werfen – er suchte das »große«, das realitätsflüchtig schauerfröhliche Publikum. Manche feuchten Gärten schrien einfach nach einem löblich begangenen Mord; baufällige Häuser wollten von Dämonen heimgesucht werden – und gab es irgendeine Meeresküste auf dieser Welt, die sich etwa nicht über einen Schiffbruch freute?

Auf einer Fotografie mustert er uns verschlagen von seinem Schreibtisch her aus Mandelaugen in seinem ovalen Gesicht unter diabolisch geschwungenen Brauen, eine Samtdecke über die Schultern seines korrekten Anzugs geworfen wie gegen eine Kälte, der nur er selber Einhalt zu gebieten vermag. Wie viele Eisenbahnfahrten, Flugreisen und Bettlägerigkeiten haben wir in stiller Freundschaft mit diesem Schriftsteller überstanden, bis sein Werk ein unaufhaltsamer Fluß unserer Erinnerung war? Wer sein Zutrauen in Literatur verloren hatte, gewann es durch ihn zurück. Mehr als einen Satz brauchte er nicht, und man stürzte in seine Bücher hinein. Hin und wieder befand sein Vater, er gleiche einer Henne, die aus Verzagtheit kein Ei zuwege bringe; er aber brütete Monstren aus und gab ihnen englische Namen; öffnete das Buch unserer Ängste und sperrte es dann wieder weg. Mit ihm wurde das Erwachsenwerden leicht, und wenn Geister sich an ihm scheiden, hat das Wörtchen »Geist« keine Bedeutung mehr. Anderson, Arrow, Gray, Hands, Hunter, Joyce, Livesey, Morgan, Redruth, Silver … Inzwischen lassen sich Seelenverwandte daran erkennen, daß sie die Namen der Crew seines legendärsten Schoners, der »Hispaniola«, vollständig und in alphabetischer Reihenfolge aufzählen können und – wenn auch verschämt – stolz darauf sind.

Er schrieb aus Rache und mit einem wilden Lächeln, als wäre ihm eine drohende Klage auf Unredlichkeit nie genug. Denn bis zum Schluß brachten ihn seine Alpträume fast um den Verstand. Wenn er morgens um sechs Uhr erwachte, schien es ihm, als huschten wie von einem Leuchtturm Blicke von irgend- und nirgendwoher zu ihm hin, schwenkten ab und wieder zurück; doch zwang er sie tagsüber unter seine Herrschaft und verwandelte sie in Spannung, in Schönheit und Eleganz. Seine Frau Fanny verfügte, betonte sie gern, über die Gabe der Vorausschau, des Zweiten Gesichts, was in seinem Fall allerdings wenig nützte, da mit seinem Tod täglich zu rechnen war. Andererseits segelte doch die gesamte Menschheit im Schatten »dieses sensenschwingenden Bastards«, weshalb er ihn auch »unseren Jolly Roger« taufte, nach der Piratenflagge, die man einstmals hißte, um die kampflose Kapitulation des angepeilten Beuteschiffs zu erzwingen. Doch zu lange hatte er sich im »Land der Bettdecken« getummelt und zuviel Blut erbrochen, das ihm jedesmal wie heißer Tee über die Hände rann, um den Tod nicht wie eine Heimkehr zu ersehnen auf der samoanischen Insel Upola, die seine letzte Zuflucht war. In seinen Grabstein in viertausend Metern Höhe auf dem Berg Vaea ließ Fanny eine Gedichtzeile ihres Mannes meißeln: »So freudig wie ich lebte, so starb ich auch«.

Von seinen zahllosen Bewunderern bis heute in Ehren gehalten als engelhafter, duldsam tapferer Gentleman, setzten ihn seine Feinde, wohl weil sie sich insgeheim vor ihm fürchteten, zum bloßen Kinderbuchautor und Groschenromanhasardeur herab. Doch ist er in der Bibliothek des Paradieses schlichtweg der Autor für alle, die lesen nur um des Lesens, nur um des Lektüreabenteuers willen, ohne auf überkomplizierte Charaktere und eine Moral erpicht zu sein, ungebunden, zweckfrei – »einfach so«. Dieser Robert Louis Stevenson benötigt keine Rechtfertigung: Er trägt sie in sich selbst.

KAPITEL 38

SAUFT, DENN DER TEUFEL SAGT AMEN DAZU

Robert Louis Stevenson (zum zweiten)

Seine Nanny Cummy tischte dem kleinen Robert Louis Stevenson allabendlich sanft ein altschottisches Horrormärchen auf, um ihm danach zu versichern, die Menschheit sei ohnehin zur Niedertracht verdammt, seitdem sie im Garten Eden von Satan zur Rebellion gegen Gott verführt worden war: Im Diesseits trüge das Böse immer den Sieg davon. Dann ließ sie Louis zum Schutz ein knappes Gutenachtgebet hersagen und schlurfte beruhigt von dannen. Wie hatte sie sich doch schon den ganzen Tag auf das dritte Gläschen Portwein vorm Zubettgehen gefreut.

Solcherart verzieht man Kinder zu Erzählgenies von krimineller Energie: Im grauen Zwielicht moralischer Verunsicherung lag Louis noch stundenlang wach, strich manisch wie im Fieber die Fältelung seiner Daunendecke glatt und ersann die abscheulichsten Verbrechen, die den Zorn des Allmächtigen auf ihn lenken könnten, von dem er nicht mehr recht wußte, wie gut »Er« eigentlich war. Gegen die drohenden Alpträume stellte er eine Armee eigens erfundener Chimären auf, da der innere Schrei nach dem »lieben Jesuskind« niemals half. Mit Gleichaltrigen zu spielen ließ sein tuberkulosegeschwächter Körper nicht zu – als Ersatz rief er sich einen unsichtbaren Gefährten an seine Seite, und Satan huschte willig herbei.

Später machte Stevenson seine ihm schmachvoll unmännliche Schmächtigkeit mit nonchalant potenten Zornausbrüchen wett. Stets errang er unter Kommilitonen in den Olympiaden um die gröbste Gotteslästerung den ersten Platz, schrieb die Zehn Gebote in absurde »Du sollst«-Pamphlete um, gestand den Eltern, nichts mit dem gnadenlosen Gott der Vorfahren anfangen zu können – und erregte damit den still in sich hineinprustenden Ärger seines zwar strenggläubigen, im verborgenen aber kindlich veranlagten Vaters. Der hatte in ihm schon früh nach Familientradition einen Leuchtturmkonstrukteur sehen wollen, wofür sich Louis jedoch als so wenig geeignet erwies wie der Freibeuter Edward »Blackbeard« Teach fürs Priesteramt. Stevenson senior bat sich aus, daß Louis lediglich als Rechtsanwalt seinen Schriftstellerphantasien nachgeben durfte. Zum Schein stimmte ihm Stevenson bei, verliebte sich in eine Prostituierte nach der anderen und pflegte Umgang mit dem wegen Vielfachmordes in ganz Europa polizeilich gesuchten Chantrelle, der seine Lebensbestimmung darin sah, kraft eines opulent opiumversetzten Camembertfondues die hohen Herren in Edinburgh um die Ecke zu bringen. Und mochte Stevenson der Nachwelt auch der liebste Mensch unter den Autoren gewesen sein: als er in Kalifornien erfuhr, daß die Wälder dort freudiger Feuer fingen als anderswo, steckte er aus wissenschaftlicher Neugier gleich selbst einen in Brand und stahl sich zufrieden davon.

Nach Kalifornien verschlagen hatte es ihn wegen der um ein Jahrzehnt älteren Fanny Osborne: Quer durch die USA war er ihr mit Keksen und Whisky im Dritte-Klasse-Abteil in einer vor Frost knirschenden Eisenbahn nachgereist, um sie aus der Ehe mit einem leidenschaftlich untreuen Gatten zu befreien und sich dabei – schwer lungenkrank, wie er war, nikotinsüchtig und hager – seine Konstitution für immer zu zerstören. Fanny aber charmierte selbst den Vater Stevensons: Ohne Zögern schächtete sie Schweine, schoß mit dem Revolver ein Spalier von Weinflaschen aus großer Entfernung johlend zu Scherben, lehrte auch Nichtraucher das Drehen von Zigaretten und steckte mit ihrem Louis nachts unter einer Decke, um bis zur Schlaflosigkeit grausame Gespenstergeschichten auszuhecken. Allerdings hatte sie in die ruckzuck geschlossene Ehe ihren schwierigen zwölfjährigen Sohn Lloyd wie einen Kobold im Handgepäck eingeschleppt, den das schottische Hochland im Sommer 1881 derart langweilte, daß sein Stiefvater Louis sich zu dessen Unterhaltung schnellstens etwas einfallen lassen mußte.

Nachträglich weiß man es meistens besser und würde jetzt sagen: »Ein Roman von Stevenson muß her«; Stevenson aber war zu jener Zeit wie ein Schauspieler, der auf die Bühne stolpert, ohne seinen Text zu kennen – nur an kleine Aufsätze und blasse, kurze Geschichten hatte er sich heranwagen mögen, für die ihm Verleger wohlwollend auf die Schulter klopften. Für einen »richtigen Roman« indes, klagte er, reiche sein Atem nicht weit genug.

Ein winterkalter Regen fiel in Schottland dicht und tükkisch auf das »Landhaus der Toten Miss M'Gregor«, draußen liefen die Leute wie rauchende Schornsteine durch die von Heidekraut rot leuchtenden Moore, Stevenson und Lloyd tapezierten die Wände des Cottage mit Zeichnungen, fein koloriert, skizzierten dabei die Karte einer drachenförmigen Insel, und plötzlich tummelten sich werwolfsgierige Piraten auf der Suche nach einem Schatz durch die unermeßlichen Wälder Stevensonscher Phantasie. All seinen Mut kratzte er zusammen, entwarf eine Kapitelliste und begann seinen ersten Roman als Jim Hawkins mit einer Sentenz, die er wie einen Köder auslegte und die bereits erraten läßt, daß Jims Bewunderung nicht den erstgenannten Honoratioren gilt, dem Landedelmann und dem Arzt und den »übrigen Herren«, sondern deren Gegenspieler Long John Silver, einem hochgewachsenen, einbeinigen Kaschemmenbesitzer in Bristol, der seine Krücke so geschickt handhaben kann, daß er zwischen den Tischen und Stühlen seines Etablissements umherhüpft wie der Papagei auf seiner Schulter: »Squire Trelawney, Dr. Livesey und die übrigen Herren haben mich gebeten, alle Einzelheiten über die Schatzinsel niederzuschreiben, vom Anfang bis zum Ende, und nichts zu verschweigen als die genaue Lage der Insel, und auch das nur, weil sich dort noch ungehobene Schätze befinden, und so ergreife ich meine Feder im Jahre des Herrn 17-- und versetze mich zurück in die Zeit, als mein Vater Wirt des ›Admiral Benbow‹ war und der braune, alte Seemann mit der Säbelnarbe zum ersten Mal unter unserem Dach Quartier bezog.«

Stevensons Vater, der sich jede Nacht mit Schreckensfabeln voller Räuber und Seebären in den Schlaf hineinerzählte, war von diesem ersten Satz derart angetan, daß er auf der Rückseite eines behördlichen Briefumschlags den Inhalt jener Kiste zusammenstellte, mit der Billy Bones, einstiger Freibeuter und Maat des Korsarenkapitäns Flint, im »Admiral Benbow« Einzug und nach einem »Seemann mit einem Stelzfuß« Ausschau hält. Als ihm Blind Pew, Bote seiner alten Kumpanen und der Tod höchstselbst in Menschengestalt, mit dem »Schwarzen Fleck« die Drohung überreicht, in wenigen Stunden würden sie das Wirtshaus stürmen, um sich der Schatzkarte des am Suff zugrundegegangenen Flint zu bemächtigen, streckt ihn ein Schlaganfall donnergewaltig nieder – doch hat Jim Hawkins die Karte noch rechtzeitig an sich genommen. Der gebieterisch hitzige John Trelawney heuert für den Schoner »Hispaniola« eine verräterisch einwandfreie Mannschaft samt dem urverläßlichen Long John Silver als Schiffskoch an, von der nur der besonnene Kapitän Alexander Smollett ahnt, daß sie sich aus der ehemaligen Mannschaft Flints zusammensetzt. Die »Hispaniola« ist auf Jagd nach der einsamen Insel, in deren Erdreich Flint das Gold seines langen Lebens vergraben hat, und um dieses Geheimnis weiß inzwischen selbst Silvers Papagei.

Immer wenn Stevenson mit dem Schreiben nicht weiterkam wie bei der »Schatzinsel« nach fünfzehn Tagen und ebenso vielen Kapiteln, verließ er sich auf seine »Brownies« – so nannte er seine Heim- und Herddämonen, die in seinem Unbewußten die Arbeit erledigten bei Tag und Nacht. Er spuckte Blut, das in der »Schatzinsel« noch gar nicht geflossen war, reiste mit Fanny und Lloyd zur Kur nach Davos in der Schweiz, verstieß gegen die ärztlichen Vorschriften, rauchte und trank sich nach dem Lunch mit drei Litern Rotwein in den Abend hinein, bis ihn der Roman von neuem anfiel, Jim Hawkins sich auf die »Hispaniola« stiehlt, wo sich zwei der Piraten gerade wechselseitig die Gurgel umdrehen wollen und der Überlebende, Israel Hands, im Vollrausch triumphal mal wieder den Korsarenchorgesang anstimmt, »Fifteen men on the dead man's chest – / Yo-ho-ho, and a bottle of rum! / Drink and the devil had done for the rest – / Yo-ho-ho, and …«, sehr frei, aber wohlklingend übersetzt: »Fünfzehn Mann auf des toten Manns Kiste –, / Jo-ho-ho, und eine Buddel voll Rum! / Sauft, und der Teufel sagt Amen dazu, / Jo-ho-ho und« – um ein Haar kreuzigt der teuflische Israel Hands Jim Hawkins an den Schiffsmast, geht nach einem zufälligen Pistolenschuß jedoch glücklich über Bord, damit Jim seinen Long John Silver vor dem Rest der Piraten erretten kann mit Hilfe eines auf der Insel ausgesetzten Ben Gunn, der die grölende Stimme des offenbar als Gespenst umherspukenden Flint perfekt imitiert. Als auf der Rückreise die höchste Spitze der Insel im blauen Ozean versinkt, erfaßt Jim eine Freude, wie sie nur ein aus Versehen eingewiesener Patient empfinden wird, der einer Nervenheilanstalt entronnen ist. Wenigstens eines aber dürfte er von Long John, Chefkoch aller Sieben Meere, gelernt haben: wie man ein ordentliches Lammstew schmackhaft gart.

Doch gehört Stevenson zu jenen Gastgebern unter den Romanciers, die den besten ihrer Weine erst am Ende ausschenken wollen: Ben Gunn hat Silver mit einem Teil des Schatzes nach Südamerika entwitschen lassen, und Jim Hawkins bekennt, daß ihn noch heute in seine »schlimmsten Angstträume« die Stimme von Silvers zweihundert Jahre altem Papagei namens Flint verfolgt, die in Stellvertretung des rumtrunkenen Piratenkönigs nach seinen Silbermünzen schreit: »Pieces of eight! pieces of eight!« Und »diese Papageienart«, versicherte Silver Jim Hawkins einmal, »lebt ewig«.

Mit einer seiner letzten Geschichten fügte Stevenson ein Jahrzehnt später ein Kapitel in die »Schatzinsel« ein: »Ich bin die Lieblingsfigur des Autors, er braucht mich viel dringender als Sie und kriegt mich auch besser hin«, widerspricht Long John Silver darin Kapitän Smollett, der »das Gute« im Moralhaushalt seines Schöpfers beteuern will. In der Tat hielt es Stevenson stets allzu offenherzig mit dem trickreich zwiespältigen Long John Silver, ja war gar stolz auf diesen arglistigen Schurken und charmanten, väterlichen Gentleman, der nicht ganz zu Unrecht von einer Zukunft im britischen Oberhaus träumt. Und als Stevenson erstmals seine künftige Wahlheimat Upola durchstreifte, schien er sich selber in seine Gestalten Jim Hawkins und Long John Silver verwandelt zu haben: Er kam den Einheimischen wie ein schnauzbärtiger Dauerjüngling und Pirat in einem vor. Als ein »Aitu«, ein Gespenst in tausenderlei Gestalt, mit seiner Frau Fanny als der »Heilenden Hexe vom Berg« neben sich, dann als »Tusitala«, Geschichtenerzähler, und Weiser, den jeder auf der Insel um Rat fragte, wenn ein Streit zu schlichten war, fand er im polynesischen Häuptling Ko-ó-amúa einen Freund, »der einst ein großer Kannibale gewesen war und sich's zur Gewohnheit gemacht hatte, seine eben getöteten Feinde gleich auf dem Nachhauseweg zu verspeisen«. Und Stevenson ärgerte seine vornehmsten Fans, Premier William Gladstone und Queen Victoria, mit dem Argument, auch wir Nichtkannibalen ernährten uns von Säuglingen wie jenen Ferkeln, die der chinesische Koch der Familie, Ah Fu, so vorzüglich »à la française« – in Honig – zuzubereiten verstand.

Eines Tages ging ihm mit grimmiger Gelassenheit auf, daß neben seinem neuerbauten Anwesen im Dschungel von Upola schon eine Ewigkeit hindurch das Leben der Eingeborenen gleich dem Fluß im Innern eines Berges dahingeströmt war, und er sah in sich nichts als »das Geschöpf einer Stunde« in der gleichmütig weißschäumenden Brandung der Zeit. »Wäre mir ein plötzlicher Tod beschieden, welch ein Glück!« notierte er und zählte die ihm neuerdings liebgewordenen Todesarten auf – Ertrinken allen voran –, als er sein Siechtum nicht länger ertrug. Und der Teufel sagte Amen auch dazu. An einem Dezemberabend im Jahre 1894 spielte er mit Fanny eine Partie Karten, bereitete einen Salat zu und holte eine Flasche Bordeaux, als er sich im Laubengang seines Hauses auf einmal mit beiden Händen verwirrt an den Kopf griff, »Was ist das?« fragte er auf der Suche nach innerem Halt, »Was ist mit mir los? Sehe ich irgendwie seltsam aus, hat mein Gesicht sich verändert?«, sank auf seine Knie, verlor das Bewußtsein – und als sein Arzt die skelettösen Arme des Vierundvierzigjährigen sah, brach es in einem unbedachten Moment aus ihm heraus, was dieser Mann damit nur geschrieben haben konnte. »Alles«, gab Fanny wütend zurück, und sein Stiefsohn Lloyd hinderte die Umstehenden daran, Stevenson die Stiefel auszuziehen, in denen er hatte sterben wollen. Die Häuptlinge Samoas beschlossen, daß von nun an um Mount Vaea das Abfeuern von Schußwaffen verboten war, damit ihr »Tusitala« endlich seinen Frieden fand.

KAPITEL 39

DAMIT ICH DICH BESSER FRESSEN KANN

Roald Dahl

Wenn sich Normalsterbliche komisch verhalten, denkt man, sie hätten eben nicht alle Tassen im Schrank; benimmt sich mal wieder ein berühmter Schriftsteller verquer, sagt man ehrfürchtig: »Was dem alles einfällt« – und bisweilen mit gutem Grund. Denn in der Geschichte der Literatur gibt es einen, der sich noch als Toter nicht zierte, aufs groteskeste absonderlich zu sein.

Aber weniger Verrücktes war gerade von ihm nicht zu erwarten gewesen: Im Winter 1990 begrub man Roald Dahl auf eigenen Wunsch in der Kleinstadt Great Missenden, Buckinghamshire, ähnlich seinen kriegerischen Vorfahren, der Normannen, mit seinen Billardqueues, reichlich Schokolade und Bordeaux, mit angriffsbereit schwertspitzen Bleistiften und Papier und einer Motorsäge für den Fall, daß sich der Arzt in der Diagnose geirrt haben sollte und er lebendig begraben in seinem Sarg erwachte. »Das war mal wieder typisch«, beschied die britische Presse und meinte Roald Dahls noch in Totenstarre eingenommene Haltung aus Altersnarrentum, Genußfreude, Galgenhumor und seinen Sinn für eine deftige Pointe, die er selbst seinem eigenen Dasein zu verpassen vermochte.

Pointenstark hatte Roald Dahl, obwohl immer wieder aus moralbesorgten Bibliotheken verbannt, aberhundert Millionen Leser weltweit in seine Gewalt gebracht mit nervenzerrend garstigen Erzählungen, die keine Grausamkeit duldeten außer der, mit denen er die Gemeinheit seiner Figuren bekämpfte und sie, geradeaus bis zum Schluß, meist ins verdiente Ende trieb. Besonders die Tyrannei, die sich Frauen von ihren krokodilssatten Männern gefallen lassen müssen, konnte ihn rasend machen, und wer, gab Dahl zu verstehen, in diesen Scheusalen und betrogenen Betrügern psychiatriebrauchbare Krankheitsbilder erkennen wollte und sie im wirklichen Leben am liebsten in eine Klinik eingewiesen hätte, sollte gleich auch selbst seine Koffer pakken und mit ins Taxi steigen.

Hier aber müßte dieses Kapitel eigentlich enden; denn wie beschreibt man ein Werk, dessen Schlüsse preiszugeben in England an Landesverrat grenzt? Bei einem Festmahl wettet der Gastgeber, ein tumber Börsenmakler, der zu einem »Mann von Kultur« avancieren möchte, um die Hand seiner Tochter mit einem Berufsgourmet, er werde Ursprungsort, Rebsorte, Jahrgang des Weins nie erraten, den er heute auszuschenken gedenke; der Gourmet aber, ein gieriges Monstrum, das nur aus Lippen, Zunge und Gaumen besteht und aus schmatzender Vorfreude auf den Besitz der jungen Dame, gewinnt die Wette und –? Kalt gesteht ein Mann seiner Angetrauten, er wolle sie einer anderen wegen verlassen, sie erschlägt ihn mit einer gefrorenen Lammkeule und entkommt ihrer Verhaftung nur, indem sie –? Louisa meint in ihrer Katze eine Inkarnation Franz Liszts zu erkennen und macht ihren Mann Edward mit ihrer Sorge für das hellhörige Tierchen derart eifersüchtig, daß er –? Was sollen wir tun? Erzählt man diese Schauderfabeln andererseits nicht oft doch zu Ende, da man sich in irgendeiner Alltagssituation »wie in eine Geschichte von Roald Dahl geraten« fühlt? Der Berufsgourmet in »Taste« verrät sich, er hat seine Brille im Nebenzimmer liegengelassen, wo der Wein vierundzwanzig Stunden lang sein Aroma geöffnet entfalten durfte; die betrogene Gattin in »Lamb to the Slaughter« läßt die Polizistenkollegen ihres Mannes die Lammkeule und damit die Mordwaffe verspeisen, und in »Edward the Conqueror« verbrennt derselbe Edward im Garten Franz Liszt. Was, fragt man sich, hat man davon? Nichts – nur daß man sich von Tag zu Tag am Stück damit unterhalten will. Bei Dahl ist jeder Satz ein Sprengsatz, der alle Autoritätswillkür in der Luft zerreißt.

Als man nach seinem Begräbnis den Schreibschuppen des Vierundsiebzigjährigen durchstöberte und seine Notizen fand, sah man das Geheimnis seiner schwarzweißen Magie in einer Geschichte verkörpert, die auszuführen ihm nicht mehr vergönnt gewesen war: In ihr werden sich die Personen eines Romans auf einmal bewußt, daß sie nur darum am Leben sind, weil ein ganz bestimmtes, ihnen unbekanntes Kind diesen Roman gerade liest; sie machen sich auf die Suche nach diesem Wesen, damit es das Buch »bitte, bitte« nicht schließt und am Schluß mit der Lektüre von vorne beginnt. Um es in Daueranspannung zu halten, belehrte Dahl einen seiner Biographen, muß man sein Publikum mit den wüstesten Ideen beuteln, es das Fürchten lehren und zum Kichern bringen zugleich, »action« bieten und einen erstklassigen Plot: Nicht nur jugendliche Leser langweilten sich allzu rasch. Und auch darum atmeten manche Eltern über Dahls Ableben erleichtert auf – kein weiterer Band wüster Vergeltungsgeschichten stand mehr ins Haus, die ihre Sprößlinge während des Mathematikunterrichts unter der Bank verschlangen wie die Geschichten umgekehrt sie; und nicht noch eine dieser Kinderbuchorgien war zu befürchten, in denen sie sich zu Tyrannen verunstaltet sahen, selbstsüchtig, böswillig und faul: »notmuchs«, die nur wenig bis gar nichts taugten. Doch war es längst zu spät: Dahls Geburtstagsjubiläum, ein bezeichnenderweise dreizehnter September, wurde in Afrika, England, Lateinamerika bald gleich einem Feiertag begangen, an dem, hieß es, Kindergebete erhört wurden wie in jenen alten Zeiten, da allein das Wünschen schon half.

»Ja, kennen Sie seinen Ruf denn nicht?« hatte vier Jahre vor Dahls Leukämietod ein Produzent im Kultursektor des britischen Fernsehens ausgerufen, als ein Kollege vorschlug, einen Dokumentarfilm über ihn zu drehen, samt Interview mit diesem Leibhaftigen: »Ich persönlich würde ihm nicht zu nahe kommen« – vor allem Journalisten nämlich hatte der blauäugige, bald fluchend grobe, dann plötzlich wieder besänftigt fröhliche Riese mit seinen Würgerpranken zum Fressen gern wie der Wolf im Grimmschen »Rotkäppchen« einen »zarten, fetten Bissen« Mädchenfleisch. Hätte Dahl sich dieses Märchens angenommen, hieß es, wäre statt des landläufigen »Rot-« ein »Totkäppchen« oder »Little Red Dying Hood« herausgekommen. Seine brachialen, unerhört donnernden Ansichten über Gott und die Literatur aus ihm herauskitzeln wollte jeder – aber, wenn möglich, nur von einer Raumkapsel in Saturnnähe aus. Selbst an sich harmlosen Einrichtungen wie Restaurants war er wenig geheuer: In seinem Herkunftsland Norwegen hatte der Hochempfindliche eine auch beim zweiten Mal lauwarm servierte Spargelsuppe erneut zurückgeschickt, und als der Kellner ihm zu unfreundlich wurde, stand Dahl weintrunken auf, stieß ihm seinen Teller an die Brust, der giftgrüne Sud rann dem Saaldiener die weiße Weste hinunter, und Dahl erklärte seinen Kindern selig, in der Küche würde nun die ganze Belegschaft in die jetzt hoffentlich heiße Suppe spucken. Nicht von ungefähr hatte man aus seinen Werken ein Kochbuch der »Ekligsten Rezepte der Welt« zusammenstellen können, mit Hornisseneintopf in Teer, Schlammburger, Spareribs, wie sie die Hexe aus Hänsel, dann Gretel zubereitet hätte, und knusprigen Wespenstacheln auf gebuttertem Toast mit gerösteten Kokosnußsplittern und Zimt.

Die meisten Menschen werden einem erst nach ihrem Tod vertraut: Aus eigenen und fremden Erinnerungen setzt man sich ein widerspruchsfrei gerundetes Bild ihres Innenlebens zusammen und hat, glaubt man, ihre Fassade durchschaut; Roald Dahl aber ist immer geblieben, was er gewesen war, so als gäbe es ihn noch, unzivilisiert paradox, breitspurig die Bedenkenlosigkeit selbst, ein gutmütiger Wüterich und Anarchist, der morgens in sein Gartenhäuschen verschwand, um sich ins Unberechenbarkeitsstadium jenes ewig Siebenjährigen zurückzuschreiben, der er noch als Teenager in den Sommermonaten im Oslofjord gewesen war – so glücklich fern der britischen Schulen, ihren »Uniformen wie für Angestellte eines Beerdigungsinstituts« und Direktoren, die ihn für jede noch so nichtige Albernheit mit Sportsgeist blutig schlugen. Dahl wuchs in keinem glanzvoll meernahen Privatuniversum voll zutraulich lächelnder Gesichter auf, die versicherten, »Kleiner, das schaffst du schon« – und so nahmen sich später auch seine Kinder- wie Überlebenshandbücher für Frühtraumatisierte in einem Land der unbegrenzten Foltermöglichkeiten aus, in dem Henker verehrt wurden wie Popstars. Kaum hatte Dahl sein letztes Lehrinstitut hinter sich gebracht, wo der künftige Erzbischof von Canterbury seinen Rohrstock wie eine Peitsche über ihm schwang, dachte er erst gar nicht daran, die Marmortreppen in den wappensteifen Olymp einer Universität – Oxford, Cambridge – emporzusteigen. Er wollte nur weg; und nie erwachsen werden noch dazu.

Erwachsene nämlich benahmen sich wie »höhere Wesen von maßloser Macht« – und Dahl flog ihnen als Pilot der British Air Force »wie auf einem Zauberdrachen« in den Zweiten Weltkrieg davon, stürzte in der Sahara ab, charmierte die Damen auf Geheiß des britischen Geheimdiensts in Washington mit seinem Mangel an Gehorsam und herben Witz, um in der amerikanischen Regierung kraft Lüge und Intrige all jene auszuspionieren, die gestimmt waren, England im Kampf gegen das »Dritte Reich« im Stich zu lassen, und begann nicht aus Zufall, nebenbei Buch zu führen über den perfekten Mord. In Afrika hatte er Jahre zuvor, erzählte er, zwei Geckos beobachten können, die Motten hypnotisierten, das Brüderpaar »Hitler« und »Mussolini« getauft, mit Rattenpulver gefüttert und dann eigenhändig erwürgt.

Was wir Wirklichkeit heißen, ist ein Treppengeländer, an das jeder sich klammert, ohne zu wissen, wohin es führt – geht es einmal hinab mit uns, dann wartet im Kellergewölbe eine Urwelt jenseits aller Barmherzigkeit. Gegen dieses Grauen hat die Menschheit ihre Schlachten seit je nur mit einer Literatur von derber Komik gewonnen, und darüber wußte kaum ein Schriftsteller phantasiebesessener Bescheid als dieser von sogenannten Schicksalsschlägen gepeinigte Hochseilartist des Makabren, der nach dem Tod seiner Tochter auch fast seinen Sohn und die Ehefrau an eine dritte Hirnblutung verlor. Doch Standhaftigkeit und Komik verließen ihn nie: Sogar einer Zeitbombe hätte er Geduld beigebracht – was er dem geistigen Erbe seiner Mutter Sofie verdankte, der er in der Großmama seines

Meisterwerks »The Witches«, »Hexen hexen«, 1983 ein wehmütiges Denkmal setzte. Als der Enkel darin zu einer Waise geworden ist, »nahm sie mich fest in die Arme, und wir weinten miteinander die ganze lange Nacht«. Daß diese Hexenexpertin, die ihre »bösen Zigarren« genießt »wie Spargel«, mit ihren nebelgrauen Augen selbst Hexisches an sich hat, ist die Zauberformel Dahlscher Virtuosität. Mit genau kalkulierter Durchtriebenheit holt sie als Gegengift zur Trauer wahre Harlekinaden von malerischem Unterhaltungswert aus dem baren Schrecken heraus: Hexen sind kahlköpfig, mit Ekzemen unter ihren Perücken, Handschuhe verbergen ihre krummen Krallenfinger, und ihre zehenlosen Füße müssen sie in hübsche, schmale, spitze Schuhe pressen, um nicht als Hexen erkannt zu werden.

Sie hassen Kinder, da sie den Geruch von Hundekot verströmen, und nur Schmutz wehrt sie ab. Also lautet Omas Rat zum Entzücken des Enkels: »Kinder sollten niemals baden, eine lebensgefährliche Angewohnheit.« Auch fände sie es zuträglich, wenn ihr Enkel mit dem Rauchen begönne, weil es gegen Erkältungen hilft. »Ich bin erst sieben«, wendet er ein. Aber das sei, erwidert sie leichthin, ihr »doch egal«; Thema beendet. Gemütvoll exzentrisch, ist diese Riesin an Sanftmut der finale Alptraum aller Jugendschutzdespotie. So revolutionierte Roald Dahl das Kinderbuch zum Thriller für alle Altersklassen um: Im »Hotel Magnificent« des lieblichen Städtchens Bournemouth verirrt sich der Enkel in einem Hexenkongreß, der unter dem Vorsitz der herumhitlernden »Grand High Witch« die Auslöschung der gesamten Kinderwelt in Angriff nimmt. Sind einmal all diese Winzlinge in Mäuse verwandelt, werden Lehrer sie in Fallen fangen und »zärrmalmen, zärrmannschen, zärrstamppffen, habe äch klarr aussgetrrückt, wass ichh willl?«.

In diesen Dämonen im Frauengewand stecken die hirnlos dahinschlemmernden Gourmands und die höllischen Heerscharen kuchenfressender Verwandter, die uns an Sonntagnachmittagen mit ihrer fluchvollen Kunst der Langeweile – ihre einzige Freude und Entspannung – derart quälen, daß uns vom vielen verhaltenen Gähnen der Kiefer schmerzt, die Nachbarn und drakonische Vorgesetzte und andere alltagsgewohnte Ungeheuer mehr. Selbst zur Maus geworden, hat der Enkel nur noch wenige Jahre, will aber ohnehin nicht länger leben als seine Großmutter: »Es spielt keine Rolle, wer man ist oder wie man aussieht, solange einen nur jemand liebt.«

KAPITEL 40

ALS SPRÄCHE DIE GANZE SCHÖPFUNG NUR VON IHR

Umberto Eco

Was man in die vier Elemente nicht alles hineindeuten kann, in Feuer, Wasser, Erde und Luft. Nehmen wir das Feuer: In den reichsten Abteien des Mittelalters briet man darüber speckgespickten Hasen und olivenölbegossenes Spanferkel am Spieß, Fisch in Honigsalzkruste, süßweindurchtränkte Täubchen und Lamm; mit einem Seitenblick auf ihre Richtplätze jedoch waren dieselben Abteien in Schlagetotlaune und auf Menschenfleisch erpicht. Noch hing, wenn auch kleinlauter als zuvor, der Schlachtjubel »Gott will es!« in den Wolken, mit dem die letzten Kreuzfahrer gen Jerusalem zogen, als die europäische Christenheit im Namen desselben Gottes begann, Kleriker aus den eigenen Reihen öffentlich in Brand zu stecken, nur weil sie eine Bibel in der Sprache des Volkes forderten und nicht gehämmert in unzugängliches Akademikerlatein, und das Feuer reinigte die Verführer der Gläubigen – und die Zuschauer gleich auch noch mit. Darauf schworen die politisch frömmelnden Theologen, als wär's ein Naturgesetz: Legte man einen »Ketzer« gemächlich in Schutt und Asche, schwirrten die Teufel der Luft aus aller Münder zornig gekränkt in ihre Höllengründe zurück. Solch in kühlerer Jahreszeit wärmende Hinrichtungen waren ein Fest für alle Altersklassen, aufregender als jede büßerbehemdete Flagellantenprozession, und man betrank sich besinnungslos vor Enttäuschung, fiel wegen Schnee oder Hagel das Schauspiel flach. Versoffen aber waren Mönch und zünftiger Bürger damals ohnehin, da Schlachtabfälle und Fäkalien den Wasserkonsum vergällten.

»Tretet nur nahe genug heran und seht genau hin«, flüsterten Mütter ihren Kindern zu, »dann werden euch eure Sünden vergeben sein«: Unter dem Sturmläuten sämtlicher Glocken der Stadt Konstanz am Bodensee hatte man im sonnengesegneten Frühling Anno Domini 1416 Hieronymus von Prag, Kirchenreformer und Armutsprediger mit Doktorgraden der Universitäten Oxford, Heidelberg, Paris, an den Pfahl des Scheiterhaufens gekettet, mehrfach sang er die Litanei, sprach das Glaubensbekenntnis und das Vaterunser und brannte dann schlecht und lange, mächtig von Statur, wie er war – zum fast schon hilflos johlenden Ergötzen des gaffenden Publikums. »Das Auge«, heißt es heute, »ißt mit.« Seine Knochen wurden zermalmt und in den Rhein geschüttet. Nichts sollte an ihn erinnern.

Die gehirnerschütternd endlosen Schreie des Hieronymus von Prag hatten im einstigen Schreiber des »Heiligen Vaters« jener Jahre, Poggio Bracciolini, die Welt zum Einsturz gebracht. Ein Weiser wie Hieronymus, von »so edlem Geist, elegant, voll moralischer Kraft und darum ewiger Erinnerung wert«, sollte »ein Ketzer« gewesen sein? Ein Jahr lang war Hieronymus in einem Verlies zu Konstanz beinahe verrottet, ohne ein Buch lesen zu dürfen, und wenn er diesen »glorreichen Menschen« schon nicht hatte retten können, so wollte Poggio Bracciolini von nun an zumindest jene Manuskriptschätze aus der fern und frei atmenden Antike in seine Obhut nehmen, die, in den Abteiverliesen Europas weggesperrt, vermoderten und zerfielen, begraben unter Staub, aberhundert Bibelabschriften und Glaubensratgebern und bewacht von geistlichen Barbaren, die Menschen in Flammen aufgehen ließen wie Pergament. Was hätte er für die einzig erhaltene Abschrift eines Cicero gegeben, eines Seneca oder Vergil!

Bracciolini war arbeitslos, seitdem Papst Johannes XXII. wegen Inzests seines Amtes enthoben worden war, und kam – groß, schlank, glattrasiert, gepflegt, doch weder hochmütiger Höfling noch Edelmann – bei den Äbten der Klöster, deren Pforten er durchschritt, bestens an: Er brachte sie mit hier harmlosen, dort gewagten Anekdoten zum Lachen oder ließ sich, je nach Publikum, beredt über die Misere menschlichen Daseins aus. Er bestach Bibliothekare, um an ihr Strengstverbotenes heranzukommen, kopierte in Reichenau und St. Gallen eigenhändig Folianten, bis die Kälte in den Skriptorien seine Finger klamm werden ließ, schimpfte still in sich hinein, wenn unter einem Psalmenkommentar noch die Spuren des Werks eines »Heiden« schwach zu entziffern waren, und fand eines Tages in der Abtei zu Fulda ein Werk, ersonnen vor Christi Geburt, das alles zersetzte, was in Bracciolinis Epoche noch als die Wahrheit schlechthin in Umlauf war. Dieses Gedicht eines gewissen Lukrez lehrte, daß die Seele ein für allemal sterblich und es das höchste Ziel der Menschheit sei, sich das Leben nicht durch Ängste verderben zu lassen und das Leiden zu verringern; Gott war bei Lukrez eine Totgeburt furchtsamer Phantasie und damit auch jede Religion. Die Turbulenz namens »Renaissance« zog am geistigen Horizont Europas hoch.

Mehr als fünf Jahrhunderte später würde es von einem Schriftsteller heißen, er gleiche einem solchen Intellektuellen und Manuskriptenjäger wie Poggio Bracciolini, so als hätte es diesen Umberto Eco nur aus Zufall in die Epoche von Fernsehen, Internet, E-Book verschlagen – einen einschüchternden Universalisten, der alles gelesen zu haben und noch mehr zu wissen schien, so wie sein Franziskanermönch William von Baskerville im »Namen der Rose« von 1980. Unruhig studiert dieser weitsichtige Bruder William im Skriptorium, dem Schreibsaal einer endzeitfühligen Benediktinerabtei in Norditalien mit seinen Augengläsern den Bibliothekskatalog: Die Mönche um ihn her sind seltsam verängstigt. Eben hat man am Fuße des Klosters die Leiche des Miniaturenmalers Adelmus gefunden, und der Abt Abbone bittet den ehemaligen Inquisitor William, den Fall zu klären. Der aber ist in diesem Spätherbst 1327 mit dem jungen Novizen Adson von Melk in gänzlich anderer Mission unterwegs: Er bereitet eine Konferenz zwischen päpstlichen Gesandten und seinem eigenen Orden vor, will jedoch nebenher auch diese größte Bibliothek der Christenheit besichtigen dürfen – doch wird ihm der unmittelbare Zugang zu den Büchern verwehrt, und wer versuchte, versichert der Abt dem verwunderten William stolz, sich, etwa aus unstatthafter Neugier auf die dort gehorteten »Lügen der Ungläubigen«, Einlaß in dieses paradiesische Gefängnis zu verschaffen, fände nicht mehr hinaus. »Die Bibliothek verteidigt sich selbst.« Wie? Das verschweigt der Abt erwartungsgemäß. Doch sie muß, ahnt William rasch, etwas bergen, was keinem in die Hände fallen soll.

Umberto Eco hatte schon früh jene Geheimnisse geliebt, die in Bibliotheken wohlgehütet sein mochten: Sechzehnjährig war er durch die harzig altehrwürdigen Kreuzgänge eines Benediktinerklosters gewandelt und wurde im düsteren Skriptorium von Schauder erfaßt, als er dort einen wurmstichig alten Folianten über christliche Märtyrer aufgeschlagen sah. In den fünfziger Jahren durchschmökerte er Antiquariate und erstand ein Exemplar der »Poetik« des Aristoteles, deren letzte Seiten eine Abhandlung desselben Philosophen über das Lachen versprachen. Doch kam es Eco unheimlich vor, daß gerade diese stockfleckigen Blätter dem Ende zu an den Rändern immer mehr zusammenklebten, als hätte sie jemand mit einer gelblichen Tünche beschmiert – was sich in einem entlegenen Winkel seines Bewußtseins versteckt hielt bis zu jenem Jahr 1978, als ein kleiner Verlag den nunmehrigen Professor für Sprachphilosophie an der Universität Bologna fragte, ob er ihm nicht eine Detektivgeschichte liefern könnte. Hatte er bislang jedes seiner wissenschaftlichen Werke wie eine Art »whodunnit« entworfen, warnte Eco, so würde er für einen wahren Kriminalroman nach diesem Muster, »Wer hat's getan? Wer ist der Täter?«, mehrere hundert Seiten brauchen und ihn in einem Kloster spielen lassen ... sprach's – und war kaum zu Hause, als er schon ein Blatt Papier zur Hand nahm, auf dem er bereits ahnungsvoll Namen von Mönchen notiert hatte; Eco skizzierte Pläne um Pläne für eine Abtei, die ein inselgleiches Universum für sich sein sollte, ein Gourmettempel und Bordell und Bollwerk gegen die volkssprachlichen Universitäten der Städte, ein Hotel, Spukschloß und Drachenhort voller Reliquien, ein Kräuterlaboratorium und klerikales Camp David, wo eine kaisertreue Delegation von Franziskanern mit den feist hochherrlichen Vertretern eines verruchten »Heiligen Vaters« um das Armutsgebot Christi Wörter klaubt und spaltet und ein Inquisitor nebenher Mönche des Klosters als Anhänger des Terrorhäretikers Fra Dolcino entlarvt und in einem unschuldigen Mädchen seine dazu passende »schöne Hexe« findet.

In der geistigen Mitte des Romans aber stand eine labyrinthische Bibliothek, die kraft Haschisch und Zerrspiegel die Sinne verwirrt und ein Werk versteckt, das jeder zu lesen begehrt: Wie schön es doch wäre, sagte Eco sich, hielte man ein Buch in Händen, in dem Mönche vergiftet werden, während sie das verschollen geglaubte Buch des Aristoteles über das Lachen zu entziffern beginnen. Würde man zuweilen bangen, von diesem Roman selbst gefährdet zu sein? Nach mehr als einem Jahrzehnt, da jeder Schriftsteller wie darauf vereidigt gewesen war, das Publikum in ideologischer Rechtgläubigkeit zu instruieren und »die Welt zu verändern«, gab Umberto Eco mit dem »Namen der Rose« dem Romancier dessen »höchste Würde« zurück, indem er schrieb »aus reiner Liebe zum Schreiben« und »aus schierer Lust am Fabulieren«. Das Leben sollte es wieder wert sein, mit wirklichem Lesen eines Buches über alles und für jeden verbracht zu werden, geschaffen aus anderen Büchern, als gälte es, vergangene Dezennien der Literatur- und Kulturgeschichte darin zu verwahren. So gibt Eco anfangs vor, er habe in Prag die französische Version eines Berichts entdeckt, den der fünfundsiebzigjährige Dominikaner Adson im Stift zu Melk um 1385 verfaßte, und ihn ins zeitgenössische Italienisch übersetzt – auch um sich bei der angeblichen Übertragung etwa die Freiheit zu erlauben, William von Baskerville und Adson von Melk zu kuttentragenden Vorgängern eines Sherlock Holmes und Doktor Watson zu machen.

Doch schon, fürchten wir, geht der Roman zur Neige wie der Tag, den wir mit ihm verbracht haben, und lesen gehetzt voran: Der Miniaturenmaler Adelmus hatte sich für einen Blick in den Aristotelesfolianten bereit erklärt, einem seiner Mitbrüder fleischlich gefällig zu sein, beichtete beim humorfrei grimmigen Jorge von Burgos, dem heimlichen Herrscher der Abtei, seine Verfehlung, der ihm daraufhin die Absolution verweigerte; aus Verzweiflung stürzte sich Adelmus in die Klosterschlucht. So wanderte der Foliant, am Rand mit Gift bepinselt, von einer Bruderhand zur nächsten, Venantius und Berengar, Severin und Malachias gingen daran zugrunde und mithin auch – so will es der Serienkiller Jorge – an ihrer Neugier und der Rechtfertigung des glaubenswidrigen Lachens, die Aristoteles in seinem geistesvergiftenden Werk gelang. Von Anbeginn, »Sputet euch! Nutzet die letzten sieben Tage!«, war in den Gängen der Abtei unablässig von der Heraufkunft des Antichristen die Rede gewesen, von der letzten Ära der Menschheitsgeschichte, dem »Dritten Zeitalter«, und Jorge machte »das irre Gefasel« wahr, indem er die Morde nach der biblischen Apokalypse inszenierte, weil er sich nichts sehnlicher wünschte als das Ende der Welt, damit sein Glaube nicht mehr weiter verteidigt werden mußte. Dürfen wir Religionen verspotten, an die wir selber gelassen skeptisch oder gar nicht, andere indes so leidenschaftlich glauben, daß sie sich von jedem Witzwort beleidigt fühlen? Jorge wird über dieser Frage zum Selbstmordattentäter vor der Zeit: Er ißt am Schluß die Seiten des Aristoteles auf und setzt die Bibliothek in Brand.

Licht in die ewige Nacht dieser Klosterfestung »aus Wahnsinn und Blut« hat nur ein Mädchen gebracht, »die Rose« des Romans, mit der Adson seine erste und letzte Liebe erlebte, die ihn die Welt am Morgen danach verwandelt bestaunen ließ: »Es war, als spräche die ganze Schöpfung allein von ihr.« Doch gerade ihren Namen erfährt er nie – so daß auch der Name »Gott« sich dem ergrauten Adson entleert und zu einem »lauter Nichts« verflüchtigt hat.

Was wie das Evangelium des Johannes begann, »Im Anfang war das Wort«, endet im Schweigen rauher Ratlosigkeit: »Kalt ist's im Skriptorium, der Daumen schmerzt mich. Ich gehe und hinterlasse dies Schreiben, ich weiß nicht für wen.« Ein Gott nämlich, dem es nach dem Unrecht verlangt, »um das Gleichgewicht der Dinge zu wahren«, und der zuließ, daß ein Bauernmädchen als »Bettgespielin Satans« verbrannte so wie die letzte Abschrift des Aristoteles und die gesamte Bibliothek, nur weil ein christlicher Ayatollah so erregt, fasziniert, besessen davon war, hatte keine Rechtfertigung mehr. Adson wähnt zuletzt, sterbend einzugehen in eine »stille und wüste Gottheit«, in Einöde und Finsternis, »da niemand heimisch ist«. Besser wäre es, es hätte diese Gottheit nie gegeben, gäbe sie nicht und wäre für alle Zeit gelöscht aus dem Gedächtnis der Welt.

KAPITEL 41

VON ZEIT ZU ZEIT SPEIST MAN BEIM ALTEN GERN

Günter Grass

Nur der Stacheldraht fehlte noch: Als sie einander immer weniger bis gar nichts mehr zu sagen hatten und ihre Ehe hinter dem Rücken der Kinder endgültig zerbrochen war, trennten sie ihr antiquarisches Klinkerhaus querdurch in zwei Hälften, als hätte die damalige DDR ihnen befohlen, im kleinen den Berliner Mauerbau zu wiederholen. Dem Schriftsteller blieben der verkrautete Hinterhofgarten, eine Kammer als Küche, Schlafzimmer mit Dusche und sein Atelier samt Stehpult, an dem Günter Grass sich mit der Feder erotisch hochgereizt weiter verausgaben konnte, wenn er nicht gerade auswärts mit einer anderen Frau beschäftigt war, die den Weg seines beflissenen Flanierens gekreuzt hatte. Die jeweilige konnte ruhig auch verheiratet sein.

Stets hungerte es ihn unstillbar dreifach: nach Essen, Worten und der Liebeslust. Und zwischen diesen Obliegenheiten unterschied Grass ebensowenig wie die christliche Theologie zwischen Gott Vater, Sohn und Heiligem Geist. In Umkehrung der Evangeliumssentenz »Und das Wort ist Fleisch geworden« wurde bei ihm das Fleisch zum Wort. Selbst die Idee von der Erbsünde kraft Biß in den Apfel geriet unter seinen Händen sinnlich heiter zum Glaubensverzicht: Wäre die Paradiesgartenfrucht eine an weibliche Formen erinnernde Birne gewesen statt eines Apfels, so hätte sie wohl weder Erkenntnis noch Sünde verboten. Auch die Liebe erklärte er über den Gaumen – sie fände die seltsamsten Anlässe, etwa eine gemeinsame Vorliebe für Buttermilch. In seiner Bibliothek nahm ihn immer zuerst der Geruch alten Papiers gefangen. Jeder abstrakte Gedanke war Grass von jeher fremd. Hätte er sich für zwanzig Bände Hegel oder für einen mit Schweineblut gedüngten Salbeistrauch entscheiden müssen, wäre die Wahl von vornherein entschieden gewesen, zumal er seiner Familie zur Vorspeise gern knusprigen Aal in Salbei buk. Den Aal müsse man lebendig kaufen, riet er den Kindern – und die Aale sprangen zuweilen, obschon enthauptet, erschrocken durchs Fenster hinaus.

Sein kulinarisch unschuldiges Kindermädchen war fast bis zur Nervenheilanstaltsreife verstört über die Gerichte, die Grass es geduldig lehrte, Hammel, Hirn, Kutteln, Schweinekopf. Er lud Gäste, die ihm seine Fischsuppe ein Leben lang nicht verziehen. Zum Fürchten war er auch sonst: Die Studentenbewegung erledigte er um 1968 mit dem Satz, sie führe das Wort »Proletariat« auf der Zunge spazieren wie eine Hostie, und einmal forderte er die ganze Bundesregierung zum Rücktritt auf. Auch als ihn politisch schon keiner mehr ernst nehmen wollte, hielt er, wie vorab verfaßt, unbeugsam für jede globale Mißhelligkeit eine zürnende Sonntagspredigt im Angebot. Besser, man ließ ihn gewähren; sonst fiele ihm gewiß noch Schlimmeres ein. Hätte eine Zeitung behauptet, er wäre nie bei der Waffen-SS gewesen, »Das redet der sich nur ein«, hätte Grass sie tiefbeleidigt verklagt. Nicht aus Zufall tauften Meeresbiologen eine besonders zähe Algenart »Fragilaria guentergrassii«; einen Asteroiden »11 496 Grass« gibt es auch.

Doch schon im SS-Dienst hatte ihm sein Glied, immer wach und ohne Humor, mehr Sorgen bereitet als die militärische Sperrstundenlage der Wehrmacht an der Ostfront. Ersatzweise boten sich Männer zur Befummelung an. Auch eine einzige Frau hatte ihn, gab Grass der Welt danach oft Bescheid, nie und nimmer halten können: Treu war er allein seiner Schreibmaschine und dem Gänsekiel – gerade ihr spröder Strich machte ihm in zeichnerischen Entwürfen ein neues Werk anschaulich. Und jahrelang hing hoch oben im stechend scharfen Zigarettenrauchäther seines Ateliers ungebeten, aber beharrlich wie eine Marienerscheinung eine völlig verrückte Romanidee und kam nicht voran. Die Idee glich einem jener Gerichte, die der einstige Chefkoch des »Hotel Sacher« in Wien dem kaum zwanzigjährigen Goebbelsgläubigen im Kriegsgefangenenlager – mangels Zutaten – allein aus der Phantasie herbeibeschworen hatte: ein episches Kochbuch zu schreiben. Darin waren Schreiben und Kochen, Essen und Lesen einander verwandt bis zur Austauschbarkeit. Der Roman sollte Gaumen, Herz, Nase offene Türen einrennen – zum Platzen voll, kalorienreich.

Kaum daß Grass 1973 in der Wilstermarsch, Norddeutschland, nahe der Elbe glücklich lachend heimisch geworden war mit einer neuen Gefährtin, Architektin Veronika, die sich durch ihre Schwangerschaft in ihrer Berufsfreiheit eingeschränkt fühlte, hing auch schon wieder der Haussegen schief: Grass hatte zwischen der einen und immer nächsten eine ewig dritte. Seinen unberechenbaren Penis samt Zubehör teilte er mit jeder, die ihn darum bat – und mit den übrigen auch. Eigentlich sollte er sich, hechelten seine Feinde fröhlich, für seine Beischlafsdienste bezahlen lassen, hätte er selber nicht solchen Gefallen daran. Warf ihn die eine raus, fand er Zuflucht bei einer anderen. Veronika und er zankten sich – für ihn ungewohnt – oft um Feminismus, Emanzipation, seine Triebgeladenheit und Sammlung vielsagend mundgeblasener Gläser und die Anschaffung einer vollautomatischen Geschirrspülmaschine, und als Versager galt er bei seinen enttäuschten Kindern schon längst – auch wenn sie auf dem Pausenhof sein Autogramm gegen gleich mehrere eines Schlagerjungstars namens Heintje tauschen konnten.

Da half nur der Ausbruch in eine Selbstanklage und Selbstverteidigung zugleich, nicht einsilbig und verhalten aber, sondern als sixtinische Deckenmalerei – in den seit Jahren brachliegenden Roman. Welthistorisch bis nach Indien und in die Steinzeit zurück und wieder hinauf in die Gegenwart der siebziger Jahre sollten er und seine Veronika in der Neunmonatsfrist ihrer Schwangerschaft sich von Epoche zu Epoche wiederfinden, er als Schäfer, Bischof, Schwertfegermeister, Franziskanermönch, als Grobschmied, Patrizier, Abt, protestantischer Prediger, Entdecker, Barockdichter, Revolutionär, Pastor, General, Kellner und als Schriftsteller Grass …, und sie? Wiedergeboren in Gestalt von neun der Geschichtsschreibung bislang unbekannten Köchinnen, die mehr zum Wohl der Menschheit beigetragen hatten als das ganze in Testosteronüberschwang vereinte Mannsgeschlecht.

In Liebe und Streit unablässig entzweit ist dieses Urpaar durch die hintertriebenen Einflüsterungen eines Plattfischs, der Jahwe, Weltgeist, Herrschaftsprinzip, Fortschritt, Gewalt und Geschichte in einem war, sich jedoch, der Jämmerlichkeit maskulinen Scheiterns überdrüssig, nunmehr den Frauen zugewandt und vor einem feministischen Tribunal zu verantworten hat. Grass entnahm ihn der Mär von jener Ilsebill, die, ein zänkischer Hausdrachen, nie genug haben kann und am Ende gar Papst sein will. In einer anderen Fassung möchte Ilsebills machtgieriger Gatte sich zuletzt zu einem Gott erhöht sehen – sie wurde von Männern vorsorglich bei Vollmond verbrannt.

Es gab nichts mehr, was Grass sich in diesem Roman verbieten wollte. Er setzte Gedichte zwischen die Kapitel und zauberte deftige Rezepte, bewußt gegen die abgemagerte Reicheleuteküche eines Paul Bocuse jener Jahre, aufs Papier – für den Spätherbst etwa, wenn die weihnachtliche Familienfeier droht, mit Backpflaumen gefülltes Rinderherz in Biersoße. Phantastisch und bösartig gegen jede und jeden sollte es darin zugehen, lautstark grotesk, anstößig genital und – je nach Geschmack – kindlich albern dabei, überspannt und zugleich gebändigt in selbstsinnig gewundenen und verstolperten Sätzen, so als hielte ein Kranich seine Beine über Kreuz und sich eine Ratte als Haustier. Lange war das oft haltlos von Entwurf zu Entwurf hin und her schlingernde Werk eine tolldrastische Unmöglichkeit. Aber denkbar immerhin. Denn kam Grass bei seinen Endlosrecherchen nicht Schwerglaubhaftes unter die Augen, das zu erfinden auch er nie vermocht hätte? Konnte es wahr sein, daß sich die Nonnen mancher Klöster im Mittelalter täglich sieben Liter Bier pro Kopf gönnten? Auch begann die Reformation nicht mit Luther, sondern unter Buchdruckern mit einem Wurstgelage zur Fastenzeit; und Friedrich »der Große« von Preußen himmelte seinen Küchenchef so versessen an, daß er sich zum begeisterten Menschenfresser bekehrt hätte, wäre dem ein generös gepfeffertes Mumienragout gelungen.

Würde das Ziel des amerikanischen Komikers Woody Allen, sein Publikum sollte derart lachen müssen, »daß es mich zu hassen beginnt«, auf einen Roman zu münzen sein: dieses Buch erfüllte es. Und niemals wieder sollten die Leser so eifrig die grassberüchtigten Sexkapaden kichernd aus diesem Roman klauben, als wären sie jene keimenden Winterkartoffeln, die sich für eine Suppe am besten eignen. Für viele ist schon die Anfangssentenz der schönste erste Satz der deutschen Literatur – streut er doch gleich das Lebensnotwendigste, Natriumchlorid, in den Roman und kündigt eine Krise an, da unser Hobbykoch-Ich seiner Ilsebill nicht genügen will und unzulässig mit der Würzung geizt. Am Schluß springt der Butt deshalb auch Ilsebill in die Arme, und der Mann läuft ihr nach. Mehr »Grass« war Grass nie, auch in der »Blechtrommel« nicht, als 1977 im »Butt«. Darin wird zur Suppe verkocht, Droge nach Droge gereicht, gepraßt und gesoffen, daß noch dem enthaltsamsten Leser die Leber schwillt.

Bereits in der Steinzeit wurde die virile Menschheit in den Sümpfen der Weichselmündung geschichtslos stillgehalten, gesäugt und mit einer Traumwurzel abgespeist, bis sie an jeder Frau drei Brüste sah. Erst auf Empfehlung des Butts hin begann sie, sich der Wurzel und Brust zu entwöhnen, die Rechenkunst zu üben, um Daten setzen und sich zu wahrer Mannheit, immer ein Endziel im Auge, versteigen zu können. Im Frühmittelalter verwandelte die magische Kraft des Bernsteins in einem Fischsud den allzu bußfreudigen Bischof Adalbert von Böhmen so gänzlich, daß er sich tage- und nächtelang, unablässig Gebete murmelnd, an der Priesterin Mestwina vergriff und seinen Geist in sie ergoß. Worauf Mestwina den Bischof mit einem gußeisernen Löffel erschlug und der Geschichte einen weiteren Heiligen bescherte. Lediglich seliggesprochen wurde die immer sühnebereite Dorothea von Montau; sie organisierte Flagellantenumzüge, war fleißig einzig beim Geißeln, doch wegweisend in ihrer Fastenküche bis zum heutigen Tag. Daß sie tatsächlich einen halben Meter über dem Marschland schweben konnte, versichert uns der geplagte Ehemann: er will es selbst gesehen haben. Die dicke Nonne Margarete Rusch wieder, Spezialistin in Kuttelgerichten, bot ihre Vagina wie einen Kelch dar, in den ihre wechselnden Liebhaber Rotwein einschenkten und Oblaten tauchten, und entschied damit das Theologengezänk um die tatsächliche oder nur symbolische Umwandlung in Fleisch und Blut.

Die Gesindeköchin Amanda Woyke, die im kriegskranken Westpreußen als erste tatkräftig den Kartoffelanbau förderte, Bratkartoffeln und Kartoffelsalat erfand und auf Zeit den Hunger aus der Welt brachte, gemahnte auch in ihrem Aussehen an eine Kartoffel: von der knolligen Nase bis hin zur matt schimmernden Haut. Die Männer machten, vom Butt beraten, währenddessen Geschichte und brachten, wenn nicht einander, dann nach Mehrfachvergewaltigungen die Frauen um. Herrschte gerade kein Krieg, hingen sie schlapp herum und wollten ihrem Leben ein Ende setzen wie jener kartoffelschnapsverlumpte Otto Stubbe, den Gattin Lena vom Balken schneiden mußte, um Nagel wie Strick in ihrer Suppe mitzukochen – ein sicheres Heilmittel gegen alle Melancholie. Wann immer sich der Schriftsteller in Schwierigkeiten bringt, flüchtet er vor seiner Trübsal rasch in die abernächste Geschichte, um dort nur von denselben Miseren bedrängt zu werden. Zuletzt droht ihm eine Frauenrunde mit Freuds Couch. Typisch weiblich und wortreich debattieren sie in seiner gnädig geduldeten Anwesenheit seine Frühprägungen und Egomanien. Der

Mann aber will bis ins Grab hinein nicht psychiatriert werden und mengt aus Rache dem entbeinten Kalbskopf, den er den Damen servieren wird, zerstoßenes Fliegenpilzpulver bei. Sein Mutterkomplex, so deklariert er kämpferisch, gehört ihm allein – womit wenigstens der Urgrund für sein Elend endlich auf dem Tisch wäre.

Seine Mutter gab ihm alles, gestand Günter Grass sich später bitter ein, und bekam von ihm dafür zu wenig zurück. Da er einst, wieder einmal frisch verliebt, vergnügt durch Italien und Frankreich gereist war, während sie qualvoll in einem verwahrlosten Hinterzimmer eines Krankenhauses an Krebs dahinstarb, wuchs sich sein damaliger Mangel an Mitgefühl für den wichtigsten Menschen in seinem Leben über die langen, stürmischen Jahre zu einem unbeherrschbaren Schuldgefühl aus. Und dennoch sah sie ihm, dachte er oft, beim Schreiben versöhnlich über die Schulter und ermahnte ihn, Obszönstes zu streichen. Manchmal gehorchte er. Auf ihren Namen taufte er die mit dem Roman geborene Tochter, widmete beiden den »Butt« und fing an, den Tod weniger und weniger zu fürchten, so fühlbar nah am Herzen der auch wurde nach jeder Bypassoperation. Seine Mutter hatte ihn gegen den Willen ihres Mannes 1927 katholisch taufen lassen. Selbst dafür blieb er ihr dankbar.

Aufgewachsen zwischen Katholizismus und Hitlerjugend, war Günter Grass bis zum vierzehnten Jahr in den Armen der Kirche, die er liebevoll bespöttelte, gläubig gewesen und hatte vom Meßdienst jene barocke Lebensart bewahrt, die uns bei jedem Glas Rotwein einen Schluck vom Tod nehmen läßt und vom vergänglichen Glück.

KAPITEL 42

VON DER SINNENFREUDE

Ein zauberisches Gericht zu ersinnen bereitete der Menschheit seit ihren Anfängen mehr Freude als die Entdeckung eines unbekannten Sterns. Ohne die Feinschmecker wäre uns die – zudem weinberauschte – Reise in die Zivilisation kläglich mißglückt.

Vor eineinhalb Millionen Jahren bändigten in Europa als erste die künftigen Franzosen das Feuer und hatten neben den Chinesen auch deshalb von nun an Gaumen und Nase vorn: Schon früh garten im späteren Nizza Garnelen, Muscheln und Schnecken in Schildkrötenschalen und auf erhitzten Steinen duldsam vor sich hin. Je weiter wir uns von den Primaten entfernten und uns im aufrechten Gang und im Kochen übten, um so genüßlicher aßen wir auch unsere Mitgeschöpfe gebraten auf: Wer hartnäckig vegetarisch blieb, wer gar aus Fleisch- und Salzmangel eine Religion gewann, die den Verzehr von Tieren verbot, starb zumindest damals immer wieder aufs neue weg. Allerdings mochte schon in der Steinzeit ein Ragout aus Eidechsen und Schlangen mit grünem Chili nicht jedermanns Geschmack gewesen sein.

Köche waren stets Händler des Vergänglichen; die Moden wechselten derart beständig, daß selbst unsere Gegenwart, immer in Erwartung der Zukunft begriffen, auch kulinarisch besehen schon wieder abgenutzt und verflossen wirkt. Beim Frühstück planten wir das Abendessen und hatten es uns tagsüber schon wieder anders überlegt. Was heute noch ein Festessen war, hatte morgen Wurstbrotwert: Den fettarmen Hummer und die kaltglitschige Auster verzehrten lange nur die Ärmsten, die, fielen sie durch ein Zeitloch ins einundzwanzigste Jahrhundert hinein, fassungslos vor unseren Preisschildern stünden. Man könnte seine küchengeschichtliche Weltzeituhr danach stellen: Da mochte ein Reiher naturgemäß noch so fischig schmekken – ihn in voller Größe, wenn auch beinfrei, auftischen zu können versprach höchstes Prestige. Alles, was schwer zu bekommen und mithin teuer war, machte gerade die Unersättlichsten unter uns niemals satt: Für den Pfeffer schlugen wir Schlachten. Den Trüffel indes nahmen noch im Hochmittelalter ausschließlich Bauern zu sich. Der rabenschwarze Pilz, der ohne menschliches Zutun in tiefster Erde wuchs, galt an den Fürstenhöfen als Teufelswerk, bis bald nurmehr sie ihn sich leisten konnten.

Bloß dem Alkohol frönten wir alle, fingen vor neuntausend Jahren an, Wein zu keltern, brachten uns als Ägypter mit Brandy und Bier über den Tag und über die ewige Pyramidenbauplackerei, und Met entstand ganz von selbst: Irgendwann mal ließ in Urzeiten irgendwer aus Versehen einen Topf Honig mit Wasser in der Sonne stehen, kostete versuchsweise davon – und schon machte das Vergorene träumen und ließ Sorgen vorm inneren Auge verschwimmen. Damit tranken wir einander gesellig zu und schlossen so etwaige Feindseligkeiten feierlich von vornherein aus. Schon um zweitausend vor Christi Geburt hielt das Abendland auch im Weinverbrauch den Weltrekord.

Und nach Christus haftete diesem schummrigen Saft ohnehin Heiliges an: Als Männer der Kirche waren wir zum Weinbau gezwungen wie für die Sonntagspredigt zur Bibelstellenauslese – und kostbar sein mußte der Tropfen obendrein, verwandelte der sich in der Eucharistie doch jedesmal in göttliches Blut. Wir missionierten die Heiden kraft seiner illuminierenden Macht, während Vögel Weinbeeren schluckten und so in alle Welt verstreuten, mit denen nur die Japaner und Chinesen nichts anzufangen wußten. »Wer«, verkündete ein Prälat an der Mosel, »den Wein mit Andacht trinkt, der betet.« Seltsam, daß es Günter Grass damals noch nicht gab.

Die Römer spotteten derweilen, sie müßten die Goten nur planvoll in deren halsbrecherisch hemmungsloser Trinklust bestärken und schon seien diese Barbaren besiegt. Die Renaissance feierte in deutschen Landen als großes Besäufnis ihren Triumph. Dort trank man sich übers Erbrechen hinaus in die Nüchternheit zurück: eine seltene Kunst. Als auf königlichen Befehl die Kartoffel den Haferbrei verdrängte, überflutete den Kontinent der Kartoffelschnaps. Oft nur trüber, billiger Fusel – doch waren es nicht gerade die Ärzte, die empfahlen, sich zur Vorbeugung gegen die Cholera mindestens einmal in der Woche einen Vollrausch zu gönnen? Gegen die Malaria gewappnet war jeder, beteuerten sie, der dreimal täglich seinen Gin Tonic trank. Auch »die Heilkräfte des Tabaks« lobten sie, und als sie sich eines Besseren belehrt sahen, wurde er erst recht populär: Seine Schädlichkeit verlieh ihm die Erhabenheit des Dennoch. Hätte man nicht gewußt, wie gefährlich das Rauchen war – wie viele hätten sich ohne diese reizende Drohung ihre erste und an ihr die übernächste Zigarette angesteckt?

Mit so inniger Genußliebe kam freilich auch das oft scheinheilige Nein in die Welt. Sultan Murad VI. verbot seinen Muslimen den Feigenschnaps unter Androhung der Todesstrafe und ging 1648 achtundzwanzigjährig jämmerlich an seiner Trunksucht zugrunde. Zu Beginn des einundzwanzigsten Jahrhunderts untersagten Regierungen das Rauchen in aller Öffentlichkeit, um in ihren Zigarettenpausen über die Größe und Durchschlagskraft der Lungenkrebsporträts auf den Packungen zu debattieren. Mittlerweile kam auch der Weintrinker, Abnehmer des nobelsten Rauschmittels auf Erden, wie eine der taumelnd verwirrten Tragödiengestalten von Shakespeare daher, Falstaff, Hamlet, King Lear: Allzu offen eingestandene Rebseligkeit wurde zu einer Krankheit, hinter der immer noch ganz andersgeistige Krankheiten steckten. Was als »gesund« zu gelten hatte und was nicht, schien von einer verborgenen und ungezogen launischen Allmacht befohlen worden zu sein.

Im Prinzip war bereits jeder Patient. Wie lange durfte man sich in jener Ära durch die Tage schleppen, die einem bisweilen das Äußerste abverlangten, ohne handstreichs mit Psychopharmaka stillgelegt zu sein? Einem Familienvater, dessen Frau mit vierzig gestorben war und der sich drei Wochen über ihren Tod grämte, sollte laut der bibelschweren Handbücher psychischer Defekte eine klinisch einwandfreie Depression verschrieben werden, die der sofortigen Behandlung bedurfte – so als wäre seine Trauer der eigentliche Skandal und nicht ihre von Sekunde zu Sekunde herzzersetzende Abwesenheit, die die ganze Welt Schwarz tragen ließ.

Unsere Sterblichkeit, dieses Älter-, Verletzlicher-, Knickrigerwerden, avancierte zum eigenen Vergehen: Wir hätten uns wie Berufssoldaten auch körperlich fit, sehnig und schlank halten können. Und wem dafür die Zeit nicht reichte, der mußte sie sich eben nehmen, hieß es komödiantisch paradox. Wer hätte in Zeiten der Kriege gedacht, daß freiwillig zu hungern einmal zum Massensport werden und man in Diätgruppen Beichte ablegen würde über die täglich konsumierte Kalorienzahl? Wieder einmal wie ohne eigenes Wissen in einem dieser Fast-Food-Schuppen gewesen? »Vergib mir, mein Körper, denn gegen dich habe ich mich versündigt.« Qual machte ansehnlich – die abendliche Furcht vor der Besteigung der Digitalwaage morgens, der Schmerz im Bauch nach der Fettabsaugung und im Gesicht, das zur »Schönheit« hinoperiert worden war und das jede Gemütsregung gerade noch andeuten konnte, die Lachlust allen voran. Der Hamburger, nichts weiter als eine Variante des von Earl John Montagu erfundenen Sandwichs, und der Schweinebraten – in Apfelwein auf kleiner Flamme zwei Stunden geschmort mit Knoblauch, Salbei, Fenchelsamen und Rosmarin – kamen in Dauerverruf. Doch niemand nahm uns die Freude: Wir nahmen sie uns selbst.

Denn auch in Sachen Geschmack kann man zur Unmündigkeit verkümmern. Verzichtete man auf die verfettende Kartoffel, erstand sie bald als eines der zwanzig gesündesten Lebensmittel wieder auf. Zerknirscht mied man Kaffee und trank bis zum Absaufen Wasser, »auch gut für den Teint«, bis Koffein plötzlich das Risiko einer Alzheimer-, Parkinson- und Krebserkrankung zu verringern half. Man las Kochbücher mehr, als daß man sich munden ließ, was darin geschildert war. Wer wurde nicht zornig, als ihm zu Ohren kam, die Franzosen hätten mit ihren Mastgänsen, Enten und Unmengen Rotwein weniger Herzmalaisen zu beklagen als jede andere Nation der Welt?

Darum schmeckte uns »das ungesunde Essen« stets so »verboten gut«: es gab uns, selbst als angekohltes Gartengrillsteak, kurz etwas von Freiheitswillen, Unbefangenheit, von Selbstbestimmung und Würde zurück. Auch eine Literatur, die vorderhand nicht die Gehirnmuskeln trainierte, sondern zuallererst unverschämt begeisternd unterhielt und sättigte mit »vergnüglich saftigen Happen«, war ein Königsweg zum Glück – wollte man dem stattlichsten Gourmetvirtuosen unter den Romanciers, Honoré de Balzac, Glauben schenken: Der Rest »weicht uns in seiner Langeweile oft wie feiner Nieselregen auf«.

Die Hölle, befand der Großtheologe Aurelianus Augustinus, sei die Bewegung im Kreis, und im Räderwerk der ständig ihre Diagnosen und Methoden wechselnden Psycho-, Ehe-, Ernährungs- und Karriereberater hatten wir gelernt, auf dasjenige zu verzichten, was wir am Leben alles erleben könnten – die Sinnenfreude vorneweg, die ohne Verausgabung nie zu haben war. Statt dessen sorgten wir uns, es auch ja nicht aufs Spiel zu setzen und möglichst makellos und angstfrei hundert Jahre jung zu werden, wie es selbst dem sauertöpfisch obstsüchtigen Vater Honoré de Balzacs nicht gelungen war: seiner herben Daseinsunlust zum Trotz. Wie wenig einverstanden wäre Balzac junior mit den Sanatoriumsgesellschaften Europas gewesen: Er hätte einer Welt prustend das Vertrauen entzogen, die sich vor allem Menschlichen fürchtete und ihm einzureden suchte, sie wüßte besser als er selber, was gut für ihn sei. »Fühlt euch als Helden eines ungeschriebenen Romans, was möchtet ihr sein, beherzt oder bezwängt? Erschafft euch Leidenschaften, seid, was ihr wollt, und nicht, was ihr nach Ansicht irgendwelcher anderer sein solltet«, hätte Balzac uns ermuntert, gerade weil ihm vieles, wofür es sich zu leben lohnt, lange versagt geblieben war: Was ihm seine unliebsame Mutter und die Köchin des Elternhauses an Zärtlichkeit, Güte und köstlichen Düften nicht bieten konnten, schlang er in Form von Romanen, Wörterbüchern, Enzyklopädien in sich hinein.

Versteckt auf einem alten Schloß in der Touraine oder in einem verwinkelt kleinen Haus in Passy nahe Paris inmitten von Sonnenblumen und Flieder, weil ewig von Gläubigern bedrängt, ließ sich Balzac, gekleidet in eine goldumgürtete Dominikanerkutte aus Kaschmir, von seinem Diener Leclerq in eine schlichte Kammer einschließen, versperrte die grünen Fensterläden und machte sich kerzenbeleuchtet ans Werk. Er schlief kaum und aß fast nichts, zwischendurch nur Sardinen und etwas Geflügel, da die Verdauungsmüdigkeit seiner achtzehnstündigen Arbeitsstandhaftigkeit abträglich war. Dafür trank er zur Stimulanz seine Spezialmischung Kaffee aus den Bohnensorten Bourbon, Mokka, Martinique ohne Zucker, und die Geistesblitze rückten plötzlich vor wie die Bataillone der Grande Armée Napoléon Bonapartes. Er kochte – »faire sa cuisine littéraire«, wie er sein Treiben spaßhaft nannte – mit seinen Krähenfedern auf blausatiniertem Papier und entsandte seine Figuren in die Restaurants, die erst seit der Revolution entstanden waren, da die geflohenen Fürsten Heere von Küchenchefs zurückgelassen hatten und die Abgeordneten aus fernen Provinzen doch irgendwo speisen mußten, um sich nebenbei über Todesurteile zu beraten, denen manche von ihnen dann selbst zum Opfer fielen.

Schreibend sah Balzac ihnen beim Essen zu, bis sein Gesamtwerk zu einem »Guide Michelin« des neunzehnten Jahrhunderts angewachsen war. Kaum aber hatte er eine weitere Säule in die Romankathedrale seiner »Comédie humaine« gesetzt, stürzte er sich ins »Grand Véfour«, schlürfte bis zu hundert Austern und begoß sie mit vier Flaschen schwersten Weißweins, einem Vouvray; ließ sich hinterher zwölf Lammkoteletts servieren, eine Jungente, zwei Rebhühner und eine Seezunge in Sauce Normande – komponiert aus Zwiebeln, Fisch- und Champignonfond, Thymian, Lorbeer, Zitrone, Cidre, und mit Sahne zu einer Crème verrührt. Die Rechnung ging an seinen Verleger. Und einer seiner Gäste war der ehemalige Hochkriminelle Eugène François Vidocq.

KAPITEL 43

WOZU KÖCHINNEN SONST NOCH GUT SIND

Honoré de Balzac

Leider haben wir ihn erkannt, und seine eiserne Rechte drückt uns in eine Fensternische des Saals und gebietet Schweigen und Ergebenheit: »Wählen Sie zwischen Leben und Tod. Ihre Antwort?« Andere Masken auf diesem letzten Pariser Opernball des Jahres 1824 um Beistand zu bitten ist angesichts eines solchen Scheusals vergebens. Grauen fällt uns an »wie einen Menschen, der im Urwald neben einer ausgehungerten Löwin erwacht«. Der ohnehin gesinnungslos feige Schöngeist Rastignac kapituliert und entflieht.

Wir Leser aber dürfen natürlich bleiben und darüber staunen, wie das Ungeheuer Vautrin, Vidocqs Doppelgänger in Honoré de Balzacs letztem Gesellschaftsthriller »Glanz und Elend der Kurtisanen«, sich seit den Jahren im Gefängnis verändert hat. Daß er entkommen konnte, verwundert nicht: Vautrin verwahrt das Geld aller Verbrecher Frankreichs gleich einem Bankier, und jeder Häftling ist stets darum bemüht, ihm zur Freiheit zu verhelfen. Meuchlings tötete er einen spanischen Priester, modellierte sein Gesicht nach dem seinen, entstellte es dann mit Schwefelsäure zur mitleiderregenden Blatternarbigkeit und brachte sich flagellantisch scheußliche Wunden bei, die die Brandmale des

Galeerensträflings von einst verdeckten: Ein luziferischer Verwandlungskünstler, ging Vautrin als alter Mann in den Körper eines jungen ein.

Voll harter, trockener Ironie läßt dieser falsche Dominikaner für seinen Schützling Lucien die geliebte Kurtisane Esther in einem Kloster zur Dame erziehen, nur um sie nach fünf Jahren für hunderttausend Francs an einen tumben Lustgreis von Baron verschachern zu müssen, der »sich bislang rühmen konnte, nie die Liebe kennengelernt zu haben, um deretwillen man bekanntlich bloß Dummheiten macht«. Daß ihre erste Begegnung mit ihm schmerzlos schleunig vonstatten geht, verdankt Esther Vautrins Tante und Köchin Asien, die sein Essen unverdaulich verwegen würzte: Als Gast erdulden muß ihn nurmehr die Toilette des Theaters nach dem Souper.

Doch würde Asien zugleich, versichert uns Vautrin, den berühmtesten Kulinaristen der Epoche, Antonin Carême, »vor Eifersucht in den Wahnsinn treiben. Sie kann Ihnen das einfachste Bohnengericht so zubereiten, daß Sie sich fragen mögen, ob dafür nicht eigens die Engel aus dem Himmel herabgestiegen sind« – oder wahlweise die Teufel aus dem Inferno heraufgeflattert kamen: Theatralisch erbaute Carême aus allerlei Süßwerk ganze Schlösser, Asien indes scheint sich aus dem Jahr 68 nach Christus ins achtzehnte Jahrhundert herübergemordet zu haben, als wäre sie Locusta, die erste Serienkillerin der Geschichte, und als solche, wie unsterblich, nie hingerichtet worden. Asien vermag todsicheres Gift in eine kleine Kirsche zu spritzen, die einen ihrem Neffen lästigen Polizisten in Sekundenbruchteilen zur Hölle fahren läßt. Denn Vautrin ist in Gefahr.

Neben Lucien steht er unter Mordverdacht, da sich Esther nach einer Nacht mit dem Baronwiderling vergiftet hat. Köchin Asien versetzt Vautrin, nicht aus Zufall aller Unterwelt auch unter dem Namen »Trompe-la-Mort«, »Täuscher des Todes«, ein Begriff, in die Agonie einer Herzkrankheit, die den Richter zur Vertagung seines Prozesses zwingt. Gewachsen ist er Vautrin aber auch sonst nicht recht – und darüber insgeheim sogar amüsiert. Als Lucien sich in seiner Zelle erhängt, stellt sich Vautrin als Chef der Sûreté Nationale in den Dienst des Generalstaatsanwalts. Wie sein reales Vorbild Vidocq wird er seine Agenten und Spitzel persönlich ausbilden und eine lukullische Spielart des Verhörs entwickeln, indem er Verbrecher, einmal verhaftet, ins Restaurant einlädt, um sie zu einem desto vollmundigeren Geständnis zu verführen.

Vautrin war Balzacs letztes Selbstporträt, der als »Dichter in Taten« das Schicksal all seiner Figuren beherrschte – leider nur das eigene nicht. Nach über einem Jahrzehnt Arbeit für die Geheimpolizei »trat Vautrin 1845 in den Ruhestand«, fünf Jahre später starb sein Schöpfer an Herzversagen, und es war ausgerechnet die verhaßte Mutter, die ihm die Augen schloß. Von der Ratlosigkeit eines vierköpfigen Ärztekonsiliums umstellt, hatte Balzac auf seinem Krankenlager nach Professor Horace Bianchon gerufen, »Wäre der nur hier, er würde mich retten!« – Bianchon jedoch betrat sein Krankenzimmer nur in der Phantasie: Er blieb, um Wunder der Wissenschaft an Hunderten von Patienten in der neunzigbändigen »Menschlichen Komödie« mit ihren dreitausend Personen zu vollbringen, eine Erfindung Balzacs.

DIE ARCHIVE
DER FINSTERNIS

Kapitel 44: Mo Yan, »Die Schnapsstadt«. Dt. Übers. v. Peter Weber-Schäfer, Copyright © The Wylie Agency Ltd., London; 2002 Rowohlt Verlag GmbH, Reinbek bei Hamburg

Kapitel 45: Edgar Allan Poe, Werke in 4 Bänden, hg. v. Kuno Schuhmann u. Hans Dieter Müller, Bd. 2: »Grube und Pendel« (Frankfurt a. M., Leipzig: Insel Verlag 2008)

Kapitel 46, 47: David Mitchell, »Der dreizehnte Monat«. Dt. Übers. v. Volker Oldenburg. Copyright © 2006 David Mitchell; 2007 Rowohlt Verlag GmbH, Reinbek bei Hamburg. – David Mitchell, »Die tausend Herbste des Jacob de Zoet«. Dt. Übers. v. Volker Oldenburg. Copyright © 2010 David Mitchell; 2012 Rowohlt Verlag GmbH, Reinbek bei Hamburg. – David Mitchell, »Wolkenatlas«. Dt. Übers. v. Volker Oldenburg. Copyright © 2004 David Mitchell; 2006 Rowohlt Verlag GmbH, Reinbek bei Hamburg

Kapitel 48: Mark Twain, »Tom Sawyer & Huckleberry Finn«. Dt. Neuübers. v. Andreas Nohl (München: Carl Hanser Verlag 2010)

Kapitel 50: Victor Hugo, »Die Elenden«. Dt. Übers. v. Paul Wiegler u. Wolfgang Günther (Zürich, Düsseldorf: Artemis & Winkler 1998)

KAPITEL 44

SEI STILL

Mo Yan

Es war eine gefräßige Zeit: An Gelehrtenfleisch fehlte es nie. In den Metropolen Chinas der sechziger Jahre des zwanzigsten Jahrhunderts knieten Lehrer, Universitätsprofessoren und anderes Gezücht, das leicht daran zu erkennen war, daß es eine Brille trug, auf Glassplittern, mit schwarzer Tinte übergossen und steinbeschwerten Eimern um den Hals, entzündeten heilvoll duftende Räucherstäbchen und baten Mao Tse-tung, den Unsterblichen, um Vergebung für ihre Geistesverbrechen, bevor ihre Studenten sie töteten, kochten, aßen und die konterrevolutionären Brocken mit dem legendären Hirseschnaps Maotai verdauten. Hatte dessen belebende Macht nicht auch den Großen Vorsitzenden alle seine Partisanenschlachten gewinnen lassen? Im vormals kaiserlichen »Palastgarten der Üppigen Wohltätigkeit« tanzte er schleichend zu westlichen Walzerklängen, die er offiziell verurteilte, und genoß im Nebenzimmer des Ballsaals dann die Dienste der Freudenmädchen des Zentralen Garnisonskorps, während er die übrigen Prostituierten der Volksrepublik erschießen ließ. Bücher brannten. Er aber kaufte antiquarische Kostbarkeiten auf, entdeckte dort altehrwürdige Rezepte und tat sich an gedünsteter Rinderbrust gütlich, an Taubeneiern und einem bäuerlichen Schmorbraten, indes auf dem Lande vierzig Millionen seiner Untertanen vor Hunger umkamen und sich dabei für die glücklichsten Menschen im Erdenrund halten sollten, weil der Rest im kapitalistischen Elend versank.

Seine Foltermeister legten ihm ein Menü sämtlicher in der Vergangenheit erprobter Strafen vor, die sich spannender ausnahmen als jede Operndarbietung, und verglichen ihre Opfer – eine hoffentlich markige Masse Muskeln, Knochen, innerer Organe – mit den Zutaten eines Meisterkochs, dem ja auch nur erstklassiges Material zu erstklassigen Banketten verhalf. Von denen war das Reich der Mitte seit jeher besessen gewesen wie sonst nur Frankreich: Bereits die kniehohen Tische der Ming-Monarchen hatten sich ächzend gebogen unter Platten mit Austern, gebettet in den Schnee aus den fernen Bergen des Nordens, Hundeleberbouillon, in Honig marinierten Wachteln, Bärentatzen in Aspik, Schalen schwergesalzener schwarzer Bohnen, die nach weiterem Schnapsgenuß verlangten – und Herzog Huan von Ch'i dürfte nicht der erste gewesen sein, der sich bitter beklagte, schon alles gekostet zu haben, so daß sein Koch Yi Ya ihm seinen jüngsten Sohn servierte, der köstlicher schmeckte als ein Milchlamm und zart auf der Zunge zerging. Stand gerade keine Hinrichtung an, übten Maos Henker nach Tradition das Schauspiel der fünfhundertfachen Zerstückelung eines Menschen bei lebendigem Leibe in Pekings Metzgereien, zerschnitten geruhsam die fettesten Schweine, ohne sie sterben zu lassen: Die Unterwelt, wo die Dämonen nach buddhistischer Lehre Sünder von allen Seiten tiefbraun knusprig frittierten, war leergefegt; sie hielt unter Mao ganz China besetzt.

Der hatte im Winter 1958 den »Großen Sprung nach vorn« verordnet, der die alten Grundbesitzer in den Tod hetzte oder sie in der Kerkergesellschaft gieriger Heere von Wanzen und Läusen verenden ließ. Da es an Pflugscharen und Brücken mangelte, sollten die rückständigen Bauern fortschrittlich städtisch Stahl produzieren, der dann allerdings nicht zu gebrauchen war, und verfeuerten – zu Heizmannschaften formiert – in Hochöfen ihr gesamtes Mobiliar. Der für diesen »Sprung« vernachlässigte Reis verfaulte zur Erntezeit an den Ähren: Zuerst verschwanden die Hunde, die Katzen, die Ratten und dann die Neugeborenen über Nacht, als hätten sie in Sekunden das Laufen erlernt; Gerüchte wollten wissen, daß bei Vollmond Gespenster aus den Gräbern geholter Frischverstorbener abgefressen in den Dörfern umgingen, und schließlich fragten sich Eltern ganz nüchtern, warum sie nicht auch ihre Kinder verspeisen sollten, wo sie doch jederzeit ein weiteres zeugen konnten? Nachbarn tauschten ihre Sprößlinge aus, damit ihnen das Schlachten leichter fiel. Und für die Hungermisere verantwortlich gemacht wurden zuletzt die naschhaften Sperlinge, die Mao in einer Steinschleuderkampagne sogleich vom Himmel holte: Ein Jahr lang war sein Volk auch hierin vogelfrei.

Ungeziefer vernichtete daraufhin ungehindert das Getreide, und nach Heuschrecken, Spinnen, Maden, Würmern, Gräsern hatten keine Bäume auf der Welt so viel selbstlosen Schmerz zu erdulden wie diejenigen in Gaomi, Nordostchina, Provinz Shandong: An der Seite seiner Freunde aß der kleine Mo Yan, als er noch Guan Moye hieß, ihre Blätter, ihre Rinde, nagte am Stamm. Im Frühling 1961 fielen die Kinder von Gaomi gar über eine Lieferung appetitanregend glänzender Kohle her, und je fleißiger sie knabberten, bissen, mahlten, malmten, desto köstlicher mundete das schwarze Mus, neugierig eilten die Erwachsenen herbei und griffen gleichfalls herzhaft zu. Als er zwölfjährig, verhärmt und zukunftslos, ein Radieschen fand, zwang man ihn vor Maos Porträt und zweihundert Bauarbeitern zur Selbstkritik, »Großer Steuermann, ich habe die Kommune bestohlen und verdiene zehntausend Tode und mehr«.

Naiv schenkte er einem Universitätskollegen Glauben, der ihm versicherte, Schriftstellern in China knurre der Magen nie. Und da die Mutter – »Du und dein Mundwerk!« – seine Schwatzhaftigkeit getadelt und ihm eingebleut hatte, öffentlich stets den Schnabel zu halten, nannte er sich »Sprich nicht«, »Sei still« – »Mo Yan«. In »Mo Yan« verbarg sich Guan Moye »wie der Einsiedlerkrebs in seinem Gehäuse«, machte damit jedoch, zumal er unter diesem Pseudonym des Schweigegebots bald drastisch das genaue Gegenteil unternahm, bereits den staatsweiten Zwang zur Verstellung namentlich. In Mo Yans Werk würde sogar die Tierwelt denken und fühlen können wie ein Rotgardist. So viele landeten wegen geringerer Verstöße als dem, ein Radieschen verzehren zu wollen, in den Umerziehungslagern, die nur wenige wieder verließen, auch weil sie nach Jahren von ihren vermeintlichen Vergehen derart überzeugt waren, daß ihnen allein schon der Gedanke an Heimkehr als »Verrat am Sozialismus« erschien.

Andere erkannten rasch, daß es Mao nicht um die Ausrottung der »Klassenfeinde«, sondern seines überschüssigen Volks an und für sich zu tun war, wahllos, aber nach der Methode wechselseitiger Bezichtigung von Jugend auf. Immer sollte sich Mo Yan beschämt der einzig wahren Schuld erinnern, die für ihn zählte: Er hatte einen Mitschüler verraten, der bei einer Ausstellung »über das Leid unseres Volkes« Ergriffenheit zu heucheln nicht bereit gewesen war – alle weinten, nur er tat es nicht. Im Alltag nehme er es an

Feigheit mit jedem auf, bekannte er, als ihn 2012 der Nobelpreis einholte; in der Literatur aber, in Gestalt Mo Yans, besitze er den »Mut eines Diebes, Lüstlings und räudigen Hundes« – klein und unscheinbar, doch mit unnahbar listigen, ungläubigen Augen, blickte er zugleich stets so selbstgenügsam gelassen drein, als könne ihn, allen Verzettelungen der Welt enthoben, noch das Allerschlimmste nicht im Geringsten überraschen, und erzählte oft, wie er einmal schnapsbeseelt vom Fahrrad in einen Friedhof gestürzt war; auf einem weißen Holzschild konnte er seinen Namen lesen – »und was hat ein Mensch noch zu fürchten, dessen Grab schon steht?«

Seine ersten Geschichten erklärte er zu blutigen Magengeschwüren; und als er durch »Das rote Kornfeld« und dessen berlinaleprämierte Verfilmung 1988 für die auf ausländische Anerkennung dauererpichten Behörden Chinas unantastbar geworden war, begann Mo Yan den Roman »Jiuguo«, »Die Schnapsstadt«, zu ersinnen, den er mit einem Magendurchbruch verglich und der sich an der Regierung für die dahinmassakrierten Studenten im Juni 1989 auf dem »Platz des Himmlischen Friedens« rächte und auch deshalb zunächst nur in Taiwan zu haben war. Während Abermillionen Chinesen in Arbeits- und als psychiatrische Kliniken getarnten Konzentrationslagern verfaulten, gelangte damals mal wieder das Mao-Fieber zum Ausbruch und gab sich besonders schick: Goldene Statuen des Großen Vorsitzenden zierten den häuslichen Herrgottswinkel, Restaurants boten seine Lieblingsspeisen an, »Mit Käse gefüllte Garnelen im Sesammantel« allen voran, und keine Gedächtniskartei der Nation verzeichnete die staatsgefällige Hungersnot, in der Mo Yan erwachsen geworden war, keine die Massen- und festlichen Einzelexekutionen – lebendig begraben; in acht

Teile zerhacken; vom Anus aufwärts einen Stab durch den Körper treiben –, keine die Ein-Kind-Politik, die nicht zu befolgen, hatte man Glück, zur Zwangsabtreibung bis zum neunten Monat Schwangerschaft führte. Mädchen galten noch immer als untragbare Last, und über siebzigtausend Kinder wurden jährlich in die Prostitution und an Großküchen verkauft.

Dieser Wirklichkeit kam Mo Yan nur mit einer fast unsinnig verschwenderischen Metaphern- und Bilderwut bei, irremachender Obszönität, handfestem Schrecken und böswillig grausamer Komik ohne jedes Ja-Aber, in kriegerischem Elan. Man liest Mo Yan unter Schock, der vergnüglich stimmt; man fühlt sich von ihm auf den Kopf gestellt und dankt ihm auch noch dafür. Mochten viele Autoren Chinas, sagte er stolz, die besten Bücher der Welt komponieren: nur Mo Yan war »Die Schnapsstadt« zu schreiben möglich. Darin hat die Oberstaatsanwaltschaft Pekings den Sonderermittler Ding Gou'er in die »Schnapsstadt« Jiuguo entsandt, um zu klären, ob dort hohe Funktionäre mit übersättigtem Gaumen dem Menschenfraß frönen oder Opfer rechtsabweichender Verleumdung sind. Aß man einst seinesgleichen in Not, so nun aus Dekadenz? Obgleich nach dem dreibeinigen Kochkessel »ding«, dem ehemaligen Staatssymbol Chinas, benannt, ist unser Kriminalist kulinarisch eine Null und im Umgang mit den »kleinen Leuten« von linkischer Schroffheit, schielt ein wenig, trinkt viel, denkt gern an Selbstmord – und den kann er haben.

Kaum eingetroffen, steht Ding Gou'er unter dem entschiedenen Schutz von Parteikadern, die einander als Spiegel dienen könnten. »Genosse Ding, altes Haus!« umflehen sie ihn mit weinerlichen Stimmchen, »Sie sind von weither gekommen, um uns zu besuchen. Wie stehen wir da, wenn

Sie jetzt nicht mit uns trinken?« Unablässig sieht sich Ding Gou'er aus Linientreue dazu gedrängt, jeden ihm gereichten Schnaps zu kippen, bis seine Beine aus Pudding sind. Was voll ist, muß, »gluck, gluck, gluck«, geleert werden, sonst droht Ding der Vorwurf, er sei ein »arroganter Feind des Proletariats«. Aufs tödlichste gekränkt wären diese mit lüsternen Äuglein gurgelnden Wölfe in Amtstracht, tobte sich Ding beim Großbankett nicht gehörig aus, das sie für ihn aufwendig organisierten – eine Schlacht, bei der kalte Vorspeisen die Vorhut bilden, die nicht enden wollende Folge an Hauptspeisen die Artillerie und eine stärkende Suppe den vorläufigen Schluß, damit der Ausscheidungskampf des Maotai-Gelages nicht frühzeitig sein Ende findet. Man säuft einander zu, auf die Mutter, Gesundheit und Glück Ding Gou'ers, und nach neun Schalen Schnaps reichen sein Körper und Bewußtsein entschlossen die Scheidung ein. Ihm wachsen Flügel; bald weiß er nicht mehr, ob er Ding Gou'er ist, der wähnt, ein Schmetterling, oder ein Schmetterling, der wähnt, Ding Gou'er zu sein. Und dann tragen die rotuniformierten Saaltöchter zum feierlichen Höhepunkt ein großes, rundes Silbertablett herein, auf dem die berühmteste Spezialität der regionalen Küche thront, die auch ausländischen Staatsgästen mundet und dem Vaterland so viele Devisen eingebracht hat, »Der Storch bringt einen Sohn«. Begeistert schmatzend wedeln die Funktionäre mit ihren stäbchenverlängerten Fingern.

Der goldbraun gebratene, aus den Nasenlöchern dampfende Knabe riecht so unwiderstehlich, daß selbst Ding das Wasser im Mund zusammenläuft. Weil im Zustand der Volltrunkenheit, schießt er aus Versehen dem Jungen in den Kopf: »Rote und weiße Hirnmasse klebte aromatisch duftend an der Wand.« Die Kader üben sich in Parteidisziplin und fassen sich schnell, lecken etwas von der Hirnmasse ab, die auf ihren Handrücken klebt, und bohren im steifen roten Penis des kopflosen Jungen, der im Nu auf dem Tablett in sich zusammenfällt. Er sähe, beteuern sie kalt, nur einem Knaben gleich, so wie man im ganzen Land aus Rettich weiße Rosen schnitzt: Der Körper des Kleinen sei der eines Schweins, der Kopf eine Silbermelone und der Arm aus einer frischen Lotuswurzel verfertigt. Ding kostet davon. »Mein Gott, wie herrlich!« Die Geschmackszellen auf seiner Zunge brechen in einstimmigen Jubel aus, seine Kinnmuskulatur gerät ins Zittern, und aus den Tiefen seiner Kehle schiebt sich eine Hand nach oben, um den Leckerbissen hinabzuziehen. Die Genossen gratulieren lachend, »Sie haben gerade den Arm eines kleinen Jungen gegessen!«, und schaffen die Alkoholleiche weg. Statt daß Ding Gou'er die Täter dingfest machen kann, stapft er einsam, ergebnislos, in träumerischer Starre und »vornübergebeugt wie eine getrocknete Garnele« durch die Stadt unter einem rotweinfarbenen Himmel, verwandelt sich zusehends in einen Taugenichts von Trunkenbold und ertrinkt verzweifelt in einer Latrine voll gärendem Brei aus allen Speisen und Getränken, die die Einwohner der Schnapsstadt Jiuguo jemals erbrachen.

Die Wahrheit, die Ding Gou'er nicht zu beweisen vermochte, erreicht den Leser im Roman auf noch verrückterem Weg: in zensurreifen Fanbriefen eines Amateurschriftstellers und Doktoranden der Alkoholkunde aus der Schnapsstadt Jiuguo an den Autor Mo Yan. Für die örtliche Kochakademie werden eigens Knaben zur Welt gebracht, die für die Produktionsbrigaden – wie die noch im neunten Monat abzutreibenden Säuglinge – nicht als Personen, sondern als »kleine, trickreiche Tiere in menschlicher Gestalt«

zu werten sind. Doch »besitzen sie«, führt eine Professorin der Akademie in ihrer Vorlesung energisch aus, »im Vergleich zum durchschnittlichen Zuchttier eine höhere Intelligenz; und deshalb müssen wir alles nur Mögliche tun, um sie bei guter Laune zu halten und so die Qualität der Hauptzutat zu bewahren. Die traditionelle Schlachtmethode bestand darin, den Fleischkindern mit einer Keule den Schädel einzuschlagen. Aber diese Methode ruft Blutungen im weichen Gewebe hervor und kann sogar die Schädeldecke zertrümmern, so daß der Anblick des Endprodukts Schaden leidet. Sie ist im Lauf der Zeit durch Betäubung mit Äthylalkohol ersetzt worden. Die Brennereihochschule hat neuerdings einen Getreidebrand entwickelt, der, süß und nicht allzu stark, dennoch einen ungewöhnlich hohen Alkoholgehalt besitzt, was für unsere Zwecke geradezu ideal ist. Aus Erfahrung wissen wir, daß eine Alkoholanästhesie der Fleischkinder vor dem Schlachten den Milchgeruch verringert, der bisher der störendste Aspekt des Garvorgangs war, und Experimente im Laboratorium haben bewiesen, daß der Nährwert betäubter Fleischkinder sich dadurch dramatisch erhöht.«

Später taufte Mo Yan »Jiuguo«, »Die Schnapsstadt«, in »Mingding guo«, in »Die Republik der Betrunkenen«, um: Eine in Ideologie delirierende Gefängnisprovinz der Volksrepublik, die mit ihren zwei Millionen Seelen davon träumt, jenen Edelschnaps in flüssige Realität zu verwandeln, den die Affen seit Jahrmillionen in den Bergen destillieren, hat in Kannibalismus und Permanentbenebelung den einzig kommunismusgerechten »Prozeß der geistigen Formung« und »eigentlichen Sinn des Lebens« entdeckt. Die Sentenz, die Revolution fresse ihre Kinder: keine war für China je so wahr wie diese bei Mo Yan. Sich selbst nimmt er dabei nicht aus, gleich einem Clown, der seinen Zirkusdirektor verhöhnt und im Streit mit ihm liegt und seinen Dienst trotzdem nicht kündigt: Ohne den Clown wäre der Zirkus ein noch unwohnlicherer Ort. Darum endet »Die Schnapsstadt« mit höllischer Ironie: Von seinem Bewunderer zum Affenschnapsfestival in die Geistergesellschaft von Jiuguo geladen, verdämmert »das kleine, eingebildete Arschloch« Mo Yan, nachdem er von der Delikatesse »Der Storch bringt einen Sohn« gegessen hat, gründlich im Suff. Mag er sich in seinen Romanen auch weigern, Akteur im Terrorsystem zu sein, so gibt es auch für ihn daraus kein Entkommen; das Grauen läßt sich, bis auf weiteres, nur bannen kraft einer monströs anarchischen Phantasie.

KAPITEL 45

IN WENIGEN SEKUNDEN FÄHRT MIR EINE SICHELFÖRMIGE KLINGE INS HERZ

Edgar Allan Poe

Wenngleich ihn der Tod seines Engels Virginia fast um den Verstand brachte, hatte er es im Februar 1848 doch tatsächlich geschafft. Zu Beginn seines ausverkauften Vortragsabends in Providence, Rhode Island, fiel er vor zweitausend Zuhörern über »die öde Meute von Dilettanten« her, die in Kritiker- und Kollegengestalt selbst im Publikum saßen und die Literatur »mit ihrem Hang zu moralischer Belehrung in den Ruin trieben«. Schon früh hatte sich Edgar Allan Poe in der Kunst geübt, wie man sich in den einflußreichsten Kreisen Feinde macht: Jedes große Gedicht, beschied er streng, kam nicht als göttliche Eingebung zum Autor herab, sondern werde auf einen einmaligen Effekt hin planvoll konstruiert. Dann hatte er plötzlich genug von der eigenen Theorie, und es kam die Stunde der Praxis schaudernder Bezauberung. Der Saal verdunkelte sich.

Und Edgar Allan Poe deklamierte, ganz in Schwarz, die linke Hand napoleonisch in die Weste geschoben und das Haar auf Gefiederglanz pomadisiert, sein Gedicht vom »Nimmermehr« krächzenden Raben: Die eben noch ungehalten hüstelnden Zweitausend lauschten den in Regen und Wind stöhnenden Zweigen, dem Geflatter des auf einer Marmorbüste hockenden Vogels, der des Dichters Ahnung nur bekräftigte, er werde von nun an für immer im Kummer über den Verlust seiner großen Liebe dahindarben müssen, ohne Aussicht auf ein Wiedersehen in einer jenseitigen Welt. Dann herrschte beklommene Stille. Applaus. Poe schmunzelte: So ernst und finster hatte er es auch wieder nicht gemeint. Und darin lag sein größtes Geheimnis. Noch Poes elendes Ende ein Jahr später würde wirken, als wäre es nur eines jener Gerüchte, die er von sich auch sonst in Umlauf gebracht hatte, um Werbekosten zu sparen: Wiewohl Alkohol ihn ekelte, fand man ihn am Straßenrand vor einer Kneipe in Baltimore so gnadenlos betrunken, daß er im Krankenhaus phantastische Wesen an den Wänden umhertänzeln sah, Fische mit Vogelschwingen, Vierbeiner mit Schlangenhäuptern, tierförmige Zwerge.

Edgar Allan Poe ereilt jeden, und meist in einem Alter, da man längst weiß, daß es nicht die in der Schule erlernten Weisheiten sind, mit denen man halbwegs unbeschadet durchs Leben stolpert. Man muß, so lautet seine Lektion, standfest lächelnd am Abgrund der eigenen Hinfälligkeit entlangbalancieren können: Er war der größte Entertainer des Entsetzens und dessen Komiker zugleich, so als täte man Gevatter Tod unrecht, wähnte man, nicht auch seinen Spaß mit ihm haben zu können. Poe war nicht von ungefähr mit Inszenierungen Shakespeares groß geworden, die die brachial gewaltschrillen Augenblicke des »Hamlet« und »Macbeth« hervorkehrten, mit Perücken, die gefertigt waren aus dem Haar guillotinierter Opfer der Französischen Revolution, und europäischen Schauerromanen, in denen Mönche nach der Beichte Jungfrauen lüstern auf den Fersen sind. Eine Bibliothek ist stets auch ein Arsenal von Waffen gegen die Zumutungen, die die Welt, dieser »perverse Jux Gottes«, für jeden bereithält; nach Poe aber, der Unglück über Unglück auf sich gehäuft hatte, war gerade deshalb solcherlei nicht explosiv genug.

So brachte er der Weltliteratur in seinen Horrorvignetten bei, was Spannung wirklich bedeutet: Mit nervöser Unrast schrieb er seine dichtgedrängten Geschichten stets vom Ende her, das damit bereits im Anfang wie ein Fallstrick ausgelegt war, und hielt die Atmosphäre derart schalldicht, daß sie uns für eine halbe Stunde Lektüre kaum zum Atmen kommen läßt. Er holt unsere Urängste ins Bewußtsein und nimmt sie uns meist wieder, Vereinsamung, Eingeschlossensein, Boden- und Haltlosigkeit, körperlichen und psychischen Verfall und andere Daseinszerrüttungen mehr. Poe litt unter so vielen Phobien, daß er fast wieder die Furchtlosigkeit selber war – unsere tapfere Hälfte, die dorthin blickte, wohin zu schauen wir uns weigern müssen, damit der Alltag erträglich gestimmt bleibt. Sein fatalster Einfluß auf die Literaturgeschichte war, daß seine Imitatoren auf ewig quicklebendig sind. Doch Poe übertrifft sie.

»Jetzt habe ich Sie erneut das Fürchten gelehrt, nicht wahr?« fragte er die ihn umflirrenden Damen der Salons und war sich der Antwort vorab sicher. So »krank von all der langen Qual« es bei Poe auch zugehen mag – ständig kichert da etwas mit: Humor ist die dunkle Seite des Schmerzes. In seinen Erzählungen befreunden wir uns mit verstandesverwirrten Killern, die uns davon überzeugen wollen, sie seien »grundgesund«, und eben damit enthüllen, wie geisteskrank sie sind. Wir fühlen uns beleidigt von einem Weinkenner, und uns kränkt niemand ungestraft: Wir locken ihn mit der Aussicht auf den edelsten aller Tropfen tiefer und tiefer in unser Kellerverlies, mauern ihn darin ein, und die Schellen seiner Narrenkappe klingeln uns ein Leben lang in den Ohren nach. Immer erleben wir die Rollen an uns selbst, in denen sich Poe versteckt – und welche seiner Stükke hätte uns nachts länger schlaflos ins Dunkel stieren lassen als »The Pit and the Pendulum«, »Grube und Pendel«, von 1842?

Kaum hat die Inquisition einen »Ketzer« – seinen Namen erfahren wir nie – in Toledo zum Foltertod verurteilt, liegt er flach ausgestreckt im feuchten Dunst seiner quadratischen Kerkergruft, und die Furcht davor, daß es darin vor Schwärze nichts zu sehen geben werde, hält ihm die Augen zu. Endlich, »mit wilder Verzweiflung«, öffnet er sie und erstarrt vor Entsetzen in völliger Finsternis. Ist er bereits tot? Vorsichtig tastet er sich voran und muß gewahren, daß in der Mitte des Verlieses der Rachen eines Brunnenschachts auf ihn gewartet hat. Später vermag er undeutlich drohende Teufelsfratzen auf Totenskeletten zu erkennen, die verblichen die Wände verunzieren – »wie sie nur der Aberglaube der Mönche ersinnen kann«. Am nächsten Morgen entdeckt er, wie ein lebendes Gemälde auf einen Holzrahmen gefesselt – nur sein Unterarm ist frei –, über sich ein Pendel mit sichelförmiger Stahlklinge, das sich mit jedem Schwung nach unten senkt, um ihm seine Brust zu zerfetzen, während Ratten ihm die klägliche Nahrung wegfressen, die neben ihm steht. Er schmiert die Fleischreste auf die Riemen, die Ratten nagen sie durch, so daß er sich in letzter Minute befreien kann; doch die rotglühend erhitzten Wände verschieben sich plötzlich und pressen ihn an den Brunnenrand, näher und näher – und »ein ausgestreckter Arm ergriff den meinen, als ich ohnmächtig in den Abgrund fiel. Es war der Arm des Generals Lasalle. Die Inquisition befand sich in den Händen ihrer Feinde.«

KAPITEL 46

NIMM DEIN GRAB UND GEH

David Mitchell (erster Teil)

Du mußt ihm immer voraus sein: Jedes Jahr im November erwacht der Henker aus seinem Sommerschlaf, nimmt das gesamte Alphabet in Besitz und legt dir ohne Erbarmen die Stotterschlinge um den Hals. Aber inzwischen bist du mit seinen Schlichen vertraut. Siehst du ein Stammelwort kommen, weichst du dem Henker mit immer neuen Wendungen aus. Dieser »Hangman« ist dein großes Geheimnis, das niemand lüften darf: Bei deinen Schulkameraden giltst du ohnehin als »somewhat strange«, als »seltsam irgendwie« – bist du doch dem manischen Zwang verfallen, für Teenagerohren hochtönende Begriffe zu gebrauchen, »exzellent« statt »super« zum Beispiel, die du aus aberhundert Wörterbüchern, Fantasy und Science Fiction zusammengesucht hast, um dem Henker ein Schnippchen zu schlagen. Du bist nicht »normal«. Später wirst du erkennen, was für ein Vorteil es ist, ein Außenseiter, ein Sonderling, ein Stotterer, ein Stammler zu sein.

Mit einem »Äh ...« schindest du Zeit: Vielleicht läßt die Konzentration des Henkers nach, und du schmuggelst erfolgreich gar einen wunderschönen Satz an ihm vorbei: Vorbote dessen, was du später schreiben wirst – ein Wortschatzmillionär, der auch in Bildern denken und der einen in Wolken verschwimmenden Mond mit einer Schmerztablette vergleichen kann, die sich in einem Glas Wasser auflöst und tröstet. Doch wenn der Henker mal wieder seine Vorliebe für die Buchstaben »D« und »M« entdeckt, wirst du bald nicht einmal mehr deinen Namen aussprechen können und zu nichts verdampfen wie die Böse Hexe des Violetten Landes im Märchen von Oz.

Sollten wir eines Tages für Stunden mit »D« und »M«, mit David »DM« Mitchell, in einem Londoner Fahrstuhl steckenbleiben, hätten wir Gesprächsstoff genug, um unsere Klaustrophobie in Schach zu halten: Er würde uns erzählen, daß er buchstäblich nie »zur Sprache gekommen« und Schriftsteller geworden wäre, hätte er mit sieben Jahren nicht zu stottern begonnen, und was für ein Glück es war, daß bei ihm zu Hause Lektüre zum bloßen Vergnügen nicht als auszumerzende Merkwürdigkeit herhalten mußte. Dennoch dachte er oft, seine geliebten Erzeuger hätten beim Wettbewerb »Wer sind die langweiligsten Eltern der Erde?« mitgemacht und haushoch gewonnen. Wie er aus seiner kleinen Welt bei Liverpool in Galaxien entfloh und auf arktisweitem Papier Karten von Kontinenten und Inseln skizzierte und die Legenden dazu.

Das Studium langweilte Mitchell bis zur Belustigung: Warum sollte er sein Leben in Büchern über Samuel Langhorne Clemens alias Mark Twain verbringen statt auf dem Mississippi in dessen »Huckleberry Finn«? Für Kinder von Freunden kritzelte er Gutenachtgeschichten im Genreformat, einen Reisebericht hier, einen Krimi dort, und eines Abends flog auch ein Adler ins Schlafzimmer, der seine Abenteuer in Reimen besang. Und dann kam Mitchell die Idee zu einem Weltroman. Wenn du schreibst, fliegst du und stotterst nicht.

Doch erst nach einem Jahrzehnt in Japan erkämpfte sich David Mitchell in einer Hütte seines Gartens unter einem irisch immer schwer beschäftigten Himmel den »Wolkenatlas« von 2004, und sieben Stunden sieben Tage die Woche schuftete er nach einer Methode, die sich auch in anderen Berufssparten gut macht: »Aus Nichts wird Nichts, also stolpere einfach in deine Arbeit hinein, mach meinetwegen Müll, den du später noch immer aufpolieren kannst.« Was Mitchell seit jeher schlecht schlafen ließ, war »predacity«, ein verräterisch selten verwendetes Wort in der englischen Sprache, unsere »Raubgier« also – der Alptraum namens Geschichte, aus dem es offenbar kein Erwachen gab: eine Chronologie, ein »immergültiger Adventskalender der Abschiede von jeder Einfühlungskraft«.

Im Leiden lag der Ursprung der Menschheit. Man konnte sie einteilen in Peiniger – und Gepeinigte und Verschonte, die laut Mitchell nur durch Zufall nicht zu den ersteren zählten. Gewalt gebar Unordnung, Ordnung wiederum Gewalt, die in Massakerexzessen ihr Ziel in sich selber fand. Was einmal geschehen war – Auschwitz, Hiroshima, der Völkermord in Ruanda –, konnte folglich wieder geschehen und gründete auf dem, was wir zunächst zu sein wähnten und dann wurden, von einem Lager und Weltbürgerkrieg zum nächsten, war der nun bombenabwerfend heiß oder geheimdienstlich kalt. »Wenn wir glauben, daß die Menschheit eine Arena ist für den Willen zur Macht, für das Überleben der Tüchtigsten, Rassen- und Klassenkampf, Ausbeutung, bestialische Grausamkeit, wird diese Menschheit auch Wirklichkeit.« Krisen- und katastrophenhungrig löschte die Menschheit in Raten sich selber aus: »Auf den Untergang der Welt zu warten ist ihr ältester Zeitvertreib.«

Wie holen wir uns da wieder raus? Jeder weiß es, ohne zu wissen, daß er es weiß. Mit David Mitchells »Wolkenatlas« bewußt altertümlich naiv gesagt und leichter notiert als empfunden: indem wir uns einander verwandt fühlen, auch über Zeit- und Raumgrenzen hinweg. Darum sind wenige Romane so freimütig und leidenschaftlich moralisch geraten und derart kühn konstruiert. »Der Wolkenatlas« erzählt die Leben von sechs Menschen in tausend Jahren, die durch Seelenwanderung und Wiedergeburt und ein kometenförmiges Muttermal ähnlich miteinander verbunden sind wie durch Mitleid und freundschaftliches Erkennen der Pazifikreisende Adam Ewing im Roman mit dem Sklaven Autua, dessen Auspeitschung Ewing nicht erträgt: Ewing vergleicht sich mit einem Bühnenschauspieler, der »einen lange verloren geglaubten Freund in der königlichen Loge erblickt« – und in die Arme nehmen will. Kurz sieht Ewing von sich und seiner Rolle, Hautfarbe, Größe, Form, seinem Habitus ab. Und – zumindest – seine Geschichte beginnt von vorn.

Unsere Seelen, behauptet »Der Wolkenatlas«, wandern durch die Zeiten »wie die Wolken übern Himmel«, wechseln Farbe, Größe und Form gleich den Wolken und sind doch Wolken, aus, Amen, kein Hin oder Her: Eine Wolke ist eine Wolke in gleich welcher Gestalt. Könnte es nicht sein, daß wir nach Aussetzen des Herzens »innerhalb eines Herzschlags erneut zur Welt kommen« werden? Dann würde es nicht wie bei der neutestamentarischen Heilung des Kranken am Teich von Bethesda »Steh auf« heißen müssen, »nimm deine Bahre und zeig, daß du deine Beine bewegen kannst«, sondern »Nimm dein Grab und geh«: Du bist erlöst von der Krankheit des Todes. In den »Wolkenatlas« wie in eine zweite, zuweilen wirklichere Welt hineingebannt, wird es seltsam einerlei, ob wir uns mit der »eleganten Gewißheit« der ewigen Wiederkehr auch in der Realität anfreunden könnten. Wir wollen mit dem Buch durch ein Universum vagabundieren, das ein zuletzt gütiger Wer-auch-immer erschaffen hat – zumal dieser Wer-auch-immer ja David Mitchell war. Im »Wolkenatlas« erfüllt sich der Traum eines jeden, ein uralter, unauslöschlicher Traum, von irgendeinem Draußen ins Innere des Universums zu blicken und dessen Gewicht nicht mehr spüren zu müssen, das uns, sind wir ehrlich, ein Dasein lang nach unten drückt. Man fühlt sich dabei auf ein Atoll im Indischen Ozean versetzt, wo das Meerwasser wärmer ist als die Luft, riesige Seesterne und Korallenwracks an die Strände treiben, Palmblätter im Sturm der Nacht wie Finger nach dem Himmel greifen und sich an manchen Abenden drei Regenbögen ineinanderwölben gleich Palasttoren zu einer unerahnten Welt.

Als Mitchells Lektor dreißig Seiten Erstlektüre hinter sich gebracht hatte und plötzlich auf eine Passage stieß, die in der Mitte eines Satzes abbrach, verfluchte er seine Assistentin aufs gröbste, die nicht mal zu einer vollständigen Fotokopie des Manuskripts imstande gewesen war; dachte sich »Was soll's?«, blätterte weiter, »und dann fiel der Groschen«. Sechsmal nämlich fängt »Der Wolkenatlas« von neuem an, schenkt uns sechs Kleinromane zum Preis von einem, die sich getrost auch für sich und getrennt voneinander lesen ließen, doch zur Spannungssteigerung jäh mit einem »cliffhanger« aufhören und die, nach dem Mittelstück, spiegelverkehrt rückwärts zu Ende erzählt werden, eins, zwei, drei, vier, fünf, sechs, fünf, vier, drei, zwei, eins. Alles kreist um Erzählung Nummer sechs aus fernster Zukunft also, um das hilflose Gebrabbel Zachry Baileys nach der atomaren Verwüstung der Erde, die auch die Sprache zu bloßem Kindergestammel verödet hat. Der britische Jungkomponist Robert Frobisher übersetzt die Architektur des Buches in Musik mit seinem »Wolkenatlas-Sextett«. Im ersten Satz werde jedes Solo vom nachfolgenden unterbrochen, und im zweiten setzten sich die unterbrochenen Soli in umgekehrter Reihenfolge fort, erklärt er seinem Geliebten Rufus Sixsmith brieflich und fragt ihn halb rhetorisch, ob dieser Einfall »revolutionär« sei oder lediglich »effekthascherisch«. Oder beides? Und zu kompliziert? Stürzen wir uns in die kristallin funkelnden Details von Mitchells Phantasie.

»Der Wolkenatlas« ist zunächst das Tagebuch des Notars Adam Ewing, der 1850 von Australien über die Chatham-Inseln ins heimatliche San Francisco zurückkehren möchte und den ein Doktor Goose unter Deck gegen einen tropischen Wurm kuriert, der Ewing planvoll die Gehirnwindungen zernagt. Fasziniert durchschmökert werden Adam Ewings Aufzeichnungen 1931 in Flandern von jenem besagten Robert Frobisher, der bei einem älteren Komponisten von Weltruhm, Vyvyan Ayrs, in die Lehre geht und merkt, daß Doktor Goose Adam Ewing schleichend vergiftet, um an sein Geld zu kommen. Im Kalifornien von 1975 begegnet die Klatschkolumnistin Luisa Rey in einem steckengebliebenen Fahrstuhl Frobishers nunmehr gealtertem Freund Rufus Sixsmith, einem nobelpreisgekrönten Wissenschaftler, der sich weigert, das fehleranfällige Atomkraftwerk eines korrupten Energiekonzerns abzusegnen, und nach seinem gewaltsamen Tod Frobishers Briefe an Luisa Rey vermacht; auch hört sie eine seltene Aufnahme des »Wolkenatlas-Sextetts«, das ihr wie von ihr selbst komponiert vorkommt; sie bringt, vom Killer Sixsmiths verfolgt, dessen Bericht dennoch an die Öffentlichkeit. Durch einen Reportageroman avanciert sie zu einer Starjournalistin der USA.

Den Thriller um Luisa Rey wiederum begutachtet der verschluderte Verleger Tim Cavendish. »Aber ein, zwei Dinge müssen definitiv raus hier: die Andeutung etwa, Luisa Rey sei die Inkarnation dieses Robert Frobisher.« Literaturmüde ist Cavendish ohnehin: »Lebenserinnerungen sind schon schlimm genug, aber die verfluchte Belletristik erst! Held begibt sich auf Reise, Fremdling kommt in die Stadt, irgend jemand ist hinter irgend etwas her, er bekommt es oder nicht, ein Wille steigt gegen einen anderen in den Ring. ›Bewundere mich, weil ich eine Metapher bin.‹«

Und Cavendish muß flüchten, da einer seiner Autoren einen Großkritiker Englands vom zwölften Stockwerk in die Tiefe schmiß, und Tims Bruder hat ihn aus Rachsucht in ein seelenloses Altenheim gelockt. Zurück in London, produziert Cavendish aus seinem Martyrium einen Film, den sich eine Klonsklavin in einem künftigen, von Konzernen beherrschten Korea nach ihrem Verhör als letzten Wunsch vor ihrer Hinrichtung ansehen darf: Sonmi-451, Serviererin in einem unterirdischen »McDonald's«, reicherte mehr humanes Wissen in sich an als jeder »Reinblütige« in Seoul und war, obrigkeitswidrig zum Menschen geworden, Ikone in einer Revolte gegen den Staat, die dieser selbst inszenierte, um sich einen Feind zu erfinden, »der den Zusammenhalt der Gesellschaft sichert«. In ihrem Verhör-Testament bewahrte sie einen Geistesrest an Zivilisation für ein zweites Frühmittelalter nach dem atomaren Sündenfall. Ein trostloser Schluß?

Wenn das der Schluß wäre. Der Roman endet, womit er begann, und so kehrt seine Zukunft in eine verheißungsvolle Vergangenheit zurück: Nachdem der Moriori Autua seinen Freund Adam Ewing vor dem giftmischenden Doktor Goose gerettet hat, widmet Ewing sich der Abschaffung der Sklaverei: auf daß der eine nie mehr der Henker des anderen sei. Sein Schwiegervater werde spotten, wähnt er, dies Vorhaben sei nur »ein Tropfen in einem grenzenlosen Ozean«. Was aber sei, versetzt Adam – der namentlich »erste Mensch« –, ein Ozean anderes als eine Vielzahl von Tropfen?

KAPITEL 47

WAS UNS UNVERGESSLICH BLEIBT

David Mitchell (zweiter Teil)

In welchen Worten Autua mit Adam Ewing Freundschaft schließt und wie dabei »Ich und du«, das »You« und »I« austauschbar werden, »You know I, you seen I, aye – you pity I«. Daß Autua rund um diesen Riesenplaneten gesegelt und wie klein der für ihn geworden war. Wie er Wale jagte, auf den lavagrauen Encantadas Riesenschildkröten erlegte, Opium von Kalkutta nach Kanton schmuggelte, die Ruhr in Batavia überlebte und einen Schiffbruch am Kap Hoorn, die Eisberge der Antarktis sah und die gleichgültige Roheit, mit der die Bleichen die Dunklen, »die Weißen die Schwarzen« bedachten. Und daß Autua ein Buch über sich, den »Letzten Moriori«, verfaßt und seinen Adam Ewing stammelnd nach Reimworten fragt.

Die Lehre der Priester der Moriori, niedergelegt in unvordenklichen Zeiten, nach der einen anderen zu ermorden bedeutet, seine eigene Seele zu töten – womit sie ein Christentum ohne Christus ersannen, ehe mit den britischen Kolonisten die Missionare über sie kamen. Wie Robert Frobisher träumt, er zerschlüge in einem Antiquitätenladen alles Porzellan und lauschte einer Musik, die »Engel zum Weinen bringt«. Wie der Komponist Vyvyan Ayrs zu Frobishers burleskem Entsetzen in dessen Gemach eindringt, weil er eine schlafraubend hypnotische Melodie für Violine aufgezeichnet wissen will, die er in einer Vision aus einem Fast-food-Restaurant hörte – eine Sonate, die Jahrhunderte danach, zu einem Gassenhauer versimpelt, in den Fastfood-Restaurants Seouls ertönt. Wie Frobisher in flandrischer Erde das Grab seines im Weltkrieg gefallenen Bruders Adrian sucht und sich von einem Satz aus dem »Huckleberry Finn« Mark Twains sein kurzes Leben lang begleitet fühlt, »Ich hörte eine Nachtschwalbe und einen Hund klagen, weil jemand gerade im Sterben lag«. Und wie ihn ein kleines Mädchen in Brügge fragt, ob er mit Sherlock Holmes aus der Baker Street näher bekannt sei.

Immer im Gedächtnis bleiben der Anblick der ausgeblichenen Handschrift Frobishers, die 1975 Rufus Sixsmiths Nerven beruhigt, indes sich Luisa Rey an diese Briefe erinnert, weil sie sie in einem früheren Leben selbst geschrieben hat. Und die schlagkräftigen Schotten, die in einem Fernsehpub in Hull den Verfolgern der Altenheimflüchtlinge um Tim Cavendish in einer »trafalgaresken Szene« den Garaus machen. Sonmi, die sich aus der koreanischen Konzerndiktatur durch alle Meere der Literatur hindurch im Geiste freigeschwommen hat und sogar die Romane von Aldous Huxley und George Orwell entdeckte und die beiden Schwarzseher zu Recht für »Optimisten« hielt; und der Schrecken, der uns befällt, wenn wir im Verhör Sonmis durch den unerfahren dümmlichen »Archivar« erkennen, wie sich andere »Duplikantinnen« nach zwölf Jahren Schwerstarbeit nicht im versprochenen Himmel auf Hawaii zur Ruhe setzen dürfen, sondern exekutiert und weiterverarbeitet werden zu flüssiger Biomaterie und wegen des Proteins für »Reinblütige« unentbehrlich bleiben.

Daß die Menschen in postapokalyptischer Zeit pestverfaulter, zertrümmerter, vom Urwald erstickter Städte nicht mehr wissen, wie man das Feuer bezwingt. Und wie der Verkäufer eines Schallplattenladens eine Aufnahme des »Wolkenatlas-Sextetts« im Grunde gar nicht veräußern will: so betört ist er davon.

KAPITEL 48

DAS MACHE ICH BESTIMMT NICHT NOCH EINMAL

Mark Twain

Er war derart Hals über Kopf vernarrt in sie, daß er vor lauter Glück »am liebsten jemanden skalpiert« hätte: »Ihre Koseworte, Zärtlichkeiten, ihr ganzes Wesen brachen über mich herein wie die Sommerwogen über die Felsen von Gibraltar.« Noch am Schluß seines langen Lebens sollte sich Samuel Langhorne Clemens jenes Herbsttages 1868 entsinnen, da die sanfte und so ungezierte Olivia »Livy« Langdon seinen Heiratsantrag zunächst abweisen mußte, nur weil keiner für ihn lügen wollte: Vater Langdon mochte dem Verlöbnis seiner Tochter mit dem nicht mehr ganz so jungen Unbekannten aus dem schäbigen Hundertseelendorf Hannibal, Missouri, nur zustimmen, wenn der die denkbar günstigsten Referenzen vorzuweisen hätte. »Meine Vorfahren reichen bis zu Noahs Zeit zurück«: Solche Späße verschlimmerten den Verdacht nur noch, er sei »ein Etwas von niederer Art« – und dann trafen die eingeholten Leumundszeugnisse ein.

Und ihre Verfasser wußten sich vor verabscheuender Begeisterung ob Sams angeblicher Lasterhaftigkeit nicht zu fassen, obwohl Clemens als erster Stegreifkomiker der Weltgeschichte unter dem nom de rire »Mark Twain« bereits landauf, landab eine kleine Berühmtheit war: Wie seine Vorfahren sei er für den Galgen geboren, hieß es darin, oberflächlich, ohne Niveau, hoch whiskybedürftig, faul und gottlos obendrein, und sie würden ihre eigene Tochter lieber unter der Erde sehen, als sie solch einen Kerl heiraten zu lassen. Ein Sonntagsschullehrer beteuerte gar, daß Clemens als Dorfsäufer enden werde wie jenes Alkoholgespenst Jim Finn aus Hannibal, das als Huckleberry Finns Vater im Suff selbst Leute verflucht, die er gar nicht kennt.

Wären Empfehlungsschreiben für Tom Sawyer löblicher ausgefallen? Als der in seinen »Abenteuern«, sieben Jahre nach Sams Verlobung mit Livy verfaßt, an einem Montagmorgen vorm Lehrer wagt, seine abermalige Verspätung damit zu entschuldigen, er wäre dem Stadtparia Huck Finn über den Weg gelaufen, kommt dieses Geständnis einer Blasphemie gleich, die mit herzhaften Gertenschlägen gesühnt zu werden verdient. Dafür darf Tom aber neben der bestrickenden Tochter des Dorfrichters, Rebecca »Becky« Thatcher, sitzen, die ihn von fern bereits betörte: in einer Parodie auf alle abendländisch verfeinerte Weltschmerzgefühligkeit. Dabei hat es Twain in Sachen Erotik nie hintergründig ernster gemeint als in jener Szene, da sich Becky und Tom Sawyer abwechselnd an demselben Kaugummi gütlich tun: Lediglich der drohende Hungertod und Indianer Joe verhindern, daß Tom und Becky, wie ein etwas grober Leser einmal sagte, »einander im Höhlenlabyrinth ihre Klamotten vom Leib reißen«.

Unter den zahllosen Besuchern im gotischen und von Tiffany luxuriös dekorierten Dampfschiffschloß der Familie Twain in Connecticut samt eigenem Billardsaal wurde es zum bald schalen Running Gag, daß Becky Livy war: Erobert hatte er sie sich mit seinen Briefen, und die beiden liebten einander bis ins hohe Alter so sehr, daß sie von Zimmer zu Zimmer Depeschen schickten, nachdem einer der Ärzte – »Medizinmänner« für Twain – ihm die Besuche bei der herzkranken Livy verboten hatte. Er streifte rastlos durch den Garten und heftete Zettel an die Bäume mit der Bitte, die Vögel sollten sanfter singen, um Livys Bettruhe nicht zu stören. Keine achtundvierzig Stunden hielt er ohne sie durch, und nur murrend ging er auf Tour; doch eine Stunde freier Rede brachte ihm eben mehr Geld ein, als er einst für einen Monat als Lotse auf dem Mississippi verdient hatte, wo ihm sein Pseudonym zufiel. Der Ausruf »mark twain!« verhieß, daß fast vier Meter Wassertiefe, »safe water«, erreicht waren und der Dampfer nicht auf Grund laufen würde – was zugleich ein »Bei mir seid ihr sicher« versprach, und so empfand es auch sein Publikum: Betrat Mark Twain die Bühne, musterte er es zuallererst aus seinen blauen Augen, als erwartete er, daß die Zuhörer ihm was bieten würden. Einmal sagte er minutenlang gar nichts, starrte die Emporen hoch, plötzlich kicherte jemand, und der Saal brach in Gelächter aus – so schlug die Geburtsstunde der Komik aus der bloßen Anwesenheit einer Person. Durch Mark Twain wurde der Humor zu einer Weltmacht erklärt. Seine Maximen über die Vor- und Nachteile des Masturbierens in aller Öffentlichkeit ließ er, kaum verwunderlich, weg, wenn Livy in der Nähe war.

Gemeinsam mit seinen Töchtern war sie seine drakonisch gestrenge Lektorin, eine Art Jüngstes Gericht seiner Meisterschaft: Er ahnte voraus, was sie ihm streichen würde, und salzte seine Manuskripte mit den gröbsten Unflätigkeiten, damit sie über das weniger Anrüchige hinwegsah und mithin alles, was er »drinhaben« wollte, unbeanstandet stehenließ. »Manchmal strich sie zu wenig weg, und ich strich es selbst. Es hatte seine Schuldigkeit getan: Meine Töchter hatten gelacht – und Livy auch.« Zu einem wahren Christen, alkohol-, nikotin- und zornesfrei, bekehrte sie ihn nie: Kaum daß sie verheiratet waren, hatte das Gezerre um seine Gewohnheiten begonnen, das er – Meister in der Kunst, mit dem Rauchen nicht aufzuhören – erpresserisch immer für sich entschied: »Wenn Du es wirklich wünschst, schwöre ich den Zigarren ab – Du würdest Deine Kirchenbesuche ja auch einstellen, wenn ich Dich darum bäte.« Gefürchtet waren seine wahren Vulkanausbrüche gegen die Religion. Hatten die aufgeklärten Salons sich darüber empört, daß man die meisten Stellen in der Bibel nicht wirklich verstünde, setzte Mark Twain noch einen drauf: Ihn beunruhigten darin gerade jene Passagen, die er nur allzu gut verstünde. Wandte der Großindustrielle Andrew Carnegie einmal ein, Amerika sei eine auf christlichen Grundsätzen fußende Nation, versetzte Twain: »Wie die Hölle, mein lieber Carnegie, wie die Hölle.«

Deshalb auch schlägt im »Huckleberry Finn« von 1885 Hucks bibelinnige »Sivilisierung« durch die Witwe Douglas so abgrundtief fehl. Doch hat er bei ihr genug Orthographie eingetrichert bekommen, um wenigstens seine Memoiren schreiben zu können – wenn auch »free-wheeling«, in freier Manier, und in einer Haltung, die gegen alles verstößt, was in den USA des neunzehnten Jahrhunderts als »Zivilisation« in Ehren zu halten war: gegen den Glauben, »Neger« seien die zur Dienstbötigkeit bestimmte Rasse schlechthin; das verbriefte Recht, jeder dürfe eine Waffe mit sich führen; gegen gottbegnadete Erweckungshysterie, Gebote zur richtigen Lebensführung – »Man sollte bei der Lektüre von Glücksratgebern vorsichtig sein, man könnte an einem Druckfehler sterben« – und gegen das »schöne Schreiben«, um das sich Huck ebensowenig schert wie um den altbiblischen Moses. »Von Toten halte ich nichts.« Huck Finn ist von solch blendender Unbesonnenheit beseelt, daß man als Ersatz für den übel beleumdeten Fluch »F**k it« ein jugendfreies »Huck it!« in Umlauf bringen sollte.

Immer auf der Jagd »nach dem größeren Wild, den Massen«, bestand Twain teils aus sich, teil aus jedem einzelnen seiner Leser und setzte in seinem »Huckleberry Finn« die Unabhängigkeitserklärung der Literatur Amerikas wider Europa auf, das ihm »außerordentlich mißfiel« mit seinen Opern und den hysterisch schmetternden Chören Bayreuths, die sich für ihn so anhörten, als steckte er in einem brennenden Waisenhaus fest. Im »Huckleberry Finn« ist »Walter Scott« denn auch kein abendländischer Autor, sondern ein nach ihm getauftes sinkendes Wrack mit drei Mördern an Deck. Und der Roman wurde schon deshalb zum Mythos, weil wir während der Lektüre wie unter Zauberbann Huck Finn sind und damit Mark Twain – ein Erwachsener in Teenagergestalt. Und dabei fiel ihm nichts schwerer als dieses Buch.

Doch als er seinen Mississippi erneut bereist hatte, um erleben zu müssen, daß nach dem Bürgerkrieg die Sklavenbefreiung im Süden gründlich schiefgegangen war, wuchs sich die geplante Fortsetzung des »Tom Sawyer« zu dessen Widerpart aus. Wie er dafür täglich seinen Federhalter »im Höllenfeuer gehärtet« hatte, blieb lange unbemerkt: Twain wollte alle verurteilen und hinterließ wider Willen in gesäuberten Ausgaben ein vermeintliches Jugendbuch. So wähnt auch ein jeder, er wüßte, was drinsteht, und irrt: Handelt Homers »Odyssee« etwa nur davon, wie ein Krieger die Gefahren des Mittelmeers umsegelt, nur um die Freier seiner Frau zu massakrieren? Und genausowenig sind im »Huckleberry Finn« ein vierzehnjähriger Zuckerfaßbewohner und »Nigger Jim« einfach nur ein paar leichtsinnige Abenteuer lang den Mississippi stromabwärts in Richtung Selbstbestimmung unterwegs. Bei Nacht und Nebel steuern sie an der Siedlung Cairo und damit an jenen Staaten im Nordosten vorbei, die frei sind von Sklaverei, und wo auch immer sie nun ihr Floß vertäuen, geraten sie in ein vorderhand verschlafenes Inferno, das sich als zufrieden gemütliche Dorfidylle tarnt, lynchfröhliche Massen und sinnlos verfehdete Sippen, die unwissentlich den abendländischen Rosenkriegsadel nachäffen – an »Nigger« jagende Damen und zwei Halunken, die sich als König und Herzog ausgeben und, in einer bizarren Volte gegen Europa und den amerikanischen Europa-Enthusiasmus, Shakespeare-Monologe verunstaltend umarrangieren: »Sein oder nicht sein, das ist des Pudels Kern.«

In einer solchen Welt kommt man nur mit Lügen weit, und so wie Huck den Autor von »Tom Sawyer« zu Beginn seiner Lebenserinnerungen der Flunkerei bezichtigt hat, so lügt er für Jim, den entlaufenen Sklaven. Der ist immerhin seine dreihundert Dollar wert, und es hat in der Literatur selten einen berührenderen Moment gegeben als den, da Huck hin- und hergerissen ist zwischen dem ihm angetrimmten Gewissen, das eine Todsünde darin sieht, Jim nicht zu verraten, und seinem Mitleidsinstinkt: Er entscheidet sich für Jim und glaubt nun, zur Hölle fahren zu müssen – »All right, then, I'll *go* to hell«. Nichts läßt den Leser die Erbärmlichkeit des Rassismus furchterregender spüren als jene Schlußkapitel, in denen Tom Sawyer den vom »König« gegen Schnaps verkauften Jim einem Fluchtplan unterjocht, obwohl der längst frei ist, nur um seine aus Walter Scott und Casanova zusammengekleisterten Phantasien befriedigen zu können – die finale Kritik an einem Europa, das gerne vergißt, wer mit der Versklavung der afrikastämmigen Menschheit begonnen hat. Da Tom Jim für seine belletristischen Spielchen noch einmal zum »Nigger« erniedrigt, beendet Huck sein Buch mit der Absage an alle Literatur, auch die seine: Hätte er gewußt, wie schwer es sei, »ein Buch zu machen«, hätte er es erst gar nicht versucht, und »ich tu's auch bestimmt nicht noch einmal«.

Die einzige Hintertür, die sich ihm öffnet – die Flucht vor dieser »Sivilisation« gen Westen – steht im Schatten von Jims Prophezeiung, Huck werde am Galgen enden: Twain hatte zehnjährig dem langsamen Galgentod des »Niggerfreundes« Robert Hardy zuschauen müssen, »die lieben Leute kamen von weither und machten mit Kind und Kegel, Apfelwein und Kuchen ein Picknick daraus«. Für solcherlei, schrieb Twain, werde der ganze Süden bis zum Weltenende büßen müssen, und dehnte seinen Groll zuerst auf die eigene Familie, die von Sklavenhaltern abstammte, und dann auf die Menschheit an sich aus: »Ich kann mir nicht helfen«, knurrte er, »aber ich bin von Adam und Eva enttäuscht.«

Ein Jahr vor seinem Tod war er vor lauter Bitterkeit nicht imstande, der Beerdigung seiner Tochter Jean beizuwohnen, die bei einem epileptischen Anfall am Weihnachtstag in der Badewanne ertrunken war. »Jedes Haus, das ich bewohne, weihen die Geister meiner Toten für mich ein.« Livy und zwei seiner Töchter hatte er überlebt, und im letzten Jahrzehnt kleidete er sich nurmehr in weißen Flanell, wie um dem wesensgemäß schwarzgewandeten Tod einen Streich zu spielen. Mehrmals erreichten Nachrichten von seinem Ableben eine betrübte Öffentlichkeit, die er dahingehend korrigieren mußte, daß »diese Neuigkeiten reichlich übertrieben« seien: »Schon die Beschuldigung, ich läge im Sterben, ist einfach nicht wahr. Ich würde so was niemals zu meinen Lebzeiten tun.« Der englischen Königin teilte er beiläufig mit, er sei im Begriff, Windsor Castle zu kaufen, und inzwischen war er dermaßen berühmt, daß selbst ein an »Mark Twain / Irgendwo (Versuchen Sie's bei Satan)« adressierter Fanbrief sicher zu ihm fand: »Ich war ja auch Satan immer freundlich gesinnt.« Wer wußte schon, ob er dessen Sympathie nicht irgendwann noch dringend nötig hatte? Twain würde sich im Jenseits nur schwer entscheiden können, auf welche der beiden Seiten er sich schlagen sollte – für den Himmel des gutes Wetters wegen … oder doch für die Hölle: »Dort ist man in interessanterer Gesellschaft.«

KAPITEL 49

NUR RAUS HIER

Salman Rushdie

Was sie wollen? Das übliche: Entlassung politischer Häftlinge, einen eigenen Staat, Lösegeld, freies Geleit in ein Land ihrer Wahl – vier Terroristen haben die Boeing 747 von Bombay nach London in Geiselhaft genommen. Und zwei islamvertraute Inder, der englandverliebte Synchronsprecher Saladin Chamcha und der berühmteste aller Bollywoodstars, Gibril Farishta, der verehrt wird wie ein Gott, kommen nebeneinander zu sitzen und ins Plaudern: Nacht um Nacht, quengelt Gibril Farishta in Saladin Chamchas Ohr, sei er nichts Geringeres als Allahs Sprechstundenhilfe für Mohammed. Er träume, wie er als Erzengel Gabriel zeitenverquer im siebten Jahrhundert nach Christus dem Propheten »Das Buch«, den Koran, eingibt. Ist Mohammed ratlos, schicken ihn seine Freunde zu Gabriel. Warum gerade zu ihm, Gibril Farishta? Bestraft ihn Allah dafür, daß er vom »Islam«, der Religion der »Unterwerfung«, abgefallen ist? Manchmal gelingt ihm sogar die Doppelrolle, dann spielt er beide, Engel und Prophet, der eine fürchtet sich vor dem je andern – und Gibril Farishta um seinen Verstand.

Die entführte Boeing 747 kreist indes zitternd über Englands Küste, ihre Treibstoffanzeiger sinken gegen null, Tavleen, die Martyriumsmunterste im Terroristenquartett, zündet die Granaten unter ihrem Gewand, und das Flugzeug bricht, um den ersten Januar 1985 herum und kurz vor Tagesanbruch, mitten entzwei. Nur die beiden Mimen, Gibril Farishta und Saladin Chamcha, überleben. Sie fliegen bald fröhlich, bald verbissen singend auf London hinab und tragen in ihrem rasend schnellen Fall einen unwahrscheinlichen, ja unmöglichen Sängerwettstreit aus. Wer aber wirkt dieses Wunder?

Salman Rushdie natürlich, der Gibril Farishta Monate später auch als Gott und Satan in allmächtiger Personalunion erscheint, mittelgroß, bebrillt, und der mit seinem gestutzten, graumelierten Backenbart einem kurzsichtigen Stadtschreiber gleichsieht, um Farishta an den erzenglischen Auftrag zu erinnern, London zu bekehren – und uns an die Möglichkeit, daß jegliche Offenbarung, sei es die des Koran oder der Bibel, unsere Erfindung sein könnte: ein Roman, nichts weiter, wie »Die satanischen Verse« auch. Müßte man sich dann aber nicht für den Glauben schämen, mit dem Namen Gottes jede Greueltat rechtfertigen zu können?

Seit seinem Fall vom Himmel ist Gibril Farishta mit einem Heiligenschein gesegnet; Saladin Chamcha hat sich in ein teufelgleiches Untier verwandelt aus Fell, Bockshörnern und Schwanz. Die Flucht aus dem Irrenhaus gelingt Chamcha nur kraft ähnlich phantastisch mutierter Emigranten: Sie sind den Bildern unterworfen, die sich die fremdenfeindliche Polizei von ihnen macht, und so werden aus Nigerianern Affen und aus Senegalesen glibbrige Schlangenmenschen. Gibril Farishta mimt in seinen Träumen unterdessen tapfer den Erzengel weiter, flüstert dem Propheten Mohammed Verse ein, die neben der Anbetung Allahs den Mehrgottglauben in Mekka erlauben und die Mohammed dann als halbherzig und »satanisch« verwirft. Dreist gespenstert durch Gibril Farishtas Nächte auch der palmweinanfällige Schreiber Mohammeds, nicht aus Zufall »Salman« geheißen, der zur Echtheitsprobe erfundene Suren in den Koran einstreut, bis Mohammed es merkt und ihm mit der Hinrichtung droht. Seine Blasphemie werde ihm nie zu verzeihen sein. Gibril Farishtas Phantasien nehmen immer drastischere Ausmaße an: Auf Mekka hageln täglich neue Verbote herab; alle Bordelle außer dem »Hidschab« werden geschlossen, wo sich die zwölf Prostituierten zur unendlichen Freude ihrer Kunden als die zwölf Frauen des Propheten verführerisch verschleiern und derart innig mit ihrer neuen Identität verwachsen, bis sie vor demütigster Unterwürfigkeit fast durchsichtig sind. Während Saladin Chamcha sich, in Bombay zurück, mit seinem krebskranken Vater und Indien versöhnt, weiß Gibril Farishta zuletzt keinen anderen Weg als den Suizid, um seiner Erzengelrolle ledig zu sein. Sie sollten beide zusehen, sagt Chamchas Geliebte zuletzt, daß sie hier schleunigst rauskämen, und meint damit neben dem Roman jeden religiösen Wahn, der Tote braucht, auf daß er selbst am Leben bleibt.

1989 lag der Imam Khomeini im Sterben und mit ihm die Revolution in Iran, und um die Gläubigen wieder hinter sich zu vereinen, hetzte er sie, kaum war dieser Roman erschienen, zur Exekution des Autors auf: Wer dabei umkomme, gehe als Märtyrer im Namen Gottes ein ins Paradies. »Möge Allahs Segen«, beschloß er sein Urteil, »über euch allen sein«. Die Berliner Mauer fiel, und eine andere wurde errichtet. Bei Verbrennungen des Buches sah man den vor frommer Wut verzerrten Gesichtern die Begeisterung über die Anwesenheit der internationalen Presse an. Rushdie verschwand in bodyguardbewehrter Anonymität, und sein Roman war nurmehr ein Stichwort auf den Titelblättern der Tageszeitungen, wo zu lesen war, selbstverständlich sei es legitim, so was wie »Die satanischen Verse« mal zu schreiben, wenn es auch für den Weltfrieden ersprießlicher gewesen wäre, hätte Rushdie sich an Freundlicherem versucht: Der Westen bangte um sich. Premierministerin Margaret Thatcher und der Erzbischof von Canterbury brachten ehrliches Verständnis für den Zorn Khomeinis auf. Was wäre Toleranz denn auch wert, wenn man die Intoleranten nicht tolerierte?

Und wie so mancher Vielgereiste seither hat sich auch der Bibliothekar des Paradieses auf dem Weg aus London von einem Taxifahrer mit weitausgreifender Geste darüber belehren lassen, ganz Großbritannien werde in Bälde muslimisch und durch die Hinrichtung Rushdies von »der Verderbtheit des Westens« gereinigt sein. Ob er »Die satanischen Verse« denn gelesen hätte? »Natürlich nicht«, erwidert der Fahrer, sie seien ja gotteslästerlich. Worauf der Bibliothekar das Taxi anhalten läßt, bezahlt und dabei rasch berichtet, wie irische Bauarbeiter, als sie in Birmingham das Fundament für eine neue Moschee legten, eine Ausgabe der »Satanischen Verse« im feuchten Beton versenkten: »Ihr muslimisches England ist auf Salman Rushdie errichtet«. Dann steigt er beklommen aus und verschwindet mit einem »as-salāmu alaikum« im Nebel – unterwegs auf die Kanalinsel Guernsey, von der er einst gekommen war.

KAPITEL 50

WOHIN DU DICH IMMER FLÜCHTEN KANNST

Victor Hugo

Erst nachdem ein Beteiligter dem Wahnsinn verfallen war, ließ Victor Hugo majestätisch verdrossen von seinen Geisterbeschwörungen ab. Wie niemand zuvor hatte er die Autorität des Todes gebrochen, als der runde, dreibeinige Tisch sich drehte und ihm leise pochend die ersehnten Botschaften aus dem Jenseits sandte wie die Taube der Arche Noahs in den Wassermassen der Sintflut die Aussicht auf rettendes Land.

Mit servilem Eifer notierte Hugo nächtelang die Zwiegespräche mit seiner bei einem Bootsausflug ertrunkenen Tochter und all den verstorbenen Größen, in deren Kreis er sich bereits zu Lebzeiten aufgenommen sah. Er schrieb die erste Szene eines neuen Theaterstücks von Shakespeares Hand auf französisch ins reine und dabei zu einem hugoesken Drama um. Und wie betört lauschte er der tiefseufzenden Klage Napoléon Bonapartes, hätte er doch, statt seine vergeblichen Schlachten zu schlagen, Hugos »unsterbliche Verse« verfaßt. Gott beteuerte ihm gar, Satan, dem einstigen Engel des Lichts, der so viel an blendender Schönheit aus dem Paradies mit sich gerissen hatte, als er vom Himmel fiel, werde dort wieder Einlaß gewährt, wenn die

Geschichte der geschundenen Menschheit ihr Ende fände. Und für sie schuf Victor Hugo mit »Les Misérables«, den »Elenden«, eine Kathedrale in Romangestalt – wie Notre-Dame de Paris, worin er vor Jahren mit Hilfe des Glöckners Quasimodo eine Zigeunerin hatte Schutz suchen lassen, die zum Feuertod verurteilt worden war.

Nun aber zersetzten ihm seine Séancen die Realität. Unklar wurde die Grenze zum Traum. Berufsangst schnürte Hugo die Kehle zu: Die »Gäste von drüben« plauderten, als er eines Abends bei einer der Séancen nicht zugegen war, den tags zuvor neugefaßten Titel seines Buches aus, der nur ihm allein bekannt war. Stand nun zu befürchten, daß sie das geistige Urheberrecht auf sein Werk reklamieren würden? Diese Vermessenheit trieb ihn zu noch unverfrorenerer Eigenwilligkeit an. Warum sollte er seine Kunst, die Leser staunen zu machen, mit seinem Monumentalroman nicht wie letztmalig auf die Probe stellen?

Von seinem Kanalinselfelsen überblickte er die offene See unter Donner und die leicht zerbrechlichen Schiffe, die mit dem Meer kämpften wie mit einem Kraken, klebrig und kalt und durchdrungen von Haß. Hand aufs Herz: Gott hatte bei aller Contenance seine Schöpfung nicht glücklich zu vollenden vermocht und sein irdisches Personal selten unter Kontrolle halten können; Hugo eilte schreibend herbei, rief auf die Barrikaden, forderte, deklamierte, machte rückgängig und besserte nach. Mochte er in den Augen mancher durch seine Allmachtsphantasien zu einer untergangsverurteilten Absurdität verkümmert sein: die Gewißheit, es existiere ein Gott, der selbst dem Teufel vergab, war auch kompositorisch von Vorteil. Ohne sie hätte Hugo die Unabsehbarkeit der »Elenden« nie in Angriff genommen und kaum zur Vollendung gebracht.

Darum auch ist die eigentliche Hauptfigur des Romans weder der ehemalige Sträfling Jean Valjean noch der allesverzeihende Bischof Myriel, der Valjean für das Gute gewinnt, indem er ihm die silbernen Kandelaber schenkt, die Valjean ihm hatte stehlen wollen. Noch ist es die zur Prostitution genötigte Fantine oder ihre bald verwaiste Tochter Cosette, die Jean Valjean vor dem Höllengespann Thénardier in Sicherheit bringt; auch nicht der literaturbesessene Monsieur Mabeuf oder der gestreng gesetzesgläubige Inspektor Javert mit seinen Gestapoaugen, der Jean Valjean lebenslänglich verbittert verfolgt und durch ihn die Gnade für sich entdeckt. In der Mitte der »Elenden« steht hoheitlich immer ihr Schöpfer, Victor Hugo, ein gottgleicher Ich-bin-der-ich-bin-Erzähler, der auch »Wir alle« ist – bizarr und bezaubernd in seiner Effizienzverweigerung, seinen Überraschungscoups und pointiert schwelgenden, Tausende Jahre überschwemmenden Satztiraden. »Die Geschichte der Menschen spiegelt sich in der Geschichte der Kloaken wieder. Ein Flaschenboden beichtet die Trunksucht, der Speichel des Kaiphas begegnet dem Erbrochenen Falstaffs, und die Kloake fließt der Stadt in die Kehle zurück, zerklüftet, stinkend, grausam und wild und in ewige Dunkelheit getaucht und vernarbt mit Hiebwunden an ihren Mauern.« In diesem Inferno will Hugo die Existenz Gottes erst gar nicht beweisen – er verweigert sich lediglich dem Gedanken des »Nichts«, das sich gemütlos an dessen Stelle setzt.

Als sich ein Senator vor Bischof Myriel für den Atheismus begeistert, »Der liebe Gott taugt nur für die Elenden! Es lebe die Null! Gottes Totalliquidation! Jenseits des Grabes wartet die Nacht!«, gratuliert ihm Myriel mit hintersinnig herber Ironie zu diesem Erkenntniserwerb: »Ausgezeichnet! Damit haben Sie das Vergnügen, jeder Verantwortung ledig zu sein. Ihnen ist alles erlaubt.« Doch ergeht es der Gegenseite in den »Elenden« nicht besser: Wendet Hugo sich den grimmigen Frömmlern zu, donnert es vollends unbeherrscht in den Hallen des Romans. Eine vom Gebot der Nächstenliebe durchblutete Fabriksaufseherin, die kein Verständnis kennt, entläßt Fantine, die im Spital an eine Barmherzige Schwester gerät und so auch umgehend der Schwindsucht erliegt, ohne ihre Tochter Cosette jemals wiederzusehen: »Kühn, ehrbar und rotbackig steinigt« diese Schwester Perpetua die sterbende Fantine »mit Gott und zornigen Gebeten in den Todeskampf hinein«. Der Roman verachtet alles, was uns lebensfeindlich verneint: sei es, wofür auch immer du dich ausgibst, Atheist, Moslem, Christ. »Auf ein Nein gibt es nur eine Antwort: Ja. Mehr noch als von Brot lebt der Mensch von der Bejahung.« Alles ist etwas. Als Jean Valjean eine Klosterwiese bewußt sich selbst überläßt, »flohen Tausende weißer Schmetterlinge dorthin, und es war ein göttliches Schauspiel, diesen flatternden Schnee des Sommers in Flocken durch die Schatten wirbeln zu sehen.« Klein ist in den »Elenden« niemals klein. »Selbst eine Made hat Gewicht.« Jeder einzelne ist im Innersten ein strahlendes Wunder aus Liebe, Überlebensgröße, Würde, Furcht, Erbarmen und Mut.

So wird bei Hugo jeder eine Zuflucht finden, der an die Menschheit glauben will und an die greifbare Kraft der Literatur. Kaum hat man »Die Elenden« begonnen, tastet man schon den ungelesenen Teil des Romans danach ab, ob noch genug da ist davon – gleich jenem Monsieur Mabeuf, der inmitten seines Gärtchens liest und liest und liest … und darüber einst aufs Heiraten vergaß. Für etwas Essen muß er Buch nach Buch versetzen, im heimlichen Vertrauen darauf, »das Ende seiner Tage noch vor dem Ende seiner Bücher zu erleben«; doch am Ende bleibt ihm keines mehr, und selbstvergessen tapfer tritt er im Juni 1832 in die Straßenkämpfe der Demokraten gegen die Regierungstruppen ein, ruft »Es lebe die Republik!« in die Gassen und fällt durch eine ziellose Kugel hintenüber aufs Pflaster, »die Arme in der Form eines Kreuzes ausgestreckt und den alten, traurigen Kopf dem Himmel zugewandt«. Und Monsieur Mabeuf ist nicht der einzige Märtyrer und weltliche Heilige des Romans.

Zwei Jahrzehnte Zwangsarbeit wegen Einbruchs in eine Bäckerei haben Nummer 24601 alias Jean Valjean das Weinen verlernen lassen; wegen seines gelben Delinquentenpasses sieht er sich im Herbst 1815 von jeder Herberge im südfranzösischen Digne abgewiesen und verstoßen aus der »Familie der Menschheit« wie Satan aus dem Paradies. Aber als ihm Bischof Myriel ein Zuhause gewährt, ist er für Stunden tränenblind: »Ihm war, als sähe er Satan in der Herrlichkeit des Paradieses.« Mit dem Silber des Bischofs sucht er unter dem Namen »Monsieur Madeleine« die erste, verfehlte Lebenshälfte durch eine unbescholtene zweite zu widerrufen, als Bürgermeister von Montreuil-sur-Mer und als vermögender Schwarzglasfabrikant. Indessen verkauft Fantine – von einem Charakterlump der Pariser Bohème geschwängert und sitzengelassen – ihr Haar, ihre beiden vorderen Schneidezähne und der Männerwelt dann den Rest, um den erlogenen Geldforderungen der Pflegeeltern Cosettes, den Thénardiers, nachkommen zu können: »Das Elend bietet. Und die Gesellschaft geht auf den Handel ein.«

Nach Fantines Tod hält Jean Valjean sein Versprechen und befreit die krummgeschlagen stumme »Lerche« Cosette aus der Gastwirtsdiktatur der Thénardiers, für die sie »ein Fischlein« ist, das man schuppen, das man sich zurüsten muß. Aber wie eine eigens auf ihn abgerichtete Dogge ist Inspektor Javert in Paris hinter ihm her und kreist die beiden in den launenhaft verschlungenen Straßen unrettbar ein. Hugo jedoch, immer an Jean Valjeans Seite, verschafft ihm eine weitere Ausflucht, erfindet eine schmale Gasse, von der aus er mit Cosette ins Kloster Petit-Picpus gelangen kann, wo sie Unterschlupf finden und Jean Valjean fünf Jahre lang traurig und glücklich in einem ist – bis Cosette sich zu seinem Kummer in einen Advokaten verliebt. Dennoch schleppt Valjean den beim Barrikadengefecht schwerverwundeten Jüngling wie ein Kreuz auf dem Rücken durch die Abwasserkanäle, den »unterirdischen Ozean von Paris«, und bewahrt auch seinen Tagundnachtschatten Javert vor der Exekution. Der verzweifelt im Angesicht von Jean Valjeans Güte an sich selbst und stürzt sich im Sturm eines rastlosen Hinundherüberlegens in die schwarzen Stromschnellen der Seine.

In der Gräberstadt Père-Lachaise liegt unter einer Eibe in irgendeiner Ecke ein kahler, geschwärzter Stein. Kein Name ist darin eingraviert. Hinzudenken jedoch läßt er sich leicht, »Jean Valjean, 1769 bis 1833«. Er hat dem Advokaten seine Vergangenheit gestanden, der – in seinem Rechtswahn von Abscheu erfaßt – Valjean drängte, sich fernzuhalten von Cosette, die stets das »einzige Floß dieses Schiffbrüchigen« gewesen war. Im Viertel als »Irrer« bespöttelt, wenn er durch die Straßen schlurfte wie ein Gespenst, verfiel Jean Valjean der Vergessenheit und hungerte sich, verkrümmt vor Angst und Einsamkeit in seiner dürftigen Kammer, zu Tode: Einen anderen Ausweg gab es für ihn nicht diesmal.

»Die Elenden« kamen wie eine Nachricht höherer Mächte nach Frankreich: Die Bewohner der Rue de Seine in Paris schreckte am fünfzehnten Mai 1862 um sechs Uhr morgens ein unziemlicher Lärm vor der Buchhandlung »Pagnerre« aus dem Schlaf, wo zerstrittenes Volk Schlange stand wie für Brot; nur wenige Stunden später waren bereits Tausende Ausgaben des Romans verkauft. Als dessen Verfasser wissen wollte, wie sein Werk »sich machte«, telegrafierte er seinem Verleger in Großbritannien die kürzeste Anfrage der Literaturgeschichte, »?« – und der erwiderte: »!«. Jugendliche ließen sich mit dem Buch und einer Fotografie Victor Hugos bestatten; und selbst der kaiserliche Despot Charles-Louis, Napoléon III. Bonaparte, war vom Schicksal Jean Valjeans, Fantines, Cosettes und Monsieur Mabeufs derart ergriffen, daß er für eine Weile eine erfrischend neue Freizeitbeschäftigung im Vergeben von Almosen fand. Spanische Karriereekleriker wollten »Die Elenden« verbrannt wissen, bis das Buch es gar auf den Vatikanindex verbotener Schriften schaffte – eine Art Bestsellerlistenempfehlung, da das päpstliche Verbot den weltmeerweiten Ruhm Hugos nur noch monströser hervortreten ließ. Jeder Streich, den er von der Kritik empfing, verjüngte ihn nur: Mit schmerzlich verzogenen Gesichtern verhöhnten Kollegen »Papa Hugos« Getue um »Gott«, die überspannte Handlung, den allzu »gewöhnlichen Stil«, seine schandbar »naiven Ideale« und die Figuren als bloße, aus den Fugen geratene Gliederpüppchen. Portiersdamen und Herzöge aber, Modistinnen und Bankiers waren mit feuchten Augen »in ihren Seelen zutiefst erschüttert« davon. Und Hugos Gegner insgeheim auch. So war es vorgesehen gewesen, und so trat es ein.

Und als Charles-Louis 1870 geschlagen war, konnte man an einem Bahnhofsschalter in Brüssel einen gedrungenen, weißhaarigen Herrn beobachten, der eine Fahrkarte nach Paris erstand mit einer Stimme, die vor freudig zitternder

Erregung kaum zu verstehen war. Bevor er in die Eisenbahn stieg, blickte er über die Schulter, um sicher zu sein, daß niemand ihm folgte. Jean Valjean hatte neunzehn Jahre Galeere überdauern müssen; nach neunzehn Jahren kehrte sein Schöpfer, dieser gottbegnadete Teufel von Schriftsteller, aus seinem Exil in die Heimat zurück. Manche wollten gesehen haben, wie er weinte vor Glück.

DIE BIBLIOTHEK DER EINSAMEN INSEL

Für jeden Leser das richtige Buch

Im Jahrhundert Victor Hugos ging kein Reisender ohne einen oft schmucken, schmalen Koffer voll der gerade passenden Lektüre aus dem Haus. Noch Roald Amundsen hatte einen bei sich, der auf dem Weg zum Südpol allerdings im arktischen Eis versank – und das einzige, was unserem Polarforscher über Monate blieb, war die Schrift eines wie unter Drogen gesetzten Bischofs, der mit furchterregender Zuversicht seinen Anspruch auf den schwedischen Königsthron geltend machte, gewellte Seite um Seite, bis Amundsen geistig beinah außer Kurs geriet. Darum folgen nunmehr sieben Koffer mit je sieben unanfechtbar vertrauenswürdigen Büchern, die für je eine bestimmte Art von Leser gepackt und alphabetisch nach den Namen der Autoren geordnet sind. Tief durchatmen jetzt: Listen erfordern Geduld.

Dem wählerischen Spannungsleser, der ohne Bücher mit fast schon bedenklich starken Plots überhaupt nicht leben mag, empfehlen sich »Das Evangelium nach Markus« von Jorge Luis Borges, Umberto Ecos »Name der Rose«, Graham Greenes »Menschlicher Faktor«, Homers »Odyssee«, Yann Martels »Life of Pi« (zu deutsch »Schiffbruch mit Tiger«), von Javier Marías »Als ich sterblich war« und die Erzählung »Grube und Pendel« Edgar Allan Poes.

Quantitätsleser, also solche, für die ein Werk unter der Seitenzahl fünfhundert erst gar nicht als »Buch« durchgeht, jene Leser, die unter Schlaflosigkeit leiden oder die auf dem Nachttisch gerne etwas liegen haben, worauf sie sich am Morgen freuen können, bis der Tag zur Neige geht, werden sich in Honoré de Balzacs »Glanz und Elend der Kurtisanen« verlieren wollen und von dort aus dann in der »Menschlichen Komödie« insgesamt, in den »Großen Erwartungen« und in »Unserem gemeinsamen Freund« von Charles Dickens, in Jonathan Franzens »Korrekturen«, in den »Elenden« (oder »Les Misérables«) von Victor Hugo, in der »Kairoer Trilogie« von Nagib Machfus, in Joseph Roths »Radetzkymarsch« und im »Herrn der Ringe« J. R. R. Tolkiens.

Intensitätsfanatiker indes, die – auch aus Zeitmangel – nur schmale Bücher zur Hand nehmen können, die ein Werk in einem Zug durchlesen wollen, um sich noch nach Jahren an den Ort zu erinnern, wo sie es genossen haben, greifen zu »Tlön, Uqbar, Orbis Tertius« von Borges, zum »Großen Gatsby« F. Scott Fitzgeralds und zur »Verwandlung« Franz Kafkas, zu Alice Munros »Freien Radikalen«, Ernest Hemingways »Der alte Mann und das Meer«, zum »Jedermann« von Philip Roth und zur »Dame mit dem Hündchen« Anton Tschechows, die gerade auch alle Verliebten willkommen heißt.

Verliebte, glücklich verliebt oder gerade mal nicht, und solche, die wie durch einen Kleiderschrank in ein Buch treten und sich – bis zum Treuebruch ohne die bekannten Folgen in der Realität – in die Gestalt eines Buches verlieben wollen, werden Jane Austens »Stolz und Vorurteil« und »Anne Elliot oder die Kraft der Überredung« (»Persuasion« im Original) ins Herz schließen können, Charlotte Brontës

»Jane Eyre« zusammen mit der »Sturmhöhe«, den »Wuthering Heights« Emily Brontës, »Mein Herz so weiß« von Javier Marías verstörend, Alice Munros »Der Bär kletterte über den Berg« tröstend, Stendhals »Kartause von Parma« betörend, »Anna Karenina« von Leo Tolstoi und Virginia Woolfs »Mrs. Dalloway« unnachahmlich finden – und Virginia Woolf gehört auch zu denen, »Die Man Gelesen Haben Muß«.

Repräsentations- und Prestigeleser und Rankoholics, die gerne streiten, welches »Das Größte Buch Aller Zeiten« ist, die an die Möglichkeit von »the best of the best of the best of the best« in der Literaturgeschichte glauben und alte wie neuere Klassiker und insgesamt das Kanonische schätzen, werden »Licht im August« von William Faulkner zu würdigen wissen und Gustave Flauberts »Madame Bovary«, »Hundert Jahre Einsamkeit« von Gabriel García Márquez, den »Ulysses« von Joyce, Herman Melvilles »Moby-Dick«, Vladimir Nabokovs »Lolita« und Philip Roths »Amerikanisches Idyll«.

All jene, die nach der Parole »Huck it all!« Ausgefallenes und Mainstream-Abseitiges hochachten, erregen im Freundeskreis und auf Partys unter Fremden Aufsehen mit »Finnegans Wake« von Joyce (solange sie die Handlung skizzieren und ein, zwei Sätze daraus zitieren können), mit den »Kindern unseres Viertels« von Nagib Machfus, David Mitchells »Wolkenatlas« und der Romanirrenanstalt namens »Fahles Feuer« von Nabokov. Den »Butt« von Grass, diesen immerwährenden Tribut an die Lese- und Lebenslust, Marcel Prousts siebenbändige »Suche nach der verlorenen Zeit«, Salman Rushdies prophetische »Satanische Verse« und »Die Schnapsstadt« Mo Yans hat kaum jemand zu Ende oder gar nicht gelesen; und bei letzterem werden

Tischnachbarn anfragen, »Mo – wer?«, und schon kann man ihnen genüßlich den Appetit verderben, indem man ihnen detailgenau das Gericht »Der Storch bringt einen Sohn« aus Mo Yans »Schnapsstadt« beschreibt.

Leser, die – auch lachbereit gestimmt – der Entspannung bedürfen, zumal wenn sie bereits genug Geld für einen Analytiker ausgegeben haben, dessen Couch nie erholsam genug war, werden sich zur selbstverordneten Lektüretherapie und ohne schlechtes Gewissen aufgehoben fühlen bei »The Witches« (oder »Hexen hexen«) und den drei der besten Kurzgeschichten Roald Dahls (»Taste«, »Lamb to the Slaughter« und »Edward the Conqueror«), dem »Grafen von Monte Christo« von Alexandre Dumas, bei Thomas Manns »Joseph und seinen Brüdern«, »Portnoys Beschwerden« von Philip Roth, auf Robert Louis Stevensons »Schatzinsel« und im »Tom Sawyer« und den »Abenteuern des Huckleberry Finn« Mark Twains, die mit dem Hinweis beginnen, wer es unternehme, in diesem Buch eine Moral zu suchen, werde des Landes verwiesen – und wer vorhabe, eine schlüssige Handlung darin zu finden, werde einfach erschossen.

QUELLEN

KAPITEL I

»Les Travailleurs de la Mer«, »Die Arbeiter des Meeres« – so lautet, nach »Notre-Dame des Paris 1482«, dem »Glöckner von Notre-Dame«, und »Les Misérables«, den »Elenden«, der Titel des dritten und letzten Bandes von Victor Hugos Romantrilogie um jene drei Mächte, die ihm zufolge das Schicksal des Menschen bestimmten: die Religion, die Gesellschaft und die Natur, die Hugo im Meer verkörpert sah.

Zum Verständnis Victor Hugos unentbehrlich sind die Biographien Karlheinrich Biermanns (Reinbek bei Hamburg 1998) und Graham Robbs (London 1998), Rainer G. Schmidts Übersetzungen und Kommentare (»Die Arbeiter des Meeres« und »Der Mann mit dem Lachen«, Hamburg 2003 und 2013) und »Victor Hugo: Visionen eines Schriftstellers« (Ostfildern 2008).

Die Vorstellung, Satan werde am Ende der Zeit wieder in den Himmel Einlaß finden, geht auf die altbiblische Vorstellung zurück, Gottes höchster Erzengel, ein Seraph mit sechs Flügeln, Luzifer, »Sohn des Morgenrots«, habe sich aus Stolz gegen Gott verschworen, der ihn dafür aus seinen Gefilden nach unten stieß, wo er einen Krater in die Erde schlug. Der Krater wurde zur allbekannten Hölle und Luzifer zu Satan, häßlich und sinnentleert.

KAPITEL 2

Der Satz, er sei »durch ganze Bibliotheken geschwommen und über alle Weltmeere gesegelt«, ist von Herman Melville, der sich im Ozean der Literatur zu Hause fühlte wie ein Fisch im Wasser. Über die Forschungsinsel Île de la Prise de Possession im Indischen Ozean berichtet Judith Schalansky in ihrem »Atlas der abgelegenen Inseln« (Hamburg 2009).

KAPITEL 3

Die hier und in Kapitel 4 verwendete Übersetzung des »Moby-Dick« stammt von Matthias Jendis, mit einem Nachwort und Kommentar von Daniel Göske (München und Wien 2001). Der Band »Ein Leben« (München und Wien 2004) versammelt Melvilles Briefe und Tagebücher. Die bislang ausführlichste Melville-Biographie – in zwei Mammutbänden – schrieb Hershel Parker (Baltimore 1996 und 2002), der auch die lesbarste englischsprachige Ausgabe des »Moby-Dick« zu verantworten hat, die Norton Critical Edition (New York 2002). Kompakter, aber auch weniger detailfreudig als Parker faßt sich Andrew Delbanco (München und Wien 2007). Die Tragödie der »Ann Alexander« beschreiben »In the Heart of the Sea« (London 2005) und »Why Read Moby-Dick?« (New York 2011) von Nathaniel Philbrick, und den immer noch ausführlichsten Lebenslauf des Allgewaltigen schenkte uns Jack Miles mit »Gott: Eine Biographie« (München und Wien 1996).

Nach dem Alten Testament hat Gott den Leviathan, ein Meeresungeheuer, geschaffen, um mit ihm in den letzten drei Tagesstunden zur Entspannung zu spielen, nachdem er über die Geschicke der Menschheit gebrütet hat. Als »Fluke« bezeichnet man die Schwanzflosse des Wals. »Moby-Dick« war im Showbusiness der Literatur bis zu seiner Wiederentdeckung um 1920 ein Flop, der Melvilles Karriere wie über Nacht ruinierte; dann waren es namentlich William Faulkner und Ernest Hemingway, die den »Moby-Dick« ihr Leben lang zu übertrumpfen suchten.

KAPITEL 4

Die im Anfang dieses Kapitels referierten Geschichten sind teils frei, teils von Alejandro Amenábar, Roald Dahl, Nathaniel Hawthorne, Augusto Monterroso und Sophokles erfunden; der Hexenkessel brodelt zu Beginn von Shakespeares »Macbeth«.

Eigentlich unterscheidet man zwischen Vergleich und Metapher – ein »wie« im Satzgefüge schafft einen Vergleich, der infame Inspektor Javert in den »Elenden« Victor Hugos hat einen zielgeraden und zugleich gewundenen Blick »wie« eine Schraube; Victor Hugo aber wendet eine Metapher auf ihn an: »Sein Blick war eine Schraube, durchbohrend und kalt.«

KAPITEL 5

Die heute maßgebliche deutsche Ausgabe der »Suche nach der verlorenen Zeit« findet sich in den von Luzius Keller herausgegebenen »Werken« Prousts (Frankfurt am Main 1988–2007).

Diesem Kapitel besonders dienlich waren die »Marcel Proust Enzyklopädie« (Frankfurt am Main 2009), der Essay »Im Licht der Finsternis« von Anita Albus (Frankfurt am Main 2011), die Biographien Ronald Haymans (Frankfurt am Main 2002), Michael Maars (»Proust Pharao«, Berlin 2009), George D. Painters (Frankfurt am Main 1980) und Jean-Yves Tadiés (Frankfurt am Main 2008).

Veronal, ein bei Überdosis leicht zum Tode führendes Beruhigungs- und Schlafmittel, wurde 1903 als erstes Barbiturat auf den Markt gebracht. Die Erwiderung Prousts auf die ratlose Amerikanerin ist seinen Briefen und gestrichenen Passagen seines Romans nachempfunden. Der altgriechischen Mythologie zufolge brachte der Titanensohn Prometheus den Menschen das Feuer und wurde von Zeus dafür zur Strafe an einen Felsen im Kaukasus geschmiedet.

KAPITEL 6

Lesern, die des Spanischen nicht mächtig sind, sei Gregory Rabassas englische Übersetzung von »Hundert Jahre Einsamkeit« empfohlen, die Gabriel García Márquez für besser hält als sein Original, »One Hundred Years of Solitude« (in der Everyman's Library Edition, New York 1995). Die bislang einzige deutsche Übertragung stammt von Curt Meyer-Clason (Frankfurt am Main 2004).

Das Kapitel wäre nicht denkbar ohne die journalistischen Arbeiten, den Interviewband »Der Geruch der Guayave« (Köln 1993) und die Autobiographie von García Márquez (»Leben, um davon zu erzählen«, Köln 2002) sowie die Studien und Biographien Gene H. Bell-Villadas (Chapel Hill 2010), Stephen M. Harts (London 2010) und Gerald Martins (London 2008).

KAPITEL 7

»Joseph und seine Brüder« werden zitiert nach den »Gesammelten Werken« Thomas Manns (Frankfurt am Main 1990), Band IV und V.

Vor allem Hermann Kurzkes »Wegweiser durch Thomas Manns Joseph-Roman« unter dem Titel »Mondwanderungen« (Frankfurt am Main 1993) und seine Biographie (München 1999) waren für dieses Kapitel von Bedeutung – sowie diejenige Peter de Mendelssohns (Frankfurt am Main 1997). Das Werk schlechthin zum Porträt Gottes in »Joseph und seinen Brüdern« hat Jan Assmann verfaßt, »Thomas Mann und Ägypten« (München 2006).

Die Europa der griechischen Mythologie war eine Königstochter, die Zeus in Gestalt eines Stiers übers Mittelmeer nach Kreta entführte, wo er eine Affäre mit ihr begann und dabei dem Kontinent seinen Namen gab. Das Vaterunser findet sich in der Bergpredigt des Matthäusevangeliums. »Flattieren« ist, so hört man, als Lehnwort noch heute in den oberen Rängen der Schweizer Gesellschaft in Gebrauch. Das Lamm Gottes, »Agnus Dei«, das laut Isaak in »Joseph und seinen Brüdern« geschlachtet werden soll, ist eines der gängigsten Symbole für Jesus Christus, den man kreuzigte, während rituell Lämmer geschlachtet wurden.

KAPITEL 8

Das Kapitel folgt dem ersten Band der »Obras Completas« (Buenos Aires 1996) und den von Gisbert Haefs und Fritz Arnold edierten »Gesammelte Werken« (München und Wien 1999–2010) in zwölf Bänden.

Unentbehrlich waren hier die mittlerweile klassischen Studien Gene H. Bell-Villadas (Austin 1999) und Naomi Lindstroms (Boston 1990), Peter von Matts »Das Schicksal der Phantasie« (München 1996) und Edwin Williamsons Borges-Biographie (New York 2004).

KAPITEL 9

Die eleganteste Übersetzung des »Lord of the Rings« ist und bleibt diejenige von Margaret Carroux (Stuttgart 1997).

Wer noch mehr über Leben und Werk Tolkiens wissen möchte, konsultiere die »Briefe« (Stuttgart 2002), seinen Essayband »Gute Drachen sind rar« (Stuttgart 2002), die »Nachrichten aus Mittelerde« (Stuttgart 2008), »Das Silmarillion« (Stuttgart 1978) und die Biographien Humphrey Carpenters (München und Stuttgart 1991), Fabian Geiers (Reinbek bei Hamburg 2009) und Tom Shippeys (»J. R. R. Tolkien: Autor des Jahrhunderts« und »Der Weg nach Mittelerde«, Stuttgart 2002 und 2008).

Einlaß in erfundene Welten gewähren Umberto Ecos »Geschichte der legendären Länder und Städte« (München 2013), Alberto Manguel und Gianni Guadalupi mit ihrem »Dictionary of Imaginary Places« (San Diego 1990), Judyth A. McLeods »Atlas der legendären Länder« (Hamburg 2010) und der »Atlas der fiktiven Orte« Werner Nells (Mannheim 2012). Auf die Suche nach dem Schatz des Piratenkapitäns J. Flint macht sich Jim Hawkins in Robert Louis Stevensons »Treasure Island«, der »Schatzinsel«.

KAPITEL 10

»Fahles Feuer« liest sich am besten in Gestalt der von Dieter E. Zimmer gründlich kommentierten »Gesammelten Werke« Nabokovs, Band 10 (Reinbek bei Hamburg 2008).

KAPITEL 11

Bis Anfang des einundzwanzigsten Jahrhunderts war die Homer-Übersetzung von Johann Heinrich Voß kanonisch; dann kam Kurt Steinmann (Zürich 2007), und neugeboren war die »Odyssee«.

Viel verdankt das Kapitel Hans Blumenbergs »Arbeit am Mythos« und dessen »Höhlenausgängen« (beide Frankfurt am Main 1996), Karl Heinz Bohrers Studie »Großer Stil« (München 2007) sowie Jean Delumeaus »Angst im Abendland« (Reinbek bei Hamburg 1989), den »Reisenden Helden« von Robin Lane Fox (Stuttgart 2011), »Homer« von Joachim Latacz (Düsseldorf und Zürich 2003), Burkhard Müllers »Tränen des Xerxes« (Springe 2006), »Homers Heimat« von Raoul Schrott (München 2008) und Marina Warners »No Go the Bogeyman« (New York 1998).

Das Rezept für »Enkel in Senfsauce« findet sich wie zum Nachkochen in Charles Perraults »Sämtlichen Märchen«. Die Sirenen übernahmen die Griechen von Erzählern des Orients, die Erzähler des Orients übernahmen umgekehrt dafür wieder Polyphem von der »Odyssee« für ihre »Sieben Reisen Sindbads« in »Tausendundeiner Nacht«.

Im Jahre 2004 will eine internationale Wissenschaftlergruppe herausgefunden haben, daß sich das Versmaß des Hexameters, in dem Homer seine »Odyssee« schrieb, mit sechs betonten Silben pro Zeile gesundheitsfördernd auf Herzschlag und Atmung auswirken kann.

KAPITEL 12 UND 13

Die getreueste Übersetzung der »Kartause von Parma« ist diejenige Elisabeth Edls (München 2007).

Neben Edls Anmerkungen in ihrer »Kartause« und in »Rot und Schwarz« (München 2004) ist die Darstellung des Phänomens Stendhal in diesen zwei Kapiteln dessen autobiographischen Schriften »Leben des Henry Brulard« (München 1956) und »Lucien Leuwen« (Berlin und Wien 1979) verpflichtet, sodann den Biographien von Robert Alter (Cambridge 1986), Michel Crouzet (Paris 1990), John Keates (London 2009), Michael Nerlich (Reinbek bei Hamburg 1993), Johannes Willms (München 2010) und Stefan Zweig (Frankfurt am Main 2004).

Literarische Kollegenschelten versammelt der Band »Dichter beschimpfen Dichter« (Frankfurt am Main 2006) von Jörg Drews. Die Jakobiner, Mitglieder des wichtigsten politischen Clubs der Französischen Revolution, benannt nach ihrem Tagungsort, dem Dominikanerkloster Saint-Jacques in Paris, lösten sich nach der Exekution Maximilien de Robespierres im November 1794 zwar auf, die Bezeichnung »Jakobiner« aber blieb außerhalb Frankreichs für entschiedene Revolutionsanhänger weiterhin populär.

KAPITEL 14

»Lolita« wird zitiert nach den »Gesammelten Werken« Nabokovs, Band 8 (Reinbek bei Hamburg 1989).

Dieses Kapitel ließ sich nur schreiben dank Dieter E. Zimmers »Wirbelsturm ›Lolita‹« (Reinbek bei Hamburg 2008), der zweibändigen Biographie von Brian Boyd (Reinbek bei Hamburg 1999 und 2005), der Studien und Essays Michael Maars (»Leoparden im Tempel«, Berlin 2007, und »Solus Rex«, Berlin 2007), Azar Nafisis (»Lolita lesen in Teheran«, München 2005), Andrea Pitzers (»The Secret History of Vladimir Nabokov«, New York 2013) und Richard Rortys (»Kontingenz, Ironie und Solidarität«, Frankfurt am Main 1989).

Ewige Bewunderer fand Nabokov in Martin Amis, John Banville, Italo Calvino, John Cheever, Graham Greene, Danilo Kiš, David Mitchell, Joyce Carol Oates, Orhan Pamuk, W.G. Sebald, John Updike und Richard Yates. »Levitation« meint das freie Schweben eines Gegenstands. Bei der »Urszene« beobachtet ein Kind – glaubt man der Psychoanalyse Sigmund Freuds – den Liebesakt seiner Eltern, verdrängt den Anblick dann und wird davon neurotisch: Humbert Humbert verwendet den Begriff also bewußt falsch.

Nabokov soll geweint haben, als er die Szene der Kreuzigung von Dolores Haze niederschrieb.

KAPITEL 15

Großartig übersetzt hat »Mrs. Dalloway« Walter Boehlich (Frankfurt am Main 1997). Das Kapitel stützt sich ansonsten auf alle Essays, Briefe und Tagebücher Virginia Woolfs und auf die Monumentalbiographie Hermione Lees (Frankfurt am Main 1999).

Wer eine besonders schöne Ausgabe der »Verwandlung« Kafkas sucht, sollte nach der von Roland Reuß herausgegebenen greifen, die Tatjana Hauptmann illustriert hat (Zürich 2012). Beim Verständnis Kafkas halfen seine Tagebücher und die Biographien Peter-André Alts (München 2008), Louis Begleys (München 2009), Saul Friedländers (München 2012), Nicholas Murrays (London 2005) und diejenige Reiner Stachs in zwei Bänden (Frankfurt am Main 2004 und 2011). »Kafkas komische Seiten« bebildern Astrid Dehe und Achim Engstler (Göttingen 2011) und »Ist das Kafka?« (Frankfurt am Main 2012).

Und wer ist Tom Buchanan? Eine Gestalt aus dem »Großen Gatsby« F. Scott Fitzgeralds – der einen weiteren Kurzauftritt in Kapitel 19 hat.

KAPITEL 16 UND 17

Die beiden Kapitel gehen auf alle gegenwärtig verfügbaren englischsprachigen Editionen der Werke und Briefe Charlotte und Emily Brontës zurück, auf die Biographien Juliet Barkers (London 2012), Elizabeth Gaskells (London 1997), Lyndall Gordons (London 2008), Elsemarie Maletzkes (Frankfurt am Main und Leipzig 2008), Lucasta Millers (»The Brontë Myth«, London 2001) und Werner Waldmanns (Reinbek bei Hamburg 1990). Gute Übersetzungen »Jane Eyres« stammen von Helmut Kossodo (Frankfurt am Main und Leipzig 1986), Gottfried Röckelein (Düsseldorf und Zürich 2000) und Andrea Ott (Zürich 2001). Als seriöse Übertragung von »Wuthering Heights« ins Deutsche empfiehlt sich die »Sturmhöhe« von Grete Rambach (Berlin 2011).

Arthur Wellesley Wellington siegte über Napoléon Bonaparte in der Schlacht von Waterloo 1815. »Albion« ist ein keltischer Name für die Britischen Inseln. Und »to make love to someone« bezeichnet sowohl Liebeswerben wie Liebesakt.

KAPITEL 18

Zitiert wird William Faulkners »Licht im August« in der Übersetzung von Helmut Frielinghaus und Susanne Höbel (Reinbek bei Hamburg 2008), geprüft an der Library of America Edition der »Novels 1930–1935« (New York 1985) und an Hugh M. Ruppersbergs Kommentar zu »Light in August« (Jackson 1994).

Unerläßlich für dieses Kapitel waren die Faulkner-Biographien von Joseph Blotner (New York 1991), Édouard Glissant (Heidelberg 1997), Peter Nicolaisen (Reinbek bei Hamburg 1981), Stephen B. Oates (Zürich 1990), Jay Parini (New York 2005) und Philip Weinstein (Oxford 2010).

KAPITEL 19

Die Cambridge Edition des »Great Gatsby« von 1991 ist die zuverlässigste, und das Kapitel beruht zudem auf dem Gesamtwerk Scott Fitzgeralds, der Briefsammlung »Dreams of Youth« (London 2011) und dem Familienalbum »The Romantic Egoists« (Columbia 2003). Die dem Original am nächsten benachbarten Übertragungen des »Great Gatsby« sind diejenigen Bettina Abarbanells (Zürich 2006), diejenige Reinhard Kaisers (Berlin 2011) und die von Lutz-W. Wolff (München 2011). Die lesbarste Biographie ist nach wie vor »Some Sort of Epic Grandeur« von Matthew J. Bruccoli (Columbia 2002).

Neu übersetzt wurde Ernest Hemingways »The Old Man and the Sea« von Werner Schmitz (Reinbek bei Hamburg 2012). Wichtig für das Kapitel, was Hemingway betrifft, waren seine Essays »On Writing« (New York 2004), die Memoiren »Paris, ein Fest fürs Leben« in der Urfassung (Reinbek bei Hamburg 2011) sowie die Biographie Paul Hendricksons (New York 2011). Für die Übersetzung der Textpassagen beider Autoren ist der Verfasser verantwortlich.

Die Prohibition – das Verbot der Herstellung, der Einfuhr und des Verkaufs alkoholischer Getränke – führte in großem Umfang zu Schmuggel und Schwarzbrennerei; allein in New York entstanden dreißigtausend sogenannte Speakeasies, Flüsterkneipen, in denen das inspirierende Naß eben illegal ausgeschenkt wurde; da destillierter Alkohol, der Whisky allen voran, leichter herzustellen war als Bier oder Wein, trank man im Jahrzehnt der Prohibition davon mehr als jemals zuvor in den USA.

Der auf Scott Fitzgeralds Begräbnis aus dem »Gatsby« zitierende Trauergast war die Schriftstellerin Dorothy Parker.

KAPITEL 20

Beschwichtigende Nachrichten über die Liaison zwischen Schriftsteller und Narkotika bescherte der Nachwelt natürlich ein Schriftsteller: Kingsley Amis in seinem Buch »Anständig trinken« (Berlin 2008), das – nimmt man es als Lebensratgeber – »Wie man richtig säuft« zu heißen hat. Weniger nachsichtig beschäftigten sich mit derselben Liaison Kelly Boler (»A Drinking Companion«, New York 2004), Tom Dardis (»The Thirsty Muse«, New York 1989) und Donald W. Goodwin (»Alkohol & Autor«, Frankfurt am Main 2000). Roger Scruton machte die Liaison philosophisch salonfähig in »Ich trinke, also bin ich«, »I Drink Therefore I Am« (London 2010).

Jener Schriftsteller, der sich während seiner Spaziergänge seine Romane »erging«, wie er es nannte, und eine Weile eine eigene Bar betrieb, war Georges »Kommissar Maigret« Simenon, der berühmte Opiumliebhaber Graham Greene. Die meisten Experten sind sich darin einig, daß der Wein beim Letzten Abendmahl roséfarben, süß und ansonsten geschmacklich dem heutigen Sherry verwandt war; Christus und Apostel tranken ihn bei Zimmertemperatur. Die aberstreng katholische Queen »Bloody Mary« Tudor ließ während ihrer Regierungszeit zwischen 1553 und 1558 um die dreihundert Protestanten hinrichten.

KAPITEL 21

»Der Graf von Monte Christo« wurde nach der deutschen Erstausgabe 1846 übersetzt von Thomas Zirnbauer (München 2002).

Unerläßlich für die Niederschrift des Kapitels waren »Das große Wörterbuch der Kochkunst« (Wien 2005), die Dumas-Biographien von Günter Berger (München 2002) und Dominique Fernandez (»Die zwölf Musen des Alexandre Dumas«, Berlin 2002) und die »Geschichte des Lesens« von Alberto Manguel (Berlin 1998).

Charles Baudelaire, Umberto Eco, William Faulkner, Ernest Hemingway, Victor Hugo, Gabriel García Márquez und Robert Louis Stevenson blieben zeitlebens fanatische Leser von Dumas. »Château d'Yquem« ist ein beispiellos aufwendig erarbeiteter Süßwein in Weiß aus der Ortschaft Sauternes südöstlich von Bordeaux. Der Titel des Kapitels verdankt sich dem Brief an die Römer des Apostels Paulus.

KAPITEL 22

Yann Martel lese man in der illustrierten Originalausgabe »Life of Pi« (Edinburgh 2007) oder in der Übersetzung »Schiffbruch mit Tiger« von Manfred Allié und Gabriele Kempf-Allié (Frankfurt am Main 2003).

Bei diesem Kapitel halfen »India Calling« von Anand Giridharadas (Neu-Delhi 2011), die »Memoria passionis« von Johann Baptist Metz (Freiburg 2006), »Gods, Demons, and Others« von R. K. Narayan (London 2001), Robert Spaemanns »Unsterbliches Gerücht« (Stuttgart 2007) und Charles Taylors »Säkulares Zeitalter« (Frankfurt am Main 2009).

Ein Pandit ist ein Hindu-, ein Imam ein Korangelehrter und die Brailleschrift die von Louis Braille 1825 entwickelte und noch immer gebräuchliche Blindenschrift. Den Namen für den Frachter »Tsimtsum« – das Wort für »Schöpfung« – hat Yann Martel der jüdischen Kabbala-Mystik Isaac Lurias entnommen.

KAPITEL 23

»The Human Factor« übersetzte Edith Walter (München 2011).

Das notgedrungen irrlichternde Porträt Graham Greenes verdankt sich der Lektüre aller seiner Briefe, Essays und Interviews, Peter von Matts »Intrige: Theorie und Praxis der Hinterlist« (München und Wien 2006) und Kim Philbys »My Silent War« (New York 2002). Wer Greene als unsympathischsten aller Schriftsteller gezeichnet sehen möchte, wende sich an Michael Shelden (New York 1994), wer die Komplexität vorzieht, an die drei Bände Norman Sherrys (New York 2004).

Jener Kollege, der Greene zum Papst seiner Träume ernannte, war Giuseppe Tomasi di Lampedusa, Verfasser von »Il Gattopardo«, dem »Leoparden«, 1963 verfilmt von Luchino Visconti.

KAPITEL 24

Philip Roths drei Romane, »Portnoys Beschwerden«, »Amerikanisches Idyll« und »Jedermann«, übersetzte Werner Schmitz (München und Wien 1998, 2006 und 2009).

Das Kapitel fußt auf dem Gesamtwerk Roths, das in der neunbändigen Library of America Edition, New York, zwischen 2005 und 2013 erschienen ist, auf den Essaybänden »Eigene und fremde Bücher, wiedergelesen« (München 2007) und »Shop Talk« (München und Wien 2004), dem von Timothy Parrish herausgegebenen »Cambridge Companion to Philip Roth« von 2007 sowie auf den Studien und Biographien Thomas Davids (Reinbek bei Hamburg 2013), David Gooblars (»The Major Phases of Philip Roth«, London 2011), Volker Hages (München 2008), Elaine B. Safers (»Mocking the Age«, Albany 2006) und Mark Shechners (»Up Society's Ass«, London 2011).

Die »Weathermen«, benannt nach einer Zeile aus Bob Dylans »Subterranean Homesick Blues«, waren eine militant kommunistische Untergrundorganisation in den USA. Als Anhänger Ho Chi Minhs und Nordvietnams spalteten sie sich 1970 von den »Students for a Democratic Society«, dem SDS, ab.

KAPITEL 25

Die »Kairoer Trilogie« und »Die Kinder unseres Viertels« übertrug Doris Kilias (Zürich 1995 und 1996).

Eine der vielen Frauen, die quer durch Europa öffentlich Zigarren rauchten, war die französische Schriftstellerin George Sand; sie starb genau zwei Jahre vor Aminas Geburt. Da sich Nagib Machfus für die Versöhnung zwischen der arabischen Welt und Israel einsetzte, mußte er sich den Groll selbst seiner innigsten Freunde gefallen lassen. Die Muslimbruderschaft hielt Machfus für das Ende der islamischen Zivilisation.

Wichtig dafür: Alaa al-Aswanis »Im Land Ägypten: Am Vorabend der Revolution« (Frankfurt am Main 2012), »The Mahfouz Dialogs« von Gamal al-Ghitani (Kairo 2007), J. M. Coetzees »Stranger Shores« (London 2002), Steven A. Cooks »The Struggle for Egypt« (Oxford 2012), Rasheed El-Enanys »Naguib Mahfouz: Egypt's Nobel Laureate« (London 2007) und »Naguib Mahfouz: The Pursuit of Meaning« (London 1993), Albert Houranis »Geschichte der arabischen Völker« (Frankfurt am Main 1992), Ashraf Khalils »Liberation Square« (New York 2011) und »The Last Station: Naguib Mahfouz Looking Back« von Mohamed Salmawy (Kairo 2007).

KAPITEL 26 UND 27

Die den Originalen verwandtesten Übersetzungen von Jane Austens »Pride and Prejudice« haben Ursula und Christian Grawe (Stuttgart 2008) und Helga Schulz (München 2010) verfaßt, die von »Persuasion« abermals Ursula und Christian Grawe (Stuttgart 2007) und Sabine Roth (München 2010).

Um ein leidlich abgerundetes Bild Austens gewinnen zu können, benötigt man die »Letters« (Oxford 2001), die beiden Studien Claudia L. Johnsons, »Jane Austen: Women, Politics, and the Novel« (Chicago 1988) und »Jane Austen's Cults and Cultures« (Chicago 2012), Maggie Lanes »Understanding Austen: Key Concepts in the Novels« (London 2012), Deidre Le Fays »Jane Austen: The World of Her Novels« (London 2003), Felicitas von Lovenbergs Porträt (Frankfurt am Main und Leipzig 2007), »What Matters in Jane Austen?« von John Mullan (London 2012) und Claire Tomalins Biographie (London 2000).

Als »Aphorismus« bezeichnet man einen schlagkräftigen Sinnspruch, der eine immer »tiefsinnig« gemeinte, manchmal paradoxe Einsicht zum Ausdruck bringen will wie etwa diejenige Oscar Wildes, Versuchungen seien nur dazu da, damit man ihnen erliegen könne. Es gibt eine Kurzgeschichte des amerikanischen Erzählers Donald Barthelme, die die Gespräche zwischen Goethe und seinem Sekretär Eckermann neu erfindet und sich dabei über ihre Aphorismenfindigkeit lustig macht: »Kritiker«, sagt Goethe da, »sind der zersprungene Spiegel im großen Ballsaal des schöpferischen Geistes.« Nein, entgegnet Eckermann, »sie seien vielmehr das zusätzliche Gepäcksstück auf dem großen Cabriolet des begrifflichen Fortschritts«. Daraufhin Goethe: »Eckermann, *halten Sie das Maul!*« (»Forty Stories«, London 2005). Die Übersetzung dieses Wortduells stammt vom Verfasser.

Eigentlich verfügt Fitzwilliam Darcy über Einnahmen von zehntausend Pfund im Jahr – eine Summe, die nach heutigem Wert fünfzehnfach so viel wäre.

KAPITEL 28

Die einzig gültige, weil fehlerlose Ausgabe von Joseph Roths »Radetzkymarsch« ist die der Erstfassung von 1932 mit einem Nachwort von Eva Demski (Zürich 2010). Davon abgesehen kommt man, wenn man sich in Roths Universum versenken will, an seinen »Werken« in sechs Bänden (Köln 1989–1991) nicht vorbei. Dafür unverzichtbar sind desgleichen die Biographien von David Bronsen (Köln 1974), Géza von Cziffra (Berlin 2006) und Soma Morgenstern (Berlin 1998).

»K. u. k.« war die von 1867 bis 1918 gebräuchliche Abkürzung für das »kaiserliche und königliche« Österreich-Ungarn.

KAPITEL 29

Zitiert wird Gustave Flauberts »Madame Bovary: Sitten in der Provinz« in der Neuübersetzung von Elisabeth Edl (München 2012) und nach dem ersten Band der »Œuvres« in der Bibliothèque de la Pléiade, Paris 1951.

Unentbehrlich für dieses Kapitel waren Flauberts Briefe und sein »Wörterbuch der Gemeinplätze« (München 1985), Jean Amérys »Charles Bovary, Landarzt« (Stuttgart 2006) und »Flauberts Papagei« von Julian Barnes (Zürich 1987), die Tagebücher Edmond und Jules de Goncourts (Frankfurt am Main 1990), Herbert Lottmans Biographie (Frankfurt am Main und Leipzig 1992), die Studie »1857: Flaubert, Baudelaire, Stifter« von Wolfgang Matz (Frankfurt am Main 2007), Orhan Pamuks »Istanbul« (München 2006), »Flaubert and Madame Bovary« von Francis Steegmuller (New York 2005) und Mario Vargas Llosas »Flaubert und ›Madame Bovary‹: Die ewige Orgie« (Frankfurt am Main 1996).

Die Erfahrung, daß Emma sterben müsse, damit der Leser weiterleben könne, machte Vargas Llosa, und mit Hilfe »Madame Bovarys« wappnete sich gegen Flug- und andere Ängste etwa der uruguayische Schriftsteller Carlos Martínez Moreno, bis er aus dem Gedächtnis ganze Absätze des Romans hersagen konnte. Der Titel des Kapitels ist eine Umschreibung des »Porträts des Künstlers als junger Mann« von James Joyce.

KAPITEL 30

»The Corrections« hat Bettina Abarbanell (Reinbek bei Hamburg 2002) ins Deutsche übertragen.

Das Kapitel verdankt sich Franzens Essaybänden »Anleitung zum Alleinsein« (Reinbek bei Hamburg 2007) und »Weiter weg« (Reinbek bei Hamburg 2013), seinen Kurzmemoiren »Die Unruhezone« (Reinbek bei Hamburg 2008) und »The Irresponsible Self: On Laughter and the Novel« von James Wood (London 2005).

Parkinson war zur Zeit der Niederschrift der »Korrekturen« die häufigste neurologische Erkrankung, die weltweit bei einem Prozent der über Sechzigjährigen auftrat; »Purgatorium« ist ein anderes Wort für das christliche Fegefeuer, dem zwischen Himmel und Hölle gelegenen Ort der Reinigung von den auf Erden begangenen Sünden.

KAPITEL 31

Die deutschsprachige Version der »Großen Erwartungen« in diesem Kapitel stammt von Melanie Walz (München 2011). »Unseren gemeinsamen Freund« gibt es in der etwas nachlässigen Übertragung von Marie Scott (Darmstadt 1968), der auch deshalb das Original »Our Mutual Friend«, herausgegeben von Adrian Poole (London 1997), vorzuziehen ist.

Noch mehr über Dickens findet sich in »The Annotated ›Christmas Carol‹« (New York 2004) und in seinen Essays »The Uncommercial Traveller« (London 2000), in den Biographien und Studien von Peter Ackroyd (London 1990), Douglas Brooks-Davies (London 1989), Harold Bloom (New York 2000), Hans-Dieter Gelfert (München 2011), Michael Slater (New Haven 2009) und Claire Tomalin (»Charles Dickens: A Life«, London 2011, und »The Invisible Woman: The Story of Nelly Ternan and Charles Dickens«, London 1991). Über die sogenannten Totenjäger berichtet Henry Mayhew in »London Labour and the London Poor« (Oxford 2010).

»Satis House«, das »Haus Genug«, meint, daß sein Besitzer damit alles erreicht hat, was man sich auf Erden nur wünschen kann.

KAPITEL 32 UND 33

Bei Leo Tolstois »Anna Karenina« hat man die Wahl zwischen Rosemarie Tietzes Übersetzung (München 2009) und der älteren Fred Ottows (Düsseldorf und Zürich 1999) – und im Falle Anton Tschechows zwischen der von Hertha von Schulz (Zürich 1976) und derjenigen Barbara Conrads (Berlin 2013).

Die Porträts Tolstois und Tschechows in diesen zwei Kapiteln waren dankbar für sie alle und für Rosamund Bartletts »Tolstoy: A Russian Life« (London 2010), Janet Malcolms »Tschechow lesen« (Berlin 2010), Vladimir Nabokovs »Vorlesungen über russische Literatur« in den »Gesammelten Werken«, Band 17 (Reinbek bei Hamburg 2013), Ulrich Schmids »Lew Tolstoi« (München 2010) und für den »Tolstoy« A. N. Wilsons (New York 2001).

Der schottische Adelige Lennox durchschaut als erster die mörderischen Absichten Macbeths bei Shakespeare und meint, die ganze Erde sei davon betroffen: »So hat der Planet noch nie geschwankt, als wie im Fieber.«

Der schlafrockbehaglich arbeitsscheue Ilja Oblomow in Gontscharows Roman hat Psychiatriegeschichte geschrieben: Als »Oblomow-Syndrom« bezeichnet man einen Zustand der Handlungsunlust.

KAPITEL 34

Elke Wehr übersetzte sowohl »Als ich sterblich war« (Stuttgart 1999) wie auch »Mein Herz so weiß« (Stuttgart 1996).

Das Kapitel nutzte Javier Marías' bisheriges Gesamtwerk von der »Reise über den Horizont« bis zu den »Sterblich Verliebten«, besonders jedoch seinen dreibändigen Roman »Dein Gesicht morgen« (Stuttgart 2004–2010), »Literatura y fantasma« (Madrid 2001), die Autobiographie »Schwarzer Rücken der Zeit« (Stuttgart 2000) und Alexis Grohmanns Studie »Coming into one's Own: The Novelistic Development of Javier Marías« (Amsterdam 2002).

General Francisco Franco Bahamonde führte im spanischen Teil Marokkos einen Militärputsch gegen die republikanische Regierung an, der sich, mit der Unterstützung Hitlers, zwischen 1936 und 1939 zum Spanischen Bürgerkrieg auswuchs: Franco bestimmte die Politik des ganzen Landes bis zu seinem Tod 1975, unterdrückte alle Formen der Opposition und erklärte den Katholizismus zum einzigen religiösen Bekenntnis der spanischen Nation – sogar Küssen auf offener Straße war talibanesk streng untersagt.

Kain, erster Sohn von Adam und Eva und Ackerbauer, bringt in der Bibel wie sein Bruder Abel ein Opfer an Gott dar, der Abels Gabe wohlwollend empfängt, diejenige Kains indes zurückweist; worauf Kain Abel erschlägt; von Gott nach Abels Verbleib gefragt, wird Kain sprichwörtlich: »Bin ich der Hüter meines Bruders?« Bei Shakespeare setzt sich der gespenstische Wiedergänger des von Macbeth ermordeten Banquo zum Abendessen auf dessen Stuhl, was diesen in geistesverheerende Verwirrung stürzt. Mit dem Satz »My hands are of your colour; but I shame / To wear a heart so white« meint Lady Macbeth, sie leide unter einem blutleeren Herzen, einem Mangel an Mut.

KAPITEL 35

Am lebendigsten begegnet uns Katherine Mansfield in ihren »Briefen« (Frankfurt am Main und Leipzig 1992), und die Erzählung vom Kanarienvogel findet sich in ihren »Sämtlichen Werken« in einem Band (Frankfurt am Main 2009).

Alice Munros Auswahl »Carried Away« in der Everyman's Library Edition (New York 2008) enthält »The Bear Came Over the Mountain« – und »Too Much Happiness« (London 2009) ihre Kurzgeschichte »Free Radicals«. Die Übersetzung aller Passagen aus Munros Werk ist diejenige des Verfassers.

Für das Kapitel unabdingbar waren alle Vorworte in den kanadischen Penguin-Ausgaben der Erzählbände Munros, ihr eigenes Vorwort zur internationalen Vintage Edition der »Selected Stories« (New York 1997) sowie die Studien von Brad Hooper (Westport 2008), Sheila Munros »Growing Up with Alice Munro« (New York 2008), der zweite Band der »Paris Review Interviews« (Edinburgh 2007), »Lives of the Novelists« von John Sutherland (New Haven 2012) und Robert Thackers Biographie (Toronto 2011).

Der Titel des Kapitels ist den Notizbüchern F. Scott Fitzgeralds zu »The Crack-Up« entlehnt: »Draw your chair up close to the edge of the precipice and I'll tell you a story.«

KAPITEL 36

Die in diesem Kapitel aus »Finnegans Wake« angegebenen Passagen finden sich zum Auswendiglernen in der Universalausgabe des Verlags Faber and Faber (London und Boston 1975), die sich mit derjenigen von Penguin (London 2000) deckt, auf den Seiten 15, 199, 229–230, 239 und 258. Der »Ulysses« wird zitiert nach der Übertragung Hans Wollschlägers, kommentiert von Dirk Vanderbeke und anderen mehr (Frankfurt am Main 2004).

Jetzt darf mal endlich der Satz fallen, die Literatur zu diesem und jenem Autor sei von sintflutlichen Ausmaßen – was auf Kafka ebenso zutrifft wie auf Joyce. Darum wird hier nur genannt, was für die Niederschrift des Kapitels notwendig war: die Essays, Studien und Biographien von Gordon Bowker (London 2011), Richard Ellmann (Oxford 1982), Brenda Maddox (»Nora: A Biography of Nora Joyce«, London 1989), von Klaus Reichert (»Welt-Alltag der Epoche«, Frankfurt am Main 2004) und Fritz Senn (»Nichts gegen Joyce«, Zürich 1991, »Noch mehr über Joyce«, Frankfurt am Main 2012, und »Zerrinnerungen«, Zürich 2007).

Von der Himmelfahrt Christi und dem Pfingstwunder berichten das erste und zweite Kapitel der Apostelgeschichte im Neuen Testament. Die von der zunächst unbekannten Joyce-Mäzenin Harriet Shaw Weaver – übrigens nicht alljährlich – überwiesenen einundzwanzigtausend Pfund beliefen sich 2014 umgerechnet auf fast eine Million Dollar. Als einen Christus der Literatur betrachteten Joyce sowohl Ezra Pound als auch F. Scott Fitzgerald; Fitzgerald wollte sich zum Beweis für seine Verehrung – buchstäblich sturzbesoffen – aus dem Fenster werfen. Bischof Patrick gilt als der erste christliche Missionar in Irland, dort ist der siebzehnte März ein gesetzlicher Feiertag; daß »Bloom's Day« sich auf »doomsday«, den Tag des Jüngsten Gerichts, reimt, dürfte Joyce amüsiert haben. Und nicht aus Zufall ist die Lästerzunge Buck Mulligan im Anfang des »Ulysses« gelb gekleidet: Christi Verräter Judas Ischariot wird in mittelalterlichen Gemälden oft in gelbem Gewand dargestellt – sogenannte Häretiker wurden vor ihrer Verbrennung gezwungen, Gelb zu tragen. »Introibo ad altare Dei« bedeutet »Ich werde zum Altar Gottes treten«, womit ein katholischer Priester für gewöhnlich die in Latein gehaltene Meßfeier zu zelebrieren beginnt.

KAPITEL 37 UND 38

Die sorgfältigste Übersetzung von »Treasure Island« schuf Andreas Nohl (München 2013).

Um die Geschichte Robert Louis Stevensons in aller Vollständigkeit erzählen zu können, braucht man die von John Seelye herausgegebene »Schatzinsel« (New York 1999), die »Selected Poems« (London 1998), die »Collected Letters of Robert Louis Stevenson« in acht Bänden (New Haven 1994–1995), die Tusitala Edition der »Works of Robert Louis Stevenson«, insbesondere den Band XXIX (London 1924), Fanny Osbornes und Robert Louis Stevensons »Südseejahre« (Hamburg 2011) und – wie vom Meer angeschwemmtes, kostbares Wrackgut – Gilbert Keith Chesterton Essays in seinen »Collected Works«, Band XVII (San Francisco 1991), J. R. Hammonds »Robert Louis Stevenson Companion« (New York 1984) und die Biographien Claire Harmans (London 2006) und Frank McLynns (London 1994).

»Drink and the devil had done for the rest« wäre wohl mit »der Suff und der Teufel strichen den Rest von der Liste« zu übersetzen – den Rest der fünfzehn Mann auf des toten Manns Kiste. Das Wirthaus »Admiral Benbow« ist nach einem Oberbefehlshaber der britischen Flotte benannt, dem bei einer Meuterei das rechte Bein zerschmettert wurde. Der Papageienausruf »Pieces of eight!« meint den Spanischen Dollar »peso de ocho« in Silbermünzen, die erste Weltwährung der Menschheitsgeschichte, die bis 1857 auch in den USA in Gebrauch war, und entstammt einem alten Piratenlied: »For some pieces of eight and a tankard of ale / He'll show ye the map and tell ye its tale« (»Für ein paar Silbermünzen und einen Humpen Bier / Wird er dir die Karte zeigen und dir deren Geschichte erzählen«). Die teuflische Erscheinung und Grausamkeit Edward »Blackbeard« Teachs, einem der Vorbilder für Kapitän Flint, ließen ihn zum Inbegriff des gefürchteten Freibeuters werden, der allein durch sein Auftreten Handelsschiffe dazu bringen konnte, aufzugeben ohne auch nur einen Kanonenschuß; Teach wurde 1718 enthauptet; Flint selber soll, so will es sein Schöpfer Stevenson, in einem Wirtshaus in Savannah, Georgia, gestorben sein, als er gerade nach einem weiteren Glas Rum verlangte.

KAPITEL 39

Am schönsten liest sich Roald Dahl in der Ausgabe der »Collected Stories« der Everman's Library Edition (New York 2006), die genannten Erzählungen sind enthalten in »Küßchen, Küßchen!« (Reinbek bei Hamburg 1981) und »… und noch ein Küßchen!« (Reinbek bei Hamburg 1981). »The Witches« (London 2010) übersetzte unter dem Titel »Hexen hexen« (Reinbek bei Hamburg 1990) Sybil Gräfin Schönfeldt, der Verfasser hat sie an einigen Stellen korrigiert.

Bei der Roald-Dahl-Collage in diesem Kapitel behilflich waren seine heillos unberechenbaren Memoiren »Boy« (Reinbek bei Hamburg 2011) und »Im Alleingang« (Reinbek bei Hamburg 2004), seine »Completely Revolting Recipes« (London 2009) und »Roald Dahl's Cookbook« (London 1996), sodann Jennet Conants »The Irregulars: Roald Dahl and the British Spy Ring in Wartime Washington« (New York 2009) und die Biographien von Donald Sturrock (London 2010) und Jeremy Treglown (London 1995).

KAPITEL 40

Als Burkhart Kroeber Umberto Ecos »Il nome della rosa« (Neuausgabe Mailand 2013) ins Deutsche übertrug, studierte er davor und nebenher Thomas Manns »Joseph und seine Brüder«: Was Wunder, daß Eco Kroebers Version flüssiger geschrieben findet als seine eigene »Urschrift«.

Dieses Kapitel basiert auf Ecos Essays »Apokalyptiker und Integrierte« (Frankfurt am Main 1986), »Bekenntnisse eines jungen Schriftstellers« (München 2011), »Derrick oder die Leidenschaft für das Mittelmaß« (München und Wien 2000), »Die große Zukunft des Buches« (München 2010), »Streit der Interpretationen« (Hamburg 2005) und »Über Gott und die Welt« (München 1988) sowie auf Stephen Greenblatts Recherchen zu Poggio Bracciolini für »Die Wende: Wie die Renaissance begann« (München 2012), auf Michael Nerlichs Eco-Biographie (Tübingen 2010), Bruno Pischeddas »Come leggere ›Il nome de la rosa‹« (Mailand 1994) und dem Band »Zeichen in Umberto Ecos ›Der Name der Rose‹« (München und Wien 1987).

Bracciolinis großer Fund war das philosophische Gedicht »Von der Natur« des Lukrez aus dem ersten Jahrhundert vor Christus. Die Gestalt des Jorge von Burgos ist eine nicht unkritische Verneigung vor dem blinden Schriftsteller und langjährigen Direktor der argentinischen Nationalbibliothek, Jorge Luis Borges.

KAPITEL 41

Wer sich am »Butt« in einer lehr- und geschichtenreich kommentierten Edition delektieren möchte, dem ist die von Volker Neuhaus herausgegebene »Werkausgabe in zehn Bänden« (Darmstadt und Neuwied 1987), Band V, anzuraten. Man kann sich aber auch mit dem Taschenbuch (München 1993) oder der neueren »Werkausgabe« (Göttingen 2007), Band 8, begnügen.

Bei Grass mangelte es nie an Selbstporträts: Man nehme »Beim Häuten der Zwiebel« (Göttingen 2006), »Die Box« (Göttingen 2008), »Eintagsfliegen: Gelegentliche Gedichte« (Göttingen 2012), »Fünf Jahrzehnte: Ein Werkstattbericht« (Göttingen 2001), »Mein Jahrhundert« (Göttingen 1999) oder »Vier Jahrzehnte: Ein Werkstattbericht« (Göttingen 1991).

Unabdingbar für dieses Kapitel waren Timothy Garton Ashs Essaysammlung »Jahrhundertwende« (München 2010), der von Stuart Taberner herausgegebene »Cambridge Companion to Günter Grass« von 2009, Peter von Matts »Literaturgeschichte des menschlichen Gesichts« (München 2000) und die Grass-Biographien von Claudia Mayer-Iswandy (München 2002), Volker Neuhaus (Göttingen 2012) und Per Øhrgaard (München 2007).

Der Titel des Kapitels ist eine Abwandlung des Satzes von Mephistopheles nach seinem Besuch bei Gott in Goethes »Faust«, Teil eins: »Von Zeit zu Zeit seh' ich den Alten gern«. Jahwe (oder Jehova) ist der Name des Gottes Israels, in den deutschen Bibeln meist mit »HErr« übersetzt, der auch in Thomas Manns »Joseph und seinen Brüdern« eine prominente Rolle spielt. Mit dem »Weltgeist« meinte der Philosoph G. W. F. Hegel jenes menschheitliche Prinzip, das sich nach seinem Befinden in der Weltgeschichte – natürlich zum Guten – verwirklicht. Nur das vom Maler Philipp Otto Runge aufgezeichnete Märchen »Von dem Fischer un syner Frau« – un syner Ilsebill – nahmen, dem »Butt« zufolge, die Grimmbrüder in ihre Märchensammlung auf. Die siebziger Jahre des zwanzigsten Jahrhunderts waren die Modezeit für die wenig opulente und um den Eigengeschmack der Produkte schwerbesorgte »Nouvelle Cuisine« des Dreisternekochs Paul Bocuse aus Lyon.

Kapitel 42 und 43

Bemerkenswert viel ist die Rede in diesem Buch vom Essen und Alkoholgenuß, und die Kapitel 41 bis 43, von Grass über Balzac zu Mo Yan, bilden ein groteskes Küchentriptychon. Manches in ihnen mag so erfunden wirken, daß sich die Lektüre folgender Werke zur Nachprüfung lohnt: Paul Freedmans »Kulturgeschichte des Geschmacks« (Darmstadt 2007), Gunther Hirschfelders »Europäische Eßkultur« (Frankfurt am Main 2005), Marianne Kaltenbachs »Aus Frankreichs Küchen« (Basel 2008), »Leere Töpfe, volle Töpfe« von Gert von Paczensky und Anna Dünnebier (München 1994), Manfred Weber-

Lamberdiéres »Revolutionen des Ferran Adrià« (Berlin 2007) und »Zu Gast bei Balzac« (München 1999).

Wer sich für den unbekömmlichen Zwist zwischen unserem Tun und Wollen in geschmacklichen und damit existentiellen Belangen interessiert, der ist bestens aufgehoben bei Robert Pfaller (»Wofür es sich zu leben lohnt«, Frankfurt am Main 2011), Naomi Wolf (»Der Mythos Schönheit«, Reinbek bei Hamburg 1993) und Juli Zeh (»Corpus Delicti«, Frankfurt am Main 2009).

Und wer seine Balzac-Kenntnis noch vertiefen möchte, greife zu Felix Paul Greves und Ernst Sanders Übersetzung von »Glanz und Elend der Kurtisanen« (München 1985), Balzacs »Tolldrastischen Geschichten« (München 1956) und zu den Biographien von Anka Muhlstein (Zürich und Hamburg 2011), Johannes Willms (Zürich 2007) und Stefan Zweig (Frankfurt am Main 2008).

Buddhismus und Jainismus entstanden auch, um die Fleischverschwendung der indischen Oberschicht im sechsten Jahrhundert vor Christus in ihre Schranken zu weisen. Der Reiseführer »Guide Michelin« vergibt seit 1926 bis zu drei Sterne für herausragende Leistungen in der Gastronomie. »Le Grand Véfour« im Palais Royal ist mit seinem üppigen, goldüberladenen Dekor über das zwanzigste Jahrhundert hinaus einer der Gourmettempel von Paris schlechthin geblieben. Im »Diagnostischen und Statistischen Manual psychischer Störungen« galten Homosexuelle bis 1980 als »geisteskrank«.

Fast Food gab es übrigens bereits im antiken Athen, in dessen Gassen gern scharfe Würstchen feilgeboten wurden; und in Ägypten wunderten sich europäische Besucher um 1400 über die zahllosen Straßenimbisse derart, daß sie zweifelten, ob in Kairo überhaupt noch jemand zu Hause kochte.

Eine sogenannte Kurtisane war seit dem siebzehnten Jahrhundert in Europa zunächst die Freundin eines Adeligen, dann auch der Männer aus der Geldaristokratie, als es unter letzteren üblich geworden war, sich eine Geliebte aus der Künstlerbranche zu halten: Theater, Oper, Ballett. Balzac läßt Tante Asien tatsächlich als Reinkarnation der Gifturexpertin Locusta und unsterblichen »Dämon« erscheinen; und Vautrin trägt neben satanischen auch Züge von Jesus Christus.

KAPITEL 44

Mo Yans »Schnapsstadt« übersetzte Peter Weber-Schäfer (Zürich 2012); ebenso empfiehlt sich die Übertragung ins Englische von Howard Goldblatt (»The Republic of Wine«, New York 2012).

Das Kapitel stützt sich auf Mo Yans »Change« (London 2010), »Frösche« (München 2013), auf den Essayband »Kinder der Bergschlucht« (Bochum 2012), »Die Knoblauchrevolte« (Zürich 2009), »Pow!« (London 2012), »Life and Death Are Wearing Me Out« (New York 2012), »Das rote Kornfeld« (Zürich 2007), »Die Sandelholzstrafe« (Frankfurt am Main und Leipzig 2009), »Shifu, You'll Do Anything for a Laugh« (York 2003), »Der Überdruß« (Bad Honnef 2009), auf »A Subversive Voice in China: The Fictional World of Mo Yan« von Shelley W. Chan (Amherst 2011) und Kai Vogelsangs »Geschichte Chinas« (Stuttgart 2012).

Das »Yan« in »Mo Yan« ist wie die japanische Währungseinheit »Yen« auszusprechen. Die Ming-Dynastie herrschte von 1368 bis 1644 nach Christus; mit ihr begann die despotische Ära des chinesischen Kaisertums.

KAPITEL 45

Zitiert wird Edgar Allan Poes »Grube und Pendel« nach den von Kuno Schuhmann und Hans Dieter Müller herausgegebenen »Werken« (Frankfurt am Main und Leipzig 2008), Band II. Leser werden entdecken, daß es Nischen in ihrer Existenz gibt, die schon immer von Poe besetzt waren, wenn sie sich der Library of America Edition seiner »Poetry and Tales« (New York 1984) widmen, worin sich alle seine humorigen Schreckensvisionen enzyklopädisch versammeln.

Die überraschendsten Biographien und Deutungen Poes sind von Hans-Dieter Gelfert (München 2008), Dietrich Kerlen (München 1988), Arthur Hobson Quinn (Baltimore 1998) und Frank T. Zumbach (München 1986).

Meisterhaft übersetzte »Cloud Atlas« Volker Oldenburg (Reinbek bei Hamburg 2006).

Diesen zwei Kapiteln dienlich waren David Mitchells Romane »Der dreizehnte Monat« (Reinbek bei Hamburg 2007) und »Die tausend Herbste des Jacob de Zoet« (Reinbek bei Hamburg 2012) sowie »David Mitchell: Critical Essays« (Canterbury 2011).

Die Zeile, die Kapitel 46 den Titel gibt, »Nimm dein Grab und geh«, ist Tomas Tranströmers »Sämtlichen Gedichten« (München 1997) entlehnt. Die Heilung des Kranken am Teich von Bethesda findet sich im Johannesevangelium.

Die Hexe des Violetten Landes verfolgt die kleine Dorothy aus Texas mit ihren roten Schuhen in Lyman Frank Baums 1900 begonnener Romanserie »Der Zauberer von Oz«. Gedanken zur menschlichen Raubgier, die denjenigen Mitchells gleichen, finden sich bei Norbert Borrmann (»Orte des Schreckens«, München 2004), Karl Heinz Metz (»Geschichte der Gewalt«, Darmstadt 2010), bei Henning Ritter (»Nahes und fernes Unglück«, München 2004, und »Die Schreie der Verwundeten«, München 2013) und bei Wolfgang Sofsky (»Die Ordnung des Terrors«, Frankfurt am Main 1993, und »Traktat über die Gewalt«, Frankfurt am Main 2005).

Im ostafrikanischen Ruanda töteten Hutu-Milizen 1994 bis zu einer Million Angehörige der Tutsi. Tim Cavendish und Luisa Rey kamen bereits in Mitchells Debütroman »Ghostwritten« von 1999 vor (»Chaos«, Reinbek bei Hamburg 2008). Die Moriori waren ein Volk polynesischer Herkunft auf den Chatham-Inseln, das ab 1835 von Maori-Stämmen vollständig ausgerottet wurde. Autuas Satz »You know I, you seen I, aye – you pity I« lautet auf Deutsch ungefähr: »Sie kennen ich, Sie gesehen ich, ja, Sie Mitleid mit ich.« Das »aye« – wie »I« ausgesprochen – wählte Mitchell bewußt, um durch lautliche Mehrfachbetonung die kreatürliche Solidarität zwischen Autua und Ewing zu bekräftigen.

Sonmis Welt hat die Schreckensvision Aldous Huxleys in dessen Roman »Schöne neue Welt« von 1932 und diejenige George Orwells in »1984« aus dem Jahr 1948 übertroffen: Während Orwell in seinem Werk die totale Unterdrückung fürchtete, die sich eine Widerstandsbewegung erfindet, damit sich die Bevölkerung unter der Diktatur gefährdet fühlt, rechnete Huxley mit einer Zukunft, in der wir unser sklavisches Dasein lieben und die biochemische Technologie anhimmeln, die unser Denkvermögen zunichte macht – im ersten Fall ist die Welt das Gefängnis schlechthin, im zweiten versumpft sie zum allseits willkommenen Varieté.

In der Seeschlacht beim Kap von Trafalgar besiegten die Briten 1805 unter Vizeadmiral Horatio Nelson die französisch-spanische Armada Napoléon Bonapartes.

KAPITEL 48

Wer Mark Twain im Original lesen möchte, sei auf seine »Mississippi Writings« verwiesen (Library of America Edition, New York 1982), die auch »Tom Sawyer« und »Huckleberry Finn« enthalten. Zuverlässig übersetzte Twains zwei Romane Andreas Nohl (München 2010).

Alle Details in diesem Kapitel entstammen »The Annotated ›Huckleberry Finn‹« (New York 2001), »The Autobiography of Mark Twain« (New York 1990), »Bummel durch Europa« (Köln 2009), »Knallkopf Wilson« (Zürich 2010), »Meine geheime Autobiographie« (Berlin 2012), »Sommerwogen: Eine Liebe in Briefen« (Berlin 2010), »The Wit and Wisdom of Mark Twain« (New York 2005) sowie den Studien und Biographien von Helmbrecht Breinig (München und Zürich 1985), Victor A. Doyno (Philadelphia 1991), Ron Powers (London 2006) und Michael Shelden (New York 2010).

Sir Walter Scott hatte sich in seinen »Waverly Novels« – einflußstarken historischen Romanen, darunter »Ivanhoe« von 1820 – laut Mark Twain der »Ehrfurcht vor Rang und Titel« und einer wirklichkeitsfern aristokratischen Verkitschung der Vergangenheit schuldig gemacht; Twain sah in Scott eine Epidemie – »the Sir Walter disease« –, die zum Schaden der USA auch auf Amerika übergegriffen hätte. Die »Rosenkriege« waren die von 1455 bis 1485 hin und her und hintenherum geführten Kämpfe zwischen den Adelshäusern York und Lancaster, die beide Anspruch auf die englische Königskrone erhoben: Haus Lancaster trug den Sieg davon, und die Ära der Tudors nahm ihren Lauf, mit Heinrich VIII. und allen frauenköpfenden Folgen.

KAPITEL 49

Die Übersetzer der deutschen Ausgabe von Salman Rushdies »Satanischen Versen« (Reinbek bei Hamburg 2006) sind bis heute anonym.

Unentbehrlich für dieses Kapitel waren Rushdies Autobiographie »Joseph Anton« (Reinbek bei Hamburg 2012) und Sadik J. Al-Azms »Unbehagen in der Moderne« (Frankfurt am Main 1993), »The Cambridge Companion to Salman Rushdie« von 2007 und die Studien Catherine Cundys (Manchester 2007), D.C.R.A. Goonetillekes (Houndmills 1998), Damian Grants (Horndon 2012) und Andrew Taversons (Manchester 2007).

Rushdie hat in »Osten, Westen« zu der verzwickt paradoxen Lage der westlichen Zivilisation, was jeden totalitären theologischen Wahn anlangt, der staatstragend werden will, eine klingenscharfe Geschichte geschrieben: Die magischen roten Schuhe Dorothys aus dem »Zauberer von Oz« sollen versteigert werden, und die Auktionatoren, vom Ideal kultureller Vielfalt beseelt, haben auch religiösen Fundamentalisten Einlaß gewährt, obwohl diese am Erwerb des Schuhwerks nur interessiert sind, um es null Komma nichts verbrennen zu können.

»Hidschab« bezeichnet die Ganzkörperbedeckung für muslimische Frauen, und die arabische Grußformel »as-salāmu alaikum« bedeutet so viel wie »Friede sei mit dir«.

KAPITEL 50

»Les Misérables«, über vierzigmal verfilmt, fiel durch Alan Boublil und Claude-Michel Schönberg auch dem Genre des Musicals anheim. »Les Mis« wurde seit seiner Premiere 1980 in einundzwanzig Sprachen übersetzt und bislang von mehr als sechzig Millionen Menschen in zweiundvierzig Ländern bestaunt. Mit dem Roman hat jenes Musical lediglich das Handlungsskelett gemein.

Lesen muß man »Les Misérables« in der Übersetzung von Paul Wiegler (Zürich und Düsseldorf 1998) mit der Ausgabe der Bibliothèque de la Pléiade (Paris 2010) daneben. Nur so kommt man in den Genuß von Hugos sprachlicher Opulenz, seiner lyrisch wogenden Perioden, die für Hugo immer etwas von der majestätischen Pracht des Ozeans an sich haben sollten, und seiner Musikalität, »Elle était sèche, rêche, revêche, pointue, èpineuse, presque venimeuse …«

Die zugänglichste Studie zu den »Elenden« hat Mario Vargas Llosa verfaßt mit »Victor Hugo und die Versuchung des Unendlichen« (Frankfurt am Main 2006).

»Ich bin der ich bin« ist die Selbstbezeichnung des Gottes der Juden und Christen, die dieser verlauten ließ, als er auf dem Berg Horeb in einem brennenden Dornbusch Moses erschien. Der Hohepriester Kaiphas war erstverantwortlich für die Verurteilung von Jesus Christus zum Tod am Kreuz. Sir John Falstaff ist eine Figur von Shakespeare, berühmt für seine Neigung zu allem, was er verschlingen kann – ein liebenswerter Polyphem.

Victor Hugos Ruhm zu Lebzeiten wirkt heute unglaubhaft: An seinem achtzigsten Geburtstag zogen sechshunderttausend Verehrer an seinem Wohnhaus in Paris vorbei.

Und die Kinder hatten schulfrei.

Einige wenige Kapitel dieses Buches führen Artikel fort, die bereits in der »Weltwoche« und in der »Frankfurter Allgemeinen Zeitung« erschienen sind.